지혜로운 돌봄

안경승 지음

아세아연합신학대학교
Asia United Theological University
Asian Center for Theological Studies and Mission

Wise Caring

Written by
Kyung-Seung Ahn

ACTS Asia United Theological University
Asian Center for Theological Studies and Mission

Contents

서론   6

1장   지혜의 높이와 깊이   11

1. 위로부터 온 지혜   20
2. 우리와 함께 하는 지혜   33
3. 특별한 그리고 허용적 지혜   42
4. 깊고 높은 지혜를 위하여   60

2장   지혜의 길이와 넓이   69

1. 심리학에서의 지혜   72
2. 철학에서의 지혜   99

3장   지혜롭기 위하여   109

1. 여호와 경외   111
2. 경험과 반추   121
3. 관찰과 모델   131

4장   지혜로운 돌봄   143

1. 지혜로운 사람   145
2. 돌봄현장의 지혜   242

결론   312
참고문헌   317

서 론

이웃을 돕고 돌보는 것은 기독교인이라면 누구에게나 주어진 사명과도 같은 것이다. 그런데 그 일이 그리 쉬운 일도 아니고, 그 과정이 녹록한 것도 아니다. 오히려 돌보다가 돌보는 사람은 지치고, 돌봄을 받는 사람 역시 어떤 유익을 발견하기 어려운 현장도 많이 만나게 된다. 돌봄이 돌봄을 받는 사람에게 도움이 되는 것이 아니고, 오히려 왜곡된 삶의 습관을 강화하게 만드는 일도 생겨난다. 다시 말해 받는 것에 익숙해지다 보면, 주는 것도 없어지고 의존적 성향이 더 심해지는 일이 일어난다.

그래서인지 공동체가 오래되면 될수록, 그 안에서 일어나는 많은 만남이 그저 피상적인 수준에 그치게 되는 것을 보게 된다. 더 이상 사람에게 기대를 하지 않는다. 예의바른 만남은 있지만 다 각기 자기만의 세계에서 아파하고 씨름한다. 개인주의를 넘어서 이기주의가 주도하는 세상의 가치관이 신앙공동체에도 파고들어서 하나님과의 만남이 사람과의 만남으로 이어지지 않는 신앙의 형태도 만나게 된다.

그러나 또 다른 한편, 사람들은 너무나 만남을 갈망한다. 누군가 내 이야기를 들어주었으면 한다. 내 상처에 주의를 기울여 주었으면

하고, 내가 관심의 대상이 되고 싶어 한다. 혼자 있는 것이 편하지만, 만남을 갈급해하는 딜레마가 깊어지고 있다. 무엇이 해답인지 어디서부터 풀어가야 할지 고민이 된다. 어느 교회 공동체는 이러한 현실의 문제점을 인식하며, 공동체 중심의 많은 만남의 장을 펼쳐놓기도 한다. 스포츠 동호회 모임, 취미 중심의 만남 등이 있다. 또한 조금 더 적극적으로 교회 시스템 자체를 다양한 소그룹 형태로 변화를 시켜보려는 시도 역시 시행착오 속에서도 활발하게 진행되고 있다.

   이러한 현실에서 우리가 고민하게 되는 주제가 지혜이다. 누군가를 만나고 더 나아가 돌봄이 이뤄지는 현장에는 힘이 필요하다. 그 힘이 세상적인 의미의 것은 아니지만, 지적, 물질적, 영적인 부분을 포함하여 다양한 종류의 뭔가를 나눌 수 있는 에너지가 요구된다. 그러나 그 힘 만큼이나 그 힘과 능력을 조절하고 적절하고 지속적으로 풀어내는 또 다른 특성이 요구된다. 그것이 지혜이다. 지혜는 능력의 파트너와 같고 그 능력을 배가시키는 요소이다. 지혜가 없는 능력은 자칫 힘의 오용과 남용으로 발전하게 된다. 물론 진정한 능력이 없는 지혜 역시 약삭빠른 처세술에 그치고 말 것이다.

그리스도인의 만남과 섬김의 가장 근본적인 동인은 사랑이다. 그런데 사랑 역시 지혜를 필요로 한다. 지혜가 없는 사랑은 왜곡된 만남으로 발전하기도 하고, 사랑이라는 이름의 집착, 적절한 조율이 없는 사랑의 표현으로 진심이 반감되는 문제도 발견하게 된다. 사랑이라는 이름으로 포장된 학대와 잘못된 만남의 현장이 풀어갈 해법이 없이 지속된다.

그렇다고 우리가 그동안 지혜롭지 못했다고 하는 것은 아니다. 지혜의 필요성을 무시하거나 인정하지 않았다는 것도 아니다. 지혜를 위해서 기도를 하고, 지혜로운 삶을 위한 고민도 한다. 우리는 "지혜롭게 행하자", "지혜롭게 생각하자", "지혜롭게 말하자"라고 한다. 또한 지혜를 위해서 하나님께 기도한다. 그러나 막상 지혜가 무엇이냐는 질문에 대해서, 그리고 지혜는 어떻게 더 깊고 넓게 소유할 수 있는가에 대한 물음에 대해서는 그 대답이 분명하지 않다. 이 책은 이 두 가지 질문에 대한 답을 찾아가려는 시도이다.

즉 "지혜는 무엇인가?"라는 질문과 그러면 그 "지혜는 어떻게 가질 수 있는가?"라는 물음이다. 그리고 그 지혜가 이웃을 돌보는 현장

에 어떻게 적용될 수 있는지 살펴본다. 이 책은 돌봄이라는 표현을 선호한다. 기독교 상담에 대한 가장 포괄적인 개념으로 돌봄이라는 용어를 사용한다. 현재 서로가 짐을 지고 피차 위로하고 섬기는 일이 상담, 치유, 봉사와 다른 다양한 활동을 통해 펼쳐진다. 전문적인 의미에서 상담학이라는 용어로 구체화되기도 했다. 그러나 상담자만이 아니고 기독교인 된 우리 모두가 지혜롭게 돌보는 자리에 설 수 있다는 점을 확인하고 소망한다. 지혜는 전문가만 소유해야 되는 것이 아니고, 그리스도인 모두가 풍성하게 누려야할 하나님의 선물이다. 그런 의미에서 돌봄 내지 돌보는 사람의 지혜라는 측면을 강조한다.

   이 책을 읽고 생각하는 우리 모두가 조심해야 할 것이 있다. 어떤 사람이 말했듯, "자신이 지혜롭다고 생각하는 순간 그 사람은 어리석어진다"라는 점이다. 지혜를 말하고 논하다가 "나만 지혜롭다"는 교만에 빠지기도 한다. 지혜를 말한 어떤 책의 제목과도 같이 "똑똑한 사람이 멍청한 짓"을 하는 어리석음에 빠져서도 안 되겠다. 지혜의 반대말은 어리석음이지만, 또한 교만이기 때문이다.

Wise Caring 지혜로운 돌봄

1장
지혜의 높이와 깊이

"지혜가 무엇이냐"는 질문에 대해 사람들은 여러 가지 답과 설명을 제시하고 있다. 지혜는 단순히 축적된 지식과 동일시 할 수 없는 것이다. 음악, 공예, 미술, 또는 다른 창조적 영역에서 아름다운 작품을 만들어 내는 능력과 동일화 하기도 어렵다. 우리는 지식은 많은데 지혜롭지 못한 사람들, 여러 가지 기능적인 재주는 있지만 지혜와는 상관없는 사람들을 알고 있다. 또한 이런 저런 체험과 고난과 아픔을 경험했다는 사실로 인해서, 그 사람이 항상 고난의 의미에 대한 지혜로운 통찰력을 소유하게 된다고 보기 어렵다. 또한 그 사람이 고난을 직면하는 방법을 아는 것도 아니다. 혹자는 종종 지혜와 나이를 연결시켜서 노인의 지혜를 말해주고 있다. 그러나 좋지 못한 모습으로 안타까움을 주는 노년의 현실을 지켜보게 된다. 반면에 젊은 사람이 문득 문득 보여주는 지혜로운 삶의 모습을 찾아보게 된다. 전도서 기자는 "가난하여도 지혜로운 소년은 늙고 둔하여 간함을 받을 줄 모르는 왕보다 나으니"(전 4:13)라고 말한다.

우리가 일반적으로 사용하는 지혜라는 말은 "사물의 이치나 상황을 제대로 깨닫고 그것에 대해 현명하게 대처할 방도를 생각해 내는 정신 능력"을 의미한다. 동양적 전통에서 한문자 지혜(智慧)는 두 가지 형상적 개념으로 구성되어 있다. 지(智)는 알 지(知)에 태양을 뜻하는 날 일(日)이 결합된 문자이다. 단지 아는 것에 그치는 것이 아니고 사리를 밝게(日) 안다(知)는 뜻이다. 두 번째 혜(慧)자 역시 두 부분으로 나눠진다. 날카롭다의 뜻을 가지는 혜(彗)와 마음을 의미하는 심(心)으로 이뤄져 있다. 마음이 날카롭다는 의미이다.

영문자 지혜(wisdom)와 지혜롭다(wise)는 어원적으로 '본다'(to see) 또는 '안다'(to know)라는 의미를 가진 'weid'로부터 파생되었다.[1] 지혜는 우리에게 보여지는 것을 볼 수 있는 것, 더 나아가 보면서 아는 것을 포함한다. 그러나 이것은 보고 아는 능력을 의미하는 것에 그치지 않는다. 지혜는 보이는 것 속에 봐야 할 것을 보는 능력이고 거기에 담겨 있는 것을 통찰력 있게 인식하고 그려볼 수 있는 능력이기 때문이다.[2]

지혜는 그 출발점에서 지식과 밀접한 관련을 가지고 있지만, 동일하지는 않다. 지혜는 지식에 반추가 더해지고, 또한 경험을 첨가하면서 실제적 적응 능력과 판단과 결정력을 산출한다. 우리는 이것을

---

[1] 지혜라는 단어는 Indo-European 뿌리에서 기인한다. 이것은 산스크리트어(Sanskrit)에서는 *vēdas*로 '지식'과 관련되어 있고, 헬라어(Greek)로는 *eidos*로 아이디어(idea), 방식(form), 보는 것(seeing)의 의미이고, 라틴어(Latin)어로는 *videre*로 본다(to see), 구 독일어(German)로는 *wissage*로 보는 사람(seer), 예견자(prophet), 그리고 현대 독일어로는 *wissen* 으로 안다(to know)라는 의미를 갖고 있다. *Oxford English Dictionary*, 2nd ed., s. v. "Wisdom."

[2] Peter C. Hodgson, *God's Wisdom: Toward a Theology of Education* (Louisville, KT.: Westminster John Knox Press, 1999), 7-8.

통찰이라는 말로 표현한다. 즉 지혜는 보이는 것을 보는 것에 그치지 않고 숨겨지고 감춰진 것을 분별하는 통찰력 있는 인식 또는 관점이고, 지적인 직관 또는 어떤 것을 그려볼 수 있는 역량이다.

성경 구약의 지혜문서를 중심으로 지혜를 지칭하는 단어를 세 가지로 구분할 수 있다. 우선 히브리어 호크마(hokma)는 이론적인 지식이나 철학을 다루지 않고 실제적인 면에 집중한다. 바라는 결과를 얻기 위해 올바르고 성공적인 계획을 만들어내는 일종의 예술과도 같다. 도덕적 그리고 지성적 결정의 핵심부인 마음에 위치하여, 인생의 기본 법칙들과 도덕적인 행위자인 사람이 하나님과 어떤 관계를 가져야 할 것인지 바로 알려준다.[3]

성경은 인간 경험의 전 영역에 적용되는 호크마란 단어를 자주 사용한다. 대제사장의 옷이나 성전 기구를 만드는 전문적 기술(출 28:3, 31:6, 36:2)을 지칭할 때 사용된다. 또한 행정적 또는 통치적 기술을 의미하기도 한다. 진리를 결정하고, 중재를 위해 사람들의 말 또는 진술의 이면을 보는 그 사람의 능력을 의미한다. 지도력을 분산하기 위해서 지도자를 선정할 때, 모세가 중요하게 여긴 것 중의 하나가 지혜였다.

> 내가 너희 지파의 수령으로 지혜가 있고 인정 받는 자들을 취하여 너희의 수령을 삼되 곧 각 지파를 따라 천부장과 백부장과 오십부장과 십부장과 조장을 삼고(신 1:15).

---

3 Gleason L. Archer, *A Survey of Old Testament*, 김정우 역, 『구약총론』 (서울: 기독교문서선교회, 1985), 534-535.

모세가 세상을 떠난 이후 여호수아에게 임한 영이 지혜의 영(신 34:9)이었고 솔로몬 역시 이러한 지혜를 소유하게 된다(왕상 3:28).

어떤 경우 호크마는 처세나 사회적 기술과 관련되어 있다. 사회 내에서 사람들과 말하고 관계를 맺고 친구를 사귀며 재정을 운영하는 것과 관련되어 있다(잠 14:8, 25:2). 그 밖에도 통찰력(단 1:20)을 의미하기도 하고, 인간의 힘으로는 알 수 없는 하나님의 신비로운 계획(욥 42:7)을 나타내는 데 사용되었다.

비나(bina)는 주로 '지식'이라는 말로 번역되는데(잠 2:6), "~사이를 식별(구별)하다"는 의미를 가진 동사 빈(bin)에서 왔다. 허상과 실상, 진리와 거짓, 일시적인 쾌락과 먼 미래를 내다보는 가치를 지적으로 잘 분별하여 건강한 삶을 위한 힘을 부여해 준다. 또한 바르고 바르지 않은 것 사이를 구별하는 능력을 포함하는 분석적이고 판단적인 요소를 갖고 있다. 이러한 분별은 악을 미워하며 여호와를 두려워하는 것과 깊게 관련되어 있다(잠 8:13, 9:10; 욥 28:28). 지혜로운 사람은 지혜를 맛볼 수 있고 이해한다. 그것이 그가 악을 거절하는 이유이다. 반대로 어리석은 사람은 자신을 의지하며 결국 교만에 빠지고 만다. 지혜로운 아버지는 온 마음을 다해 주님을 신뢰하고 자신의 명철을 의지하지 말라고 아들에게 권고한다(잠 3:5) 그러면 하나님께서 길을 지도하신다고 한다.

테부나(tebuna)는 '명철'로 번역되는 지혜적 속성의 또 다른 표현이다(잠 2:3, 6, 8:1, 15:21). 이 지혜는 자신의 부족한 면을 알고 그것에 대처하는 방법이 필요함을 깨닫는 지혜를 가리킨다. 미련한 자는 이러한 지혜를 얻으려고 애쓰지 않을 뿐만 아니라 다른 사람의 의견에 귀를 기울이지 않는다. 자신의 생각에 너무 몰두하여 자기 견해를 드러낼 기회만을 찾아 결국 자신의 무지를 드러내고 자랑한다. 이러한 자는 모든 지혜와 지식의 근본인 하나님을 경외하지 않고 자기 중심적인 생각과 교만한 행동과 말을 한다.

투시야(*Tusiyyah*)는 건전한 지혜, 능률적인 지혜, 혹은 변함없는 성공이라는 뜻을 가지고 있다. 영적이며 심리적인 진리를 뚫어보는 통찰로서의 지혜를 말한다. 이것은 선지자들이 초자연적으로 하늘로부터 오는 계시를 전하는 지혜와 달리 땅에서 하늘의 진리를 추구하는 인간정신의 능력을 강조한다. 이것은 또한 신자의 마음이 활동적으로 기능하면서, 이미 하나님께서 계시하신 진리와 원리를 늘 일상생활 속에서 적용할 수 있도록 해주는 것이다.

신약에서는 헬라어 소피아(*sophia*)가 사용된다. 신약은 지혜를 예수 그리스도와 연관시켜 하나님의 측량할 수 없는 지혜와 온전한 이해로 설명한다. 또한 지혜는 구원을 이루시는 하나님의 능력(롬 11:33-36; 골 1:15; 계 3:14)이고, 예수 그리스도 자신을 가리킨다. 예수님의 가르침을 들은 많은 사람들이 예수님의 지혜와 치유의 권능에 놀랐다(막 6:2). 바울은 예수 그리스도는 하나님의 지혜이시며(고전 1:30), 그 속에 지혜와 지식과 모든 보화가 감추어져 있다(골 2:23)고 한다.

십자가에 못 박히신 예수 그리스도가 바로 하나님의 지혜요 능력이다(고전 1:23-24). 세상의 지혜는 십자가의 예수 그리스도를 꺼리는 것과 미련한 것으로 여기지만 하나님은 이 세상의 지혜를 미련케 하였다(고전 1:19-20). 지혜와 총명은 그리스도인이 성숙하면서 하나님과 그의 뜻을 알게 되는 은혜의 선물이며 그리스도를 통하여 얻을 수 있다(엡 1:8, 17; 골 1:9). 이것은 그리스도인이 하나님의 뜻에 합당한 삶을 살며 모든 선한 일에 열매를 맺게 하기 위한 것이다(골 1:10; 엡 5:15).

    기독교적 전통이 사회 전반에 지대한 영향을 끼쳤을 당시에 편찬된, 지혜에 대한 사전적 정의는 다양한 측면을 고려해서 설명하고 있는 것을 보게 된다. 사전에 의하면 지혜는 "첫째, 현실을 건전하게 판단하고 슬기롭게 다루는 능력, 둘째, 과학적 또는 철학적 지식, 박식함, 학식, 셋째, 예수님 또는 하나님, 그리고 넷째, 지혜의 말, 행동, 현명한 절차와 과정"으로 정의하고 있다.[4]

    지혜에 대한 여러 성격에 대한 설명 중에서 첫 번째 정의는 적절한 삶의 양태를 드러내는 가장 실제적 의미를 담고 있는 것을 볼 수 있다(심리학). 이런 측면에 대한 실험적 연구는 주로 발달심리학과 인지심리학에서 구체화되었다.

    학식과 박식에 중점을 두고 있는 두 번째 정의는 철학과 윤리의 오랜 전통 속에서 언급되고 있는 미덕으로서의 지혜의 측면을 말해 주고 있다(철학). 철학이 학문으로 꽃을 피웠던 고대로부터 사람들은 도덕적 성품의 한 요소이자 다양한 삶의 현실을 극복해 가는 가치로서 지혜를 말하고 있다.

    세 번째 정의는 일반적인 사전의 정의임에도 불구하고 기독교적 전통을 존중하는 독특한 성격을 가지고 있다(신학). 하나님은 지혜의 속성을 가지고 계신 분이다. 더불어 하나님의 아들로서 예수님은 지혜가 인격화 되신 분이고, 그분의 삶과 가르침은 하나님의 지혜가 무엇인지에 대한 분명한 계시를 드러내고 있다.[5]

---

4 *Webster's New International Dictionary of the English Language*, 2nd ed., s. v. "Wisdom."
5 지혜와 예수님의 인격과 관련하여, 주님이 지혜 교사이신지 또는 성육신된 지혜로 우

네 번째 정의는 인류의 문화적 전통과 고대로부터 내려오는 지혜 문서들이 전하고 있는 격언과 가르침에 중점을 두고 있다(전통적 교훈). 동양과 서양의 지혜 전통에 의해서, 각 문화 마다 지혜서라고 이야기할 수 있는 문헌들이 존재하고 있는 것을 보게 된다.

사전적 정의에 한계를 두고 보았을 때, 지혜가 무엇인가에 대한 대답을 찾는 작업이 적어도 네 분야(심리, 철학, 신학, 전통적 교훈)를 통해 시도되어 왔던 것을 본다. 그러나 지혜가 무엇인가에 대한 질문에 대한 답의 가장 중요한 전제이자, 출발점으로 삼아야하는 것이 있다. 진정한 지혜는 하나님으로부터 온다는 사실이다. 지혜는 하나님의 성품 중의 하나이고 이 지혜를 가지고 하나님께서 창조와 섭리를 이뤄가고 있다는 사실을 인식해야 한다.

I장과 II장은 다음과 같은 내용을 포함하고 있다.

첫째, 지혜의 근원이신 하나님께서 지혜에 대해서 어떻게 말씀하셨는가에 대해서 설명한다. 지혜가 인격화되어서 등장하는 잠언(잠 8:22-36)에 따르면, 지혜가 하나님과 함께 태초의 창조 사역에 동참했던 동역자이었음을 보여주고 있다. 이 사실은 지혜가 하나님께서 창조의 질서를 처음 조성하시는 때에 함께 했음을 보여준다. 즉 피조물의 삶 속에서 온전한 질서를 발견하고 구현하는 것이 지혜로운 삶의 근본적인 출발이 된다는 것이다. 그래서 이런 질서를 희미하게나마 분별한 사람은 지혜로울 수 있고 지혜롭게 살 수 있는 가능성을

리에게 오셨는지에 대한 연구를 위해서 James D. G. Dunn, "Jesus: Teacher of Wisdom or Wisdom Incarnate?" in *Where Shall Wisdom Be Found?: Wisdom in the Bible, the Church and the Contemporary World*, ed. Stephen C. Barton (Edinburgh, Scotland: T & T Clark, 1999), 75-92를 참고하라.

소유한 사람이다.

성경은 어떤 삶이 지혜로운 삶인지에 대한 단편적 그림과 기준을 보여주는 데 머물러 있지 않는다. 지혜를 추구하는 사람의 신앙적이고 영적인 영역이 지혜를 알고 구현하는 중요한 출발점이자 목적이라는 사실을 말해준다. 세상의 질서를 만드시고 지금도 섭리하시는 하나님께 대한 경외에서부터 온전한 지혜가 시작된다는 것이 성경이 증거하고 있는 가장 분명한 가르침이다(욥 28:28; 시 111:10; 잠 1:7).

둘째, 근래에 일반 학문 분야에서 이루어진 지혜에 대한 실증적 연구와 그 외의 철학과 전통에서 말하는 것에 대한 개략적인 내용 분석을 통해 지혜가 무엇인지에 대한 단서를 찾아본다. 이것이 의미를 갖는 이유는 여러 측면을 통해 하나님께서 자신을 드러내신 일반계시의 내용 중에 일부라는 점이다. 사람들이 온전하고 분명하지는 않지만, 지혜의 부분적인 측면을 삶의 현실과 고민 속에서 발견했다고 보는 것이다.

시편기자는 세상 만물 속에 자연의 법칙과 같은 구조가 있음을 분별하고 이를 자원으로 삼았다(시 19:1-4). 바울 역시 창조계에서의 하나님의 계시를 강조한다. 바울은 창조주에 대해 말하길 "그러나 자기를 증거하지 아니한 것이 아니니 곧 너희에게 하늘로서 비를 내리시며 결실기를 주시는 선한 일을 하사 음식과 기쁨으로 너희 마음에 만족케 하셨느니라"(행 14:17)고 하였다. 또한 불의로 진리를 막는 인류에게 향하신 하나님의 분노에 대해 말하기를 징벌이 공정하지 않은 것이 아니라고 한다. 왜냐하면 "이는 하나님을 알 만한 것이 저희 속에 보임이라. 하나님께서 이를 저희에게 보이셨느니라. 창세로부터 그의 보이지 아니하는 것들 곧 그의 영원하신 능력과 신성이 그 만드신 만물에 분명히 보여 알게 되나니 그러므로 저희가 핑계하지 못할"(롬 1:18-20) 것이기 때문이다. "그의 만드신 만물"에서부터 이 지식이 나온다.

그러나 지금 이 시대의 학문의 내용을 통합하고, 돌봄의 사역에 적용하는 근거로 그 타당성을 검증하기 위해서는 특별계시인 성경의 검증을 통해 판단하는 작업을 필요로 한다. 지혜로운 삶의 근거가 되는 질서를 찾아가는 데 있어서 가장 중요한 자원은 이러한 믿음의 사람들이 전하고 발견하고 계시 받은 하나님의 말씀이다. 특별계시로서 성경은 피조물의 삶의 원리와 특별히 구원의 길을 제시하고 있는 지혜의 보고이다. 이것을 신학에서는 특별계시라고 칭하고 있다.

1. 위로부터 온 지혜

지혜는 질서와 밀접한 관련성을 가지고 있다.[6] 지혜롭게 산다는 것은 질서 있는 삶, 질서에 부합한 생활을 하고 있다는 것이기 때문이다. 성경에서 지혜의 말씀들은 인간의 삶이 온전한 질서를 찾아가는 데 있어서, 필요한 자원과 구성요소로서 지혜를 그 중심에 두고 있다. 그러므로 지혜에 대해 이해한다는 것은 개인과 공동체의 삶에 있어서 정신적 건강, 관계의 회복, 공동체의 갱신을 위한 온전한 질

---

[6] 지혜문서를 연구한 학자들은 지혜의 주된 근거가 질서의 개념이고 지혜의 근본적인 전제가 질서에 대한 믿음이라는 데에 동의하고 있다. Gerhard Von Rad, *Wisdom In Israel*, trans. J. D. Martin (Nashville: Abingdon, 1972); James L. Crenshaw, "Prolegomenon," in *Studies in Ancient Israelite Wisdom*, ed., J. L. Crenshaw (New York: KTAV Publishing House, 1976), 1-60.

서가 무엇인가를 아는 것과 같은 것이다.

그런데 문제는 그 질서가 무엇이고 무엇에 기초하고 있느냐에 있다. 우리가 말하고 구현하고 회복하기 원하는 것은 창조질서이다. 질서는 본래 그 질서를 만든 분의 의도와 뜻에 합당할 때 의미를 갖는다. 즉 창조주 되시는 하나님께 천지만물을 창조하시면서 이 땅에 부여하신 질서를 말하는 것이다. 믿음의 사람들은 고난과 아픔의 삶 가운데서 세상을 관찰했고, 이를 묵상하는 가운데 본래 어떻게 살아가는 것이 질서 있고, 더 나아가 지혜로운 삶인지를 추적해 갔다. 그리고 자신들이 발견한 것을 인간의 삶과 온전함을 위한 유용한 가르침으로 전달하고 있다.

1) 창조질서

예레미야 선지자는 이스라엘과 맺은 언약과 세상을 운영하는 밤과 낮의 약정이 규정(fixed order)되었고, 파할 수 없는 것이라고 말하고 있다(렘 33:20-21, 25, 31:35-36). 여기서 사용된 밤과 낮의 '규정'(*huqqim*)이라는 단어는 구약 전체를 통해 살펴볼 때, 하나님의 '율법' 자체나 그 '율법을 새긴다'라는 의미를 담고 있다. 이 단어는 욥기 19:23과 이사야 49:16에 표현된 "씌어졌으면"(to inscribe) 또는 "새겼고"라는 동사에서 파생된 명사형이다. 또한 "지나치지 못하는 계한을 삼았다"는 말씀과도 같이(렘 5:22), 하나님께서 입법자의 위치에서 새겨 넣은 규례(decree)를 의미하는 것이다(출 12:17; 레 18:3-4; 민 19:2, 31: 31). 이것은 하늘과 땅에 내재된 하나님의 규정이 온 우주를 인도하고 있다

는 점을 시사해 준다.[7]

하나님이 부여하신 우주에 내재된 규정, 다시 말해 질서 구조는 세상과 삶을 이해할 수 있게 하는 객관적 자료이다. 세상 만물의 각각의 정한 때와 고정된 패턴과도 같은 역할을 하고 있다. 그리고 무엇보다 중요한 것은 이것을 분별하는 사람은 본래 하나님의 원리에 따라 살아가는 근거와 자원을 갖게 되는 것이다. 지혜롭기 위해서는 피조세계를 근본적으로 주도하는 이 질서를 분명하게 이해해야 하고 더 나아가 삶의 원리로 삼아야 한다.

이 점이 조금 더 분명하게 설명된 것이 잠언의 말씀이다.[8] 잠언에서 드러나는 지혜의 모습은 첫째, 사람들에게 하나님의 가르침과 돌봄을 펼치는 하나님으로부터 파송된 천상의 전달자이다.[9]

둘째, 영속성과 안정성에 관심을 기울이고 있다. 확고하고 신뢰할 만한 근거 위에 삶을 세워가는 것에 주의를 기울이고 있다(잠 9:1, 12; 7, 12, 25:28).

셋째, 전통적인 지혜(conventional wisdom)를 제시한다.[10] 이 땅을 살아가는 데 필요로 하는 하나님의 본래적 창조질서를 전통적 질서라는 말로 표현한 것이다.

---

7 Gordon J. Wenham, *The New International Commentary on the Old Testament: The Book of Leviticus* (Grand Rapids, MI.: Eerdmans, 1985), 252.
8 Leo G. Perdue, "Cosmology and the Social Order in the Wisdom Tradition," in *The Sage in Israel and the Ancient Near East,* eds., J. G. Grammie & L. G. Perdue (Winona Lake: Eisenbrauns, 1990), 461.
9 Elizabeth A. Johnson, "Image of God's Saving Presence," *Living Pulpit* 9, no. 3 (2000): 6.
10 Charles F. Melchert, *Wise Teaching: Biblical Wisdom and Educational Ministry*, 송남순 & 김두일 역, 『지혜를 위한 교육』 (서울: 한국장로교출판사, 2002), 310.

지혜가 전통적 창조질서와 밀접한 관련성을 가지고 있는 근본적인 이유는 하나님께서 지혜를 통해 세상을 창조하셨기 때문이다. "여호와께서는 지혜로 땅을 세우셨으며 명철로 하늘을 굳게 펴셨고 그 지식으로 해양이 갈라지게 하셨으며 공중에서 이슬이 내리게 하셨느니라"(잠 3:19-20) 말하고 있다. 잠언 8장에서는 창조 사역 가운데의 인격화된 지혜가 어떤 역할을 하고 있는지 서술한다. 우선 지혜는 세상이 창조되기 전 태초에 하나님과 함께 했다.

> 여호와께서 그 조화의 시작 곧 태초에 일하시기 전에 나를 가지셨으며 만세전부터, 상고부터, 땅이 생기기 전부터 내가 세움을 입었나니(잠 8:22-23).

더 나아가 지혜가 태초 이전에 하나님과 함께 있었을 뿐 아니라, 하나님의 창조 사역에 함께 동참했던 주체였다고 증거한다.

> 바다의 한계를 정하여 물로 명령을 거스리지 못하게 하시며 또 땅의 기초를 정하실 때에 내가 그 곁에 있어서 창조자가 되어 날마다 그 기뻐하신 바가 되었으며 항상 그 앞에서 즐거워하였으며(잠 8:29-30).

여기서 창조자(craftsman)는 유아(nursling) 또는 어린아이(child)로도 번역될 수 있지만, 창조사역에 하나님과 함께(beside God)하던 존재라는 점에서 창조에 동역하는 '장인'(craftsman)으로 표현된다. 지혜는 이 땅을 만드시고 섭리하시는 하나님의 손길을 실행하는 가장 중요한

장인이었다.[11]

또한 이 단어는 눈금이 매겨진 모델, 즉 장인이 건축할 때 기준으로 사용하는 표준자와 같은 무엇을 의미한다. 이 말은 지혜가 장인이신 하나님께서 세계를 조성하실 때 그분이 작업하시면서 이용하셨던 표준자와 같았다는 것이다.[12] 잠언의 저자가 지혜를 인격화해서 하나님의 창조사역에 동역자로 등장시킨 이유는 하나님의 속성 가운데 하나인 지혜의 역할와 위치를 강조하기 위한 것이었다. 하나님의 지혜는 자연의 인과 법칙, 법칙들, 경계들, 자연 질서의 전반적 구조를 만들어 낸 주체로서의 역할을 하고 있다.[13]

하나님께서는 지혜를 활용해서 흔들리지 않고 영원한 삶을 만들어가는 원리를 피조세계에 조성하셨다. 하나님의 지혜는 이 세상의 질서와 인과 원리적 법칙을 있게 만든 장본인이 된다. 지혜가 원인과 결과와 씨 뿌리는 것과 거두는 원리를 조성하고 이 모든 본래적 하나님의 의도와 뜻을 잘 담아내는 능력임을 알게 된다. 잠언의 저자는 이러한 지혜를 추구하며 실제 인간의 삶의 현장에서 일관성과 패턴을 찾고, 다양한 자연과 사회 현상 속에서도 규칙성을 발견해서 그

---

11 Kathleen M. O'Connor, *The Wisdom Literature* (Wilmington, DE.: Michael Glazier, 1988), 67.
12 Albert M. Wolters, *Creation Regained*, 양성만 역, 『창조, 타락, 구속』(서울: IVP, 2003), 43.
13 Derek Kidner, *Tyndale Old Testament Commentary Series: Proverbs* (Downers Grove, IL.: InterVarsity Press, 1987), 79. 지혜로운 사람에 대하여 플래밍은 "지혜는 우주의 구조 속에 들어가 있으며…인간의 지혜란, 이 하나님의 지혜, 계획, 질서를 알고 자기의 길을 여기에 동조시키는 것이다…지혜란 신적인 구조에 좇아가는 것을 뜻한다. 인간은 그것이 무엇인지를 밝혀내고 거기에 자신을 맞추어야 한다. 지혜는 하나님의 창조에 윤리적으로 순응하는 것이다." James Fleming, *Personalities of the Old Testament* (New York: Scribners, 1939), 502.

연관 관계를 세워보고자 하였다.

창조질서는 또한 공동체적 질서와 도덕적 질서라는 표현으로 발전한다. 성경의 지혜는 단지 처세와 약삭빠름이 아니다. 목적의 고상함을 위해 잘못된 수단을 미화하는 것도 아니다. 하나님의 지혜는 온전함, 의, 적합함에 중점을 둔 윤리적 내지 공동체적 질서를 중요하게 여기고 있다.[14] 또한 삶의 경험을 강조하고 이런 체험을 통해서 통찰해야하는 것이 도덕적 질서이다. 즉 어떤 행동이 선한 결과를 가져오게 하고 어떤 행동은 나쁘고 악한 결과를 가져오게 하는 것인지에 대한 분별을 강조한다.[15] 언뜻 보면 잠언과 같은 지혜문서가 성공하며 번영하는 것에 초점이 모아지는 듯 보이지만, 이것이 올바른 가치와 기준에 의해서 주도되어지는 것을 명확히 하면서 도덕과 윤리적 가치를 중요하게 가르치고 있다.

지혜문서는 구약의 야고보서와 같은 역할을 한다. 하나님의 진리는 실제적이고 지혜로운 방식으로 행해져야 한다는 사실을 명확하게 하고, 그 지혜로운 순종이 어떤 것인가에 대한 실례를 제공한다. 거룩한 사람은 돈 또는 권력 보다도 개인적 평판을 가치 있게 여겨야

---

[14] 이런 성격의 지혜적 측면을 Perdue는 전통적 지혜(Traditional wisdom), Scott은 보편적 지혜(Common wisdom), Crenshaw는 판단적 지혜(Judical wisdom), Collins는 금언적 지혜(Proverbial wisdom)라고 표현하였다. Leo G. Perdue, *Wisdom and Creation* (Nashville: Abingdon Press, 1994); Bernard B. Scott, "Jesus as Sage: An Innovative Voice in Common Wisdom," in *The Sage in Israel and the Ancient Near East*, eds., J. G. Grammie & L. G. Perdue (Winona Lake, IN: Eisenbraums,1990), 399-415; James L. Crenshaw, *Studies in Ancient Israelite Wisdom* (New York: KTAV Publishing House, 1976); John J. Collins, "Proverbial Wisdom and the Yahwist Vision," *Semeia*, no.17 (1980): 1-18.

[15] Roland E. Murphy, *The Tree of Life: An Exploration of Biblical Wisdom Literature* (New York: Doubleday, 1990), 115.

한다. 경솔한 결정과 반응을 삼가고 피해야 한다. 자신의 혀를 통제하고 돈을 주의 깊고 지혜롭게 사용해야만 한다. 그는 신실한 친구가 되어야 하고, 곤궁에 처한, 아주 절망적인 상태에 있는 친구를 도와야 한다. 이웃에 대해 불쌍히 여기고 자비로 대하며, 자신의 분을 조절해야 한다. 그는 다툼을 피해야만 한다.

성경은 지혜가 무엇이냐는 질문에 대해서 하나님의 창조질서에 부합한 삶을 사는 것이라고 말한다. 이것이 공동체를 온전하게 하고 신앙적 윤리를 든든하게 세우는 기반이 되는 것이다. 그러기에 지혜가 무엇인지 알기 위한 첫 번째 숙제는 창조질서를 분별하는 것이다. 성경은 인간이 세상과 인간 사회를 배우면서 학습하는 능력을 가졌다는 것을 확증한다. 세상과 사회는 다양한 연구영역과 기술적 성취를 위한 자원을 제공해 왔다. 그 근본적인 근거는 창조에 대한 성경적 교리에 두어야 한다. 하나님께서는 인간을 포함하여 세상을 창조하시고, 특별히 하나님의 형상인 인간이 그분이 만드신 세상에서 특정한 방식으로 기능하도록 계획하셨다. 하나님은 세상을 다스리도록 하셨고 동산을 돌보는 책임을 부여하셨다. 이러한 책임을 완수하기 위해, 인간은 자신에게 주어진 세상을 이해하고 생각할 수 있어야만 했다.

이러한 점은 창세기 첫 장에서 아담이 모든 동물들의 이름을 지었을 때 잘 드러나고 있다. 두 번째 장에서도(창 2:5) 인간의 능력이 묘사되는데, 식물을 경작해서 성장시키는 것이다.[16] 식물을 경작하기

---

16 Edward M. Curtis & John J. Brugaletta, *Discovering the Way of Wisdom: Spirituality in the Wisdom Literature* (Grand Rapids, MI.: Kregel, 2004), 16.

위해서 필요로 했던 인간의 지식과 활동은 이사야 28:23-29에 묘사되어 있다. 이러한 지식이 하나님께도 말미암은 것이지만, 하나님으로부터 기원해서 그것이 구현되는 통로는 경험과 이성인 것이다. 그 축적된 결과는 세대를 이어서 전수되고, 전통은 각 세대와 개인이 전달받고 때때로 그것을 조정하면서 발전을 이어간다.

우리는 하나님께서 본래 가정의 질서를 어떻게 구성해 주셨는지, 인간관계의 질서와 상도덕의 질서, 국가와 사회의 질서 등을 어떻게 형성해 주셨는지 파악할 수 있다. 반대로 하나님의 창조적 원리를 간과한 인간과 삶에 대한 이해는 그 본래의 본질과 정체성을 상실한 채 왜곡될 수 있다. 본래 질서에 부합되는 인간, 사랑, 자녀교육, 예술, 관계 등의 세계관이 분명해 지는 것이 지혜를 갖기 위한 중요한 출발점이 된다는 것을 발견한다.

성경의 지혜의 말씀들은 온전한 삶을 위한 창조주의 원리를 담은 풍성한 자원이다. 하나님의 사람들은 온전하고 질서 있는 삶과 하나님께서 축복하시는 선하고 축복된 삶이 무엇인지 고민했다. 그리고 확신한 것은 하나님께서 지혜를 통해 피조 세계에 부여한 사물의 질서에 일치한 삶을 사는 것이었다. 그리고 그렇게 살아보며 체험을 통해 발견된 진리에 대한 확고한 확신을 가졌고 그것으로 사람들을 지혜롭고 의로운 삶으로 인도할 수 있었다.[17]

지혜로운 돌봄은 창조질서에 기초와 그 근거를 두고 있다. 지혜롭기 위해서는 그 지혜를 있게 하신 하나님의 본래적 뜻과 원리인 창조

---

[17] James. L. Crenshaw, *Old Testament Wisdom: An Introduction* (Atlanta, GA.: John Knox Press, 1981), 67.

질서를 소유해야 한다. 그것이 돌보는 자의 삶에서 경험되고 확증되어야 한다. 돌보는 자에게 가장 필요로 하는 것은 돌봄을 받는 자의 삶에 가장 지혜로운 하나님의 뜻이 무엇인지를 발견하는 것이다. 그리고 그것을 적절한 방법과 경로를 통해 돌보는 자와 나눌 수 있어야 할 것이다.

2) 왜곡된 질서

우리가 피조된 방식을 저버리거나 그에 거스르는 삶을 살게 되면, 피조물의 기능과 그를 둘러싼 환경에 왜곡을 가져오게 된다. 이것을 성경은 죄와 악이라고 말하고 있고 이 현실은 인간이 질서를 깨닫는 과정에도 장애를 주고 더 나아가 그것을 실천하는 데 있어서도 한계를 가져오게 한다. 그래서 성경은 창조물의 선함과 함께 타락함이라는 주제를 '어리석음과 악함' 그리고 '지혜로움과 선함'이라는 용어로 비교하면서 지속적으로 지적하고 있다.

지혜로운 것을 아는 것 만큼이나 지혜롭지 못한 것을 아는 것이 지혜가 무엇인지 아는 단서가 된다. 그래서 왜곡된 질서에 대한 인식이 필요하다. 인간이 하나님의 형상으로 지음 받았다는 사실은 창조적인 능력, 질서에 대한 이해, 도덕적 판단의 능력을 가졌다는 것을 의미한다. 그러나 인간은 타락으로 말미암아 하나님의 피조된 방식을 저버리거나 역행하는 본성을 소유하게 되었다. 피조물의 기능과 그를 둘러싼 환경은 심각하게 훼손되었다. 인간의 죄와 세상 속에 파고든 악은 전통적 창조질서를 분별하는 데 어려움을 주고 그것에 따라 살아가는 데 있어서도 한계를 가져온다.

더 나아가 타락한 인간에 의해서 형성된 세상과 세상의 일그러진 문화는 창조질서를 훼손하게 된다. 인간의 마음이 자기 소견에 맞는 것을 궁극적인 목적으로 삼고, 하나님 중심이 아닌 인간 중심적이고 인본주의적 가치를 중심에 두고 그에 따른 질서체계를 좇아가고 있다.[18] 그러한 것들이 인간에게 행복과 기쁨을 가져다주는 것처럼 보이지만, 결국은 창조의 본래적 질서를 떠나가는 것이다. 그로 말미암아 각종 소외 현상, 우울, 고독, 두려움, 절망이라는 개인적 문제를 초래한다. 더불어 관계의 단절, 갈등, 반목, 학대라는 공동체적 고통을 가져온다.

개인과 공동체에 파고든 악의 영향력은 다양한 방식으로 사람들을 선동하고 아름다운 것을 훼손하고 분별력을 무너뜨린다. 하나님의 창조질서는 만연한 죄의 영향으로 인해 본래적 모습을 찾기가 어려워 졌다. 그래서 지식의 양은 엄청나게 늘어나고 있지만 지혜롭기는 어려운 시대를 맞고 있다. 아니 어리석어지고 교만해지기 쉬운 시대를 살고 있다.

이 땅에 자리 잡은 세속 질서는 사람들이 인정하고 따라가기 때문에 만연하게 된 것이다. 세상이 돌아가고 사람들이 살아가는 방식에 대한 가장 승인된 방식이 뿌리내린 것이다. 이 세속질서에도 하나님께서 의도하신 전통적 창조질서가 일부 담겨져 있다. 그러나 죄는 왜곡된 질서를 확산시키고 잘못된 가치관을 주입한다. 우리가 사는 세계의 주도적 질서는 성취(achievement), 풍요(affluence), 그리고 외관(ap-

---

[18] 신국원, 『신국원의 문화이야기』 (서울: IVP, 2002), 138-139.

pearance)라는 세 가지 A로 요약될 수 있다.[19] 지나친 성취 지향적 삶과 자기에게 초점이 맞추어진 뿌리 깊은 이기적인 삶을 만들어 간다.

이러한 왜곡된 질서는 부인할 수 없는 이 땅의 현실이다. 이에 대한 이해 역시 필요한 것은 엄청난 영향을 끼치며, 사람들을 오도하고 일그러지게 하기 때문이다. 아니 이런 문제에 대한 아무런 의식 없이 사람들은 세상의 지혜로움을 추구하며 살아간다. 그리고 그것으로 성공하는 경험이 쌓이면서 더욱 시대를 지배하는 원리로 자리매김한다. 참이나 진리가 아닌 거짓이 사람을 똑똑하고 건강하게 만드는 비결로 제시되고 있다.

3) 혁신적 질서

인간의 피조물로서의 근원적 한계와 만연한 죄와 악의 영향력으로 인해, 우리가 하나님의 창조질서를 이해한다는 것이 그렇게 쉬운 일이 아니게 되었다. 우선 하나님의 전통적 창조질서가 왜곡된 환경으로 인해 본래적 의미를 찾기가 어려워 졌다. 이 땅의 문화의 옷을 입고 살아가는 사람들은 성장의 과정을 통해 이러한 통상적이고 세속적인 질서를 내면화 한다. 사는 방식을 제공하고 더 나아가서 살아남고 이기는 방법을 강요하는 세상의 질서에 익숙해진다.

결국 이 땅을 살아가면서 신자라고 할지라도 세속적 질서의 포로된 삶을 살고 그 명령에 자동적으로 반응하는 사람이 된다. 세상의

---

19 Marcus J. Borg, *Meeting the Jesus for the First Time* (New York: HarperSanFrancisco, 1994), 87.

질서가 보게 하는 것을 보고, 말하고자 하는 것에 주의를 기울이고, 더 나아가 가치관을 세워간다. 이러한 세속적 가치에 부합하는가에 따라 평가를 주고 받고, 만족을 찾고 잃으며 살아간다. 평가와 비교의 가치관에 근거한 세상의 잣대로 나와 이웃을 판단하고 비교한다. 사람의 정체성과 자존감이 이런 종류의 비교에 의존해 있고, 삶에도 강력하게 영향을 끼친다. 내면의 경찰관과 심판관은 세속적 질서의 기준에 따라서 "나는 누구인지" 그리고 "내가 얼마나 그 기준에 일치하는지"를 끊임없이 묻는다.

특히 고난과 아픔의 현장 속에서 너무나 자명하게 여겨졌던 하나님의 뜻이 분명하게 드러나지 않고, 우리의 인식의 능력으로는 이해하기 어려운 삶의 현실을 경험하면서 고민하게 되었다. 창조의 원리와 질서에 따르면, '뿌린 대로 거둔다'는 보상과 처벌의 구도가 온전하게 펼쳐져야 한다. 그러나 그렇게 세상은 돌아가지 않는다. 선한 사람이 복을 누리고 악한 사람이 벌을 받는 일이 일어나지 않기도 한다. 결국은 "정의의 힘이 이긴다"는 도식 역시 요원하게 보인다.

그래서 하나님께서 허락하신 본래적 창조질서의 모습은 전혀 찾아보기 힘들어진다. 세상을 살아가며 그 이면의 하나님의 질서를 찾기가 힘들다. 확실하게 보이는, 유일한 현실이라고 할 수 있는, 눈에 보이고 체험하는 통상적인 삶만을 본다. 그래서 신앙을 가지고 있으면서도 그 사람의 마음은 실제로 하나님으로부터 멀어지게 된다. 이러한 현상은 반복되고 있다.

성경의 기자들은 혁신적인 지혜를 제시하며 사람들의 통찰을 돕고 싶어 했다. 크게 보면 결국 하나님의 창조질서이지만, 깨닫기 힘든 그 질서를 보여주기 원했다. 결국은 장막을 걷으면 밝히 보이는 하나님의 질서를 누리기 원했다. 지금은 무엇을 그려 가는지 모르겠지만, 종국에는 아름다운 한 폭의 그림을 그려가는 하나님의 의도를 전달하기 원했다.

지혜문서 중에 욥기나 전도서는 현실의 역설적 실상과 고통과 불의 그리고 인간의 한계 속에서 하나님의 신비로운 질서를 드러내려는 시도를 한다. 이를 학자들은 역질서(counter order)라고 표현하면서 잠언에서 보여주려는 전통적 질서와는 다른 성격이 있음을 설명한다.[20] 이러한 지혜문서는 하나님의 지혜가 드러나는 방식에 있어서 신비를 보여주는 탐구적이고 기묘하고 사색적이며 위험을 무릅쓰는 듯한 성격을 보여준다.[21]

구약의 지혜문서는 우리에게 우리가 살아가도록 되어 있는 삶의 방식을 가르친다. 신약은 같은 맥락이지만 다른 차원에서 혁신적 질서를 말한다. 예수 그리스도를 통해 구원받은 사람이 살고 반응해야 하는 방식을 설명하는 것이다(요 13:15; 롬 8:29; 고후 3:18; 엡 4:13; 빌 2:5; 벧전 2:21; 요일 2:6). 질서를 묘사하는 지혜문서는 그리스도의 가르침에 대한 우리의 이해에 근본적인 토대를 갖게한다.

---

[20] 이에 대한 명칭도 학자들에 따라서 critical wisdom, radical wisdom, theological wisdom, reflective wisdom 등으로 표현되고 있다. A. H. Konkel, "Wisdom as a Way of Knowing God," *Didaskalia* 4, no. 4 (1992): 15-25.
[21] Richard Schultz, "Responsible Hermeneutics for Wisdom Literature," in *Care for the Soul*, ed. Mark R. McMinn & Timothy R. Phillips (Downers Grove, IL.: 2001), 263.

2. 우리와 함께 하는 지혜

누가는 예수님께서 자라시는 모습에 대해서 "아기가 자라며 강하여지고 지혜가 충족하며 하나님의 은혜가 그 위에 있더라…예수는 그 지혜와 그 키가 자라가며 하나님과 사람에게 더 사랑스러워 가시더라"(눅 2:40, 52)라고 증거한다. 40절과 52절의 중간에는 예수님에게 임한 지혜와 은혜가 어린 시절을 통해서 어떻게 드러나고 있는지 실례를 제시한다. 열두 살 소년 예수는 그분의 지혜로 율법 선생들을 놀라게 한 것이다.[22]

바울은 예수님에 대해서 이렇게 말한다.

> 예수는 하나님께로서 나와서 우리에게 지혜와 의로움과 거룩함과 구속이 되셨으니(고전 1:30).

바울은 골로새 지역의 성도들에게 보낸 서신에서도 하나님의 지혜가 그리스도를 통해 형상화(골 1:15-20) 되었고, "이는 저희로 마음에 위안을 받고 사랑 안에서 연합하여 원만한 이해의 모든 부요에 이르러 하나님의 비밀인 그리스도를 깨닫게 하려 함이라 그 안에는 지혜와 지식의 모든 보화가 감추어 있느니라"(골 2:2-3)고 말한다.

예수님의 지혜가 과거만이 아니고 현재의 돕는 현장에 적용되는 연결점을 생각해 볼 수 있다.

---

22 Graeme Goldsworthy, *Gospel and Wisdom*, 김영철 역, 『복음과 지혜』(서울: 한국성서유니온, 1996), 24-25.

첫째, 예수님의 사역의 내용과 그분의 성품에서 드러나는 지혜의 모습이다. 이것은 예수님이 지혜의 선생님이셨고 더 나아가서 지혜가 인격화된 존재라는 점을 강조한 것이다.[23] 현자(sage)이시며, 다른 한편 지혜가 친히 성육화된 예수님이 어떻게 그분의 지혜를 가지고 사람들을 이해하고 돌보셨는지 살펴보는 것이다.

둘째, 현자 예수님의 지혜가 표현된 방식과 돕는 현장을 살피며 지혜의 돌봄적 적용점을 살펴볼 수 있다. 예수님은 주로 격언이나 비유의 소통 방식으로 상황과 사람에 따른 적절한 개입을 시도하신 것을 보게 된다.

1) 지혜의 선생님

예수님은 위대한 선생님이었다. 어떤 공식적인 교육도 받은 적이 없지만, 선생이라는 명칭은 그분께 붙여질 수 있는 분명한 직분이었다.[24] James D. G. Dunn은 지혜의 전통을 잇는 선생 예수의 특징을 소개하고 있다.[25]

첫째, 그분은 탁월한 소통가였다. 모호한 기술적 용어를 사용하거나 복잡한 철학적 또는 사상적 논의를 제기하지 않으셨다. 듣는 이들의 주의를 모으고, 쉽게 기억에 담을 수 있는 일련의 은유를 사용했다. 또한 펼쳐지는 이야기는 매일의 체험에서 가져온 것이었다. 이

---

23 Borg, *Meeting Jesus again for the First Time*, 69.
24 Ben Witherington, III, *Jesus the Sage: The Philgrimage of Wisdom* (Minneapolis: Fortress Press, 2000), 147-208; Bernard B. Scott, *Hear then the Parable: A Commentary on the Parable of Jesus* (Minneapolis: Fortress Press, 1989), 21.
25 James D. G. Dunn, "Jesus for Today," *Theology Today* 52, no 1 (fall 1995): 66-69.

러한 삶에서 도출된, 그래서 마치 그림이 그려지는 것과 같은 이미지 언어는 적절한 소통을 가능하게 했다. 들을 귀와 보는 눈을 가진 사람들의 마음을 도전하면서, 하나님 나라의 백성으로서의 삶의 원리를 전달할 수 있었다.

둘째, 예수님의 가르침은 관점을 새롭게 하고 이를 통해 사람들을 하나님 나라의 백성으로 인도하고 그 백성다운 풍성한 삶을 살게 하는 것이었다. 예수님은 믿어야 하는 것이 무엇인가를 설명하는 정보 전달자가 아니었다. 또는 단순히 어떻게 행동해야 하는지를 제시하는 도덕 선생님도 아니었다. 새로운 삶의 방식과 관점의 변화를 제시하고 따르도록 격려했다. 자기도 모르게 굳어져 버린 옛사람의 삶에서 하나님께 중심을 맞춘 하나님 나라의 새로운 삶을 직면시켰다.

예수님은 선생님 중에서도, 특히 지혜의 선생이기 때문에 독특한 특징을 가지고 있다. 지혜의 선생은 지혜로운 길을 권고하고, 다른 한편으로 어리석은 길을 좇아가게 될 때의 결과를 경고한다. 지혜의 선생은 근본적으로 사는 방식에 관심을 가지고 있다. 지금 살아가는 현실을 고민하고 있고, 그 현실에서 하나님의 백성으로 살아가는 방식을 말하고 있다. 핵심은 두 길 내지, 두 가지 선택 중에서 한 가지를 선택해야 한다는 것이다.

지혜와 어리석음의 유비를 통한 권고는 창조질서를 강조했던 구약의 지혜자들의 전통을 존중한 것이다. 예수님은 전통적 지혜를 중요하게 여기셨다. 그러나 거기에 그치지 않으시고 이러한 지혜가 현실에서 왜곡되고 감추어져 버린 것을 통찰하셨다. 그리고 회복해야 되는 하나님의 창조질서를 강조했다. 이것이 정확하고 온전할 수밖에 없는 이유는 예수님이 하나님의 아들로서 창조사역에 동참하였고 아버지의 의중을 가장 잘 이해하고 있는 분이기 때문이다.

더 나아가 예수님은 현재의 상태에 의문을 던지고 대응할 수 있는 새로운 질서를 제공했다. 새롭고 역설적인 질서를 내포하는 예수님의 지혜는 혁신적 지혜(subversive wisdom)를 담고 있다.[26] 의문을 제시하고 도전하고 다른 방식, 다른 길을 제시한다. 이미 앞에서 보았듯이 이러한 지혜는 전도서와 욥기의 지혜자 역시 강조한 부분이다. 예수님은 하나님께서 본래 의도하셨던 창조질서의 내용과는 점점 동떨어져 가는 엄연한 현실에 대해 통렬한 질책을 가하신다. 그리고 지혜의 선생인 예수님은 혁신적 대안을 말씀하신다.

예수님은 당시의 왜곡되고 타성에 젖은 질서를 새롭게 하기 위해서 역설의 언어를 사용했다.[27] 역설(逆說)과 모순(矛盾)은 비슷한 말 같지만 차이가 있다. 역설은 어떤 진리를 이치에 어긋나거나 모순되는 말을 통하여 표현하는 것이다. 그러기에 보기에 모순처럼 보인다. 그러나 역설은 그 속에 진실을 담고 있고 참을 강조하고 있다. 모순은 본래 서로 어긋나 있고 대립하고 있는 것이다.[28] 물론 이 개념이 일부 변증론적 철학자에 의하면 순전한 대립과는 다르게 서로가 서로를 필요로 하면서 영향을 끼치는 것으로 발전한다. 상호 침투하여 영향

---

[26] Marcus J. Borg, *A New Vision: Spirit, Culture, and the Life of Discipleship* (London: Society for Promoting Christian Knowledge, 1993), 97-124.
[27] Pheme Perkins, "Jesus: God's Wisdom," *Word & World* 7, no. 3 (summer, 1987): 280.
[28] 어느날 초나라 장사꾼이 저잣거리에 방패[盾]와 창[矛]을 늘어놓고 팔고 있었다. "자, 여기 이 방패를 보십시오. 이 방패는 어찌나 견고한지 제아무리 날카로운 창이라도 막아낼 수 있습니다." 이렇게 자랑한 다음 이번에는 창을 집어들고 외쳐댔다. "자, 이 창을 보십시오. 이 창은 어찌나 날카로운지 꿰뚫지 못하는 것이 없습니다." 그 때, 구경꾼들 속에서 이런 질문이 튀어나왔다. "그럼, 그 창으로 그 방패를 찌르면 어떻게 되는 거요?" 그러자, 장사꾼은 아무 대답도 못하고 서둘러 그 자리를 떠났다.

을 끼치는 과정에서 서로를 변질시킨다는 것이다. 그러나 이것은 너무 확대된 설명이고 모순의 본래 뜻을 훼손하고 있는 것이다.

주님은 모순을 통해 진실을 전달하려는 것이 아니고, 역설을 통해 진리를 알려주려고 하는 지혜의 선생님이셨다. 하나님의 백성과는 아무 상관이 없고 단지 이방인이고 부정한 사람으로 여겨졌던 사마리아 사람이 선한 사람이 될 수 있었다. 정결의 문제는 입에 들어가는 것이 아니라, 입에서 나오는 것에 달려있다고 하신다. 가난한 사람과 애통한 사람이 복이 있고, 먼저 된 자가 나중 되고 나중 된 자가 먼저 된다고 하셨다. 또한 겸손한 자가 높아지고 높아진 자가 낮아지게 된다고 하신다.

예수님은 팔복이라는 역설적이고 재구성적 개념으로 산상보훈을 시작한다. 예수님께서 복이라는 역설적 열매를 제시하시면서, 사람들이 오해하고 있었던 복을 가져오게 하는 하나님의 백성의 특성을 재구성하고 있다. 예수님은 모순되는 듯 보이고 예상치 못한 언어의 조합으로 천국에 대해서 말씀하셨다. 천국이 너무나 작은 겨자씨에 비교된다(마 4:30-31). 하나님 나라가 이스라엘의 전통에서는 그리 흔쾌하게 받아들여지지 않던 여자와 누룩이라는 개념과 관련시켜 설명된다. 천국은 마치 여자가 가루 서말 속에 갖다 넣어 전부 부풀게 한 누룩과 같다고 한다(마 13:33). 천국은 보잘 것 없는 대상으로 여겨졌던 아이들을 위한 것이다. 또한 천국의 잔치에 동이나 서에서 많은 사람이 함께 할 것이지만, 천국에 있을 것이라고 기대되었던 많은 이들이 내어버림을 당할 것(마 8:11-12)이고 말씀한다.

지혜의 선생님이신 예수님은 만연한 왜곡된 질서를 바로 잡고 새로운 질서, 다시 말해 하나님의 나라의 질서를 세워갔다. 예수님은 우리의 제한된 관점과 깊게 뿌리박힌 죄성으로는 통찰하기 힘든 하나님의 새로운 질서를 말씀하신다. 우리는 사람들이 삶을 다른 방식으로 보고 새로운 이해를 할 수 있도록 도와야 한다. 눈은 있지만 보지 못하는 사람들이 있다(막 8:18). 사람이 어떻게 보고 통찰하느냐 하는 것이 모든 것을 다르게 만든다.

2) 지혜의 인격화

지혜가 예수님을 통해서 사람의 몸과 인격으로 체화되고 우리에게 보여지고 만져지고 들려지게 되었다. 예수님은 지혜의 선생이었고 더 나아가 지혜 그 자체가 인격화된 분이다. 성경 저자들은 예수님을 하나님의 지혜라는 표현으로 묘사했다.

예수님은 그분 스스로도 이렇게 말씀하셨다.

> 심판 때에 남방 여왕이 일어나 이 세대 사람을 정죄하리니 이는 그가 솔로몬의 지혜로운 말을 들으려고 땅 끝에서 왔음이거니와 솔로몬보다 더 큰 이가 여기 있느니라(마 12:42; 눅 11:31).

Darrell Bock는 "예수님은 하나님의 지혜의 사자"이셨다고 표현한다.[29]

구약의 지혜문서에서 이미 지혜는 인격화된 모습으로 특히 하나

---

29 Darrell L. Bock, *Luke*, vol. 3 of IVP New Testament Commentary (Downers Grove, IL.: InterVarsity, 1994), 214.

님의 구체화된 인격으로 설명되고 하나님의 사역의 동역자로 등장하고 있다.[30] 지혜자들은 '하나님께서 이 세상 너머에 멀리 계시고 심지어 하나님의 백성을 돌보지 않으신다'는 제한된 생각의 지평을 바꾸기를 원했다. 물론 하나님은 인간의 눈으로 볼 수도 없고, 마음으로도 온전히 이해할 수 없다. 그러나 하나님은 초월하신 분이지만, 숨겨져 계신 분이 아니고 지혜로 세상 속에서 우리와 함께 하시고 역사하고 계시는 분이다. 이것을 구체화하기 위해 지혜자들은 이 땅에 임재하는 하나님의 지혜, 하나님의 창조적 힘, 하나님의 현존을 말하려고 했다.

지혜자들이 설명하는 지혜는 하나님께 돌려질 기능과 속성을 가지고 있었다.[31]

> 지혜가 길거리에서 부르며 광장에서 소리를 높이며 훤화하는 길 머리에서 소리를 지르며 성문 어귀와 성중에서 그 소리를 발하여 가로되…나의 책망을 듣고 돌이키라 보라 내가 나의 신을 너희에게 부어주며 나의 말을 너희에게 보이리라(잠 1:20-23).

"내가 나의 신을 너희에게 부어주며"라는 말은 "나의 영을 너희에게 부으며"라고 번역될 수 있다. 이것은 요엘서 2:28에 있는 말씀과 같이 하나님께서 가지고 계시는 속성이었다.[32]

---

30 Roland E. Murphy, "Wisdom in the Old Testament," in *The Anchor Bible Dictionary* 6, ed. David Noel Freedman (New York: Doubleday, 1992), 920-931.
31 Elizabeth A. Johnson, *She Who Is: The Mystery of God in Feminist Theological Discourse* (New York: Crossroad, 1999), 91.
32 O'Connor, *The Wisdom Literature*, 71-72.

집회서(Sirach)와 지혜서(Wisdom of Solomon)에서 지혜의 인격화와 신적 속성이 조금 더 구체화된다.[33] 지혜서에 따르면 지혜는 모든 것들의 기본 틀이 되면 모든 것의 어머니와 같다(지혜서 7:11-12). 지혜의 능력과 통찰에 대해서 이렇게 표현한다.

> 지혜 속에 있는 정신은 영리하며 거룩하고, 유일하면서 다양하며 정묘하다. 그리고 민첩하고 명료하며 맑고 남에게 고통을 주지 않으며 자비롭고 날카로우며 강인하고 은혜로우며 인간에게 빛이 된다. 항구하며 확고하고 동요가 없으며 전능하고 모든 것을 살피며 모든 마음과 모든 영리한 자들과 모든 순결한 자들과 가장 정묘한 자들을 꿰뚫어 본다(지혜서 7:22-23).

지혜는 하나님과 같이 모든 곳에 존재한다. 지혜는 하나님의 힘의 바람이며 전능하신 분께로부터 나오는 영광의 티 없는 빛이다. 지혜는 영원한 빛의 찬란한 광채이며 하나님의 활동력을 비쳐 주는 티없는 거울이다(지혜서 7:25-26). 지혜는 이스라엘 역사에서 섭리하셨던 하나님의 활동을 함께 했다. 애굽에서 가나안으로 향하던 광야 길의 이스라엘을 인도한 것은 지혜였다(지혜서 10:15-19).

집회서에서 지혜는 태초에 하나님과 함께 했던 자신의 기원을 말하고 있다(집회서 24:3-6). 그리고 지혜는 이스라엘 안에 거할 처소를 펼치고 함께 했다고 한다(집회서 24:3-9). 잠언에서와 같이 지혜는 잔치를 베풀고 있다(집회서 24:19-21). 또한 집회서는 지혜를 찬양하고

---

33 Witherington III, *Jesus the Sage*, 269-270.

난 후 율법이 지혜를 간직하고 있다고 마무리 짓는다(집회서 24:23-25). 지혜는 창조물을 통해서 분별할 수 있지만, 모세의 율법을 통해서 더욱 명확하게 이해할 수 있다. 신적 지혜는 이스라엘의 율법에 구현되었고, 전에는 모호하던 하나님의 지혜가 율법에서 발견할 수 있게 되었다.

구약에서 인격화된 존재로 등장하던 지혜는 신약에서 예수 그리스도를 통해 성육화된다. 신약성경은 예수님을 하나님의 지혜로 그리면서 지혜문서에서 등장하는 창조의 동역자인 지혜가 바로 그리스도라고 말한다.[34]

바울은 이렇게 통찰한다.

> 한 주 예수 그리스도께서 계시니 만물이 그로 말미암고 우리도 그로 말미암았느니라(고전 8:6).

골로새서 1:15-17에서는 그리스도가 "그는 보이지 아니하시는 하나님의 형상이요 모든 창조물보다 먼저 나신 자니 만물이 그에게 창조되되"라고 찬양된다.

예수님 이전과 그리고 이후에 누구도 인격화된 지혜라고 말할 수 있는 실제적인 사람은 없다. 집회서(6:23-31)에 보면 Ben Sira는 제자들이 자신에게 와서 배우기를 초대한다. 그리고 그들을 자신이 아닌 지혜의 멍에로 향하게 하였다. 마태복음(11:28-30)은 그 지혜의 멍에가 바로 예수님이시라고 말한다. 이밖에도 복음서 여러 구절에서 지

---

[34] Dunn, "Jesus for Today," 69-70.

혜로서의 예수님의 모습을 추적해 볼 수 있다(마 11:19, 27-30; 12:42; 눅 10:22; 11:31; 21:15).[35]

그리스도는 바로 세상을 창조하였던 신적 지혜이다. 이스라엘이 하나님의 지혜의 가장 명확한 실체가 율법에 있다고 결론을 맺은 반면에, 신약의 기자들은 지혜의 가장 명확한 모습이 이제 나사렛 예수 안에 있다고 결론 맺는다(요 1:17-18; 히 1:1-2). 조금 더 분명하게 하나님의 지혜가 인간 존재를 통해 우리에게 주어졌다고 말한다. 하나님의 지혜는 하나님을 이야기하는 한 방식이다. 이러한 지혜를 성육신화 하신 예수님으로 인해서 우리는 조금 더 손에 쥘 수 있는 하나님에 대한 이해를 하게 되었다. 우주 만물이 하나님을 이야기한다. 율법은 하나님을 좀 더 명확하게 드러낸다. 그러나 모든 것 보다 더 분명히 하나님을 드러내는 분은 예수님이다. 그분이 하나님이시고 하나님의 지혜이시기 때문이다.

3. 특별한 그리고 허용적 지혜

1) 특별한 지혜

참된 지혜는 하나님에게서 온다(약 1:5). 언약 가운데 우리를 자신의 자녀 삼으신 하나님을 경외하고 의존하고, 그분 앞에 겸손하게 예배하며, 그분께 순종하면서, 우리는 지혜를 소유하게 된다. 진정으로

---

35 Witherington III, *Jesus the Sage*, 208.

하나님을 높이고 그분을 알고 교제하는 하나님의 자녀가 가장 근본적인 의미에서 지혜롭게 되는 것이다. 오직 하나님만이 지혜로우시고 항상 어리석음에서 자유하신 분이시다. 인간이 지혜를 그 부스러기라도 가지게 된다면, 그것은 매 시간 하나님의 선물이지, 결코 인간적 성취가 아니다. 그나마 우리가 지혜로울 수 있는 가능성은 하나님께서 죄인 된 인간에게 은혜로 허락해 주시는 선물로 인해 시작된다. 하나님은 신실하게 구하는 하나님의 자녀에게 지혜를 주신다.

성경은 지혜와 관련하여 크게 두 가지 자원을 허락한다. 하나는 구약의 지혜문서이다. 하나님의 언약 백성들이 살아가야 하는 실제적인 지혜로운 삶의 방식들에 대한 교훈을 전달한다. 시편은 인생의 희노애락 속에서 기도와 찬양하는 방식을 가르치고, 잠언은 행동하는 방법을 가르쳐 준다. 욥은 고난과 씨름하는 방식을 가르치고 아가서는 사랑하는 방법을, 전도서는 즐기는 방법을 가르친다.

또 다른 지혜는 신약의 백성들에게 주어진 예수님의 지혜이다. 구원의 계획이 수립되고 그 구체적인 성취가 분명하게 드러나는 신약은 하나님의 지혜를 가장 잘 드러내고 있다. 이미 예정된 중재자, 그분의 오심에 대한 예언과 준비, 그분의 성육신, 속죄, 부활, 왕좌에 거하심, 개인과 교회 안에서 역사하시는 성령의 사역, 하나님 자녀의 훈련과 풍성한 삶이 모두 하나님의 깊고 높은 지혜를 치밀하게 반영하고 있다.

우리는 예수님을 믿는 믿음으로 하나님의 백성이 되면서, 예수님의 재림 후에 온전히 완성하게 되는 천국에서의 하나님의 왕국의 삶을 이미 미리 맛보고 있다. 우리는 지금, 여기서 중생, 의인됨, 양자됨, 변화를 경험하고 있다. James J. Packer는 하나님의 지혜의 열매

를 경험하는 새 언약의 신약 백성에게 추가되어지는 네 가지 지혜의 성격이 있다는 것을 설명한다.[36]

첫째, 역사성과 건강한 신학이 기반되어야 한다. 지혜는 성령에 의해서 그분의 말씀을 통해 받게 되는 하나님의 선물이다. 지혜를 주는 하나님의 말씀의 핵심은 예수 그리스도이고, 이 분에 대한 사도적 메시지인 신약의 말씀이다. 신약의 메시지는 구약의 예언과 약속, 그것이 성취되는 예수 그리스도의 실재와 삶이라는 역사적 사실과 함께 그러한 사실들에 대한 구체적인 신학적 설명으로 구성된다. 역사와 신학이 중심에 있지 않을 때, 진정한 지혜는 없다. 역사적 사건과 실재, 그리고 바른 신학에 기초하지 않은 학문과 실천은 어리석을 수밖에 없다.

둘째, 예수 그리스도가 중심이 되어야 한다. 지혜는 예수 그리스도의 인격, 현존, 중보적 사역에 기초하고 있다.

> 우리는 십자가에 못 박힌 그리스도를 전하니 유대인에게는 거리끼는 것이요 이방인에게는 미련한 것이로되 오직 부르심을 받은 자들에게는 유대인이나 헬라인이나 그리스도는 하나님의 능력이요 하나님의 지혜니라(고전 1:18, 23-24).
>
> 너희는 하나님으로부터 나서 그리스도 예수 안에 있고 예수는 하나님으로부터 나와서 우리에게 지혜와 의로움과 거룩함과 구원함이 되셨으니(고전 1:30).

---

36 J. I. Packer, "Theology and Wisdom," in *The Way of Wisdom: Essays in Honor of Bruce W. Waltke*, eds., J. I. Packer & Sven K. Soderlund (Grand Rapids, MI.: Zondervan, 2000), 9-14.

> 그 안에는 지혜와 지식의 모든 보화가 감추어져 있느니라(골 2:3).

예수님의 성육신, 그리스도의 대속, 의롭게 됨의 선물, 그리스도의 죽으심과 부활 안에서 그분과의 연합, 그분께 대한 믿음을 통한 새로운 개인적 삶이 없으면 하나님의 지혜도 있을 수 없다.

셋째, 구원이 중심이 되어야 한다. 구원은 성경의 중심 주제이다. 다시 말해, 구원은, 죄의 능력과 죄책에서의 자유, 하나님의 현재와 미래의 노하심으로부터의 자유, 세상 질서를 손상시키는 악으로 부터의 자유, 악한 영의 지배로부터의 자유, 소망도 없고 도움도 없고 하나님과의 관계도 없는 존재로부터의 자유이다.

바울은 이렇게 말한다.

> 또 어려서부터 성경을 알았나니 성경은 능히 너로 하여금 그리스도 예수 안에 있는 믿음으로 말미암아 구원에 이르는 지혜가 있게 하느니라(딤후 3:15; 롬 15:4, 고전 10:11).

우리는 세상의 지혜로 돕고 돌볼 수 있다. 죄의식도 경감시켜 줄 수 있고 정서의 변화도 가져오게 할 수 있다. 그러나 진정한 내적 통찰과 변화는 죽음을 요구한다. 세속적 지혜에 근거한 자신의 정체성이 죽고, 성취 지향적 삶의 원리가 죽고, 더 나아가 죄에 대해서 '매일 죽는' 회개가 있어야 새로운 삶이 찾아온다.[37]

---

37 Leander E. Keck, *A Future for the Historical Jesus* (Minneapolis: Fortress Press, 1981), 246-247.

예수님의 삶이 증거하는 가장 혁신적 지혜는 이 세상의 지혜가 이해하지 못하는 그리스도의 십자가이다. 고린도 교회 내의 분열을 염려하면서, 바울은 이 세상의 지혜와 하나님의 지혜 사이의 뚜렷한 차이를 설명한다. 분열하는 이들은 "나는 바울에게, 나는 아볼로에게 또는 게바에게 속해있다"(고전 1:12)고 한다. 이에 대해서 바울은 세상에서 지혜롭다고 하는 사람의 지혜를 무색하게 하는 하나님의 지혜로 대응한다. 그것은 십자가에 못 박히신 그리스도이다. 이 지혜는 세상의 영이 아닌 하나님으로부터 온 영에 기초를 두고 있다(고전 2:12). 그 열매는 분열이 아닌 연합이다.

십자가와 더 나아가 부활이 돌봄의 핵심적 내용을 형성해야 한다.[38] 십자가는 사람들의 세속적 지혜의 굴레를 벗어나 자유하게 하는 진리이다. 십자가는 우리가 고통, 아픔, 버려짐 가운데서 혼자 있는 것이 아니라는 것을 의미한다. 예수님은 세상이 이해하지 못할 역설적 삶을 사시다가 새로운 질서를 위해서 죽으셨다. 우리의 고난을 담당하셨고 하나님께서 사람을 성취나 외모에 관계없이 버리지 않으신다는 것을 증거하셨다. 십자가에서 만나는 하나님의 사랑으로부터 우리를 떼어놓을 수 있는 아픔, 죄, 고난, 죽음은 없다. 지금도 예수님께서는 고난당하는 이들과 함께 하고 계신다. 예수님의 부활은 고난과 죽음이 마지막이 아니고 소망이 있음을 보여주었다.

넷째, 지혜로운 삶에 대한 훈련이 요구된다. 우리는 지혜 안에서 걸어가는 존재가 되었다. "지혜 없는 자 같이 하지 말고 오직 지혜 있

---

[38] Lawrence H. Henning, "The Cross and Pastoral Care," *Currents in Theology and Mission* 13, no 1 (1986): 22-29.

는 자 같이"(엡 5:15; 골 4:5) 살아갈 것이 요구되어진다. "세상이 악"한 가운데서 신자는 분별있는 삶으로 지혜롭다는 것을 드러내야 한다. 지혜는 이기심을 버리고 사랑과 겸손 안에서 그리스도를 닮는 것이다. 모든 관계에서 화평을 만들고 지키며, 타인의 진정한 필요를 채워주는 것이다. 고통과 슬픔 속에서 자신의 믿음을 인내로 지켜가는 것이다. 결국 지혜이신 예수님을 모든 순간에 충실하게 닮아가는 것이 지혜로운 사람의 모습이다. 각각의 경우에 온전히 그리스도를 닮는 지혜의 흔적이 드러난다.

2) 허용적 지혜

우리는 또한 이 땅이 운영되는 자연적 질서 속에서 지혜를 본다. 비록 이러한 지혜가 하나님의 지혜의 모습을 온전히 드러내지 못하고, 구원으로 이끌지도 못한다. 그러나 하나님의 지혜가 일반계시의 형태로 그 모습을 보여주고 있다. 앞에서 언급하였듯이, 지혜에 대한 중요한 설명 중에 하나는 창조에 대한 우주론에 근거를 두는 것이다. 성경의 지혜자들은 창조에 동참하며 이 세상에 녹아든 우주적 지혜 구조에 대한 관찰과 묵상으로부터, 피조 세계가 지혜롭게 운영되는 질서와 온전한 유지를 위한 원리를 발견할 수 있었다.

하나님께서 지혜로 세상을 만드셨다. 이 땅의 질서를 놓으셨고, 지금도 하나님께서는 섭리하시는 능력과 질서로 우리 가운데 머물러 계신다. 사실 이런 하나님의 지탱하시는 활동이 아니면, 피조 세계는 스스로 자멸하고 말 것이다. 하나님의 이런 질서를 운영하시는 면에 대해서 Stob는 다음과 같이 말한다.

하나님은 그분이 만드신 모든 것을 통해 그분 자신의 자취를 남겨 놓으신다. 그러므로 우리가 말하는 자연의 법칙들이라는 인간의 개념들은 단지 하나님의 통상적 섭리에 대해서 우리가 그리게 되는 청사진과 같은 것이라고 말할 수 있다.[39]

세계 곳곳의 주요 문화와 전통이 지혜에 대한 이야기를 구전과 문서로 남겨주고 있다. 대개는 금언과 격언의 형태를 가지고 있고, 삶의 지혜를 인간의 관찰과 체험에 근거하여 제공하고 있다. 이러한 것이 조금이라도 가치를 가질 수 있는 이유는 일반계시의 내용을 이들이 부분적으로 발견한 것으로 보기 때문이다. 더 나아가 이것은 관찰과 실증을 주된 방법론으로 삼고 있는 현대 과학의 연구가 희미하고 제한되지만 지혜를 발견할 수 있다는 사실을 시사해 준다. 창조계를 통한 하나님의 계시의 일부는 사람에게 도달한다.[40] 역사와 사회를 통해 이 땅이 유지되는 것은 하나님께서 악인과 선인에게 햇빛과 비를 골고루 주시는 은혜를 주시기에 가능하다(시 8:1-9; 마 5:45).

> 세속 저술가들이 이런 문제들에 대하여 쓴 것을 보면, 거기에는 진리의 훌륭한 광명이 비치고 있다. 이 광경을 볼 때 마다 우리는, 인간의 지성은 비록 그 완전 상태에서 타락하고 부패했지만 하나님께서 주신 훌륭한 능력을 아름다운 옷과 같이 입었다는 것을 깨달아야 한다. 하나님의 영을 진리의 유일한 원천이라고 인정한다

---

39 Henry Stob, *Theological Reflections: Essays on Related Themes* (Grand Rapids, MI.: Eerdmans, 1981), 24.
40 Wolters, *Creation Regained*, 42.

면, 진리가 그 어디에서 나타나든 우리는 그것을 결코 거부하거나 멸시하지 않을 것이다. 그렇지 않으면 하나님의 영을 모욕하게 될 것이다…그러면 어떻게 할 것인가? 고대 입법가들이 사회 질서와 규율을 아주 공정하게 수립한 데 대하여 우리는 그들 위에 진리가 비쳤다는 것을 부정할 것인가? 자연을 훌륭하게 관찰하며 교묘하게 묘사한 철학자들이 눈이 어두운 사람들이었다고 할 것인가? …의학을 발전시켜 우리의 유익을 위해서 전력한 사람들을 우리는 미친사람들이라고 할 것인가? 수학에 대해서는 무엇이라고 할 것인가? 미친 사람들의 허튼 소리하고 할것인가? …성경에(고전 2:14) "육에 속한 사람"이라고 한 사람들은 아래에 있는 일을 탐구하는 데는 참으로 예리하고 투철했다. 따라서 우리는 인간성이 그 진정한 선을 빼앗긴 후에도 주께서는 많은 선물을 인간성에 남겨 두셨다는 것을 그들의 예를 보아서 깨달아야 한다.[41]

창조주 되시는 하나님께서는 지혜로 세상을 만드시고 지금도 역사하고 섭리하고 통치하고 계신다. 성경의 지혜문서는 가장 포괄적으로 이러한 하나님의 허용적 지혜의 내용을 담고 있다.[42] 이런 성격 때문에 일부 상담학자들이 지혜문서를 근거로 해서 심리학과 기독교, 또는 상담과 기독교의 통합의 가능성을 찾으려는 노력을 기울였

---

41 John Calvin, *Institutes of the Christian Religion*, 김종흡 외 역, 『기독교 강요 상권』 (서울: 생명의 말씀사, 1989), 2. 2. 15.
42 성경에서 지혜문서는 보편적으로 욥기, 잠언, 전도, 아가서와 시편의 일부를 지칭하고 있고 여기에 외경을 포함할 경우에 Sirach, Ecclesiasticus, the Wisdom of Solomon을 추가한다. 초기 지혜문서에 대한 연구는 주로 근동 지역의 다른 문서들과의 일치 내지 상이점을 구분하는 것들에 집중되어 있었다.

다.⁴³ 이들은 말하길 지혜문서가 특별계시와 일반계시의 관계를 조명해 주는 하나의 모델이라고 말한다. 삶의 고난, 허무, 일상적 삶과 관계의 역동을 보여주고 있고, 특히 일반계시적 입장에서 펼쳐지는 학문적 접근 방법과 그 산출 결과의 당위성을 보여주고 있다고 한다.

학문의 영역에서 자연과학 보다 관점과 가치가 더욱 밀접하게 개입될 수 밖에 없는 사회과학 내지 인문과학의 산물을 하나님의 진리 중에 하나라고 판단하고 적용하는 것은 쉬운 작업이 아니다. 다시 말해 일반계시의 인식 가능성의 문제가 제기된다. 하나님의 형상을 지닌 인간에 대한 이해와 이런 인간이 일반계시를 인식하는 것 사이에 밀접한 연관관계가 있다. 일부 신학적 입장에서는 인간의 타락으로 인해 하나님의 형상이 일부 손상을 받았지만, 이성적 능력은 온전하다는 점을 강조한다. 이를 근거로 일반계시를 분별하는 인간의 능력을 강조한다. 그래서 성령의 조명이나 특별계시의 도움 없이 자연으로부터, 그리고 이를 연구하는 인간의 이성으로부터 진리를 분별해 낼 수 있다고 말한다.

창조물도 진리를 특별계시와 같은 수준에서 계시할 수 있다고 주장함으로써 자연신학의 가능성을 말하는 것이다. 자연신학은 인간이 특별계시가 없어도 이성으로 진리를 발견하고 이해할 수 있다는 것

---

43 Eric L. Johnson, "The Call of Wisdom: Adult Development within Christian Community, Part I and II," *Journal of Psychology and Theology*, 24 (1992): 85-103; Jerry Gladson & Ron Lucas, "Hebrew Wisdom and Psycho-Theological Dialogue," *Zygon* 24 (1989): 357-376; C. Richard Wells, "Hebrew Wisdom as a Quest for Wholeness and Holiness," *Journal of Psychology and Christianity* 15 (1996): 58-69; Edward M. Curtis, "Old Testament Wisdom: A Model for Faith-Learning Integration," *Christian Scholars Review* 15 (1986): 213-227.

이다.⁴⁴ 자연신학적 입장은 하나님의 형상을 하나님의 형상과 하나님의 모양(창 1:26)으로 구분한다. 타락이 영향을 미친 것은 하나님의 형상이 아닌 하나님의 모양에 제한된다고 말한다.

그러나 칼빈은 그의 창세기 주석에서 형상과 모양은 동일한 것에 대한 다른 표현이라고 해석한다. 하나님의 형상과 모양은 같은 성격의 다른 표현이기 때문에 죄로 인한 전적인 타락은 하나님의 형상의 모든 영역에 미치고 있다. 전적으로 왜곡된 인간이 일반계시를 통해서 하나님의 진리를 온전히 깨닫는 것이 어렵다는 것을 알게 된다.⁴⁵ 앞에서 인용한 구절에서 보듯이 칼빈은 일반 사상가들이 유능하고 적절한 통찰을 하고 있다는 것을 인정한다. 그러나 그것은 "경솔한 상상"으로서 마치 "그들은 어두운 밤에 들판을 걸어가는 사람과 같아서 번갯불이 일순간 비치면 널리 사방을 보지만 한 걸음도 채 전진하기 전에 빛은 사라지고 다시금 그는 밤의 암흑 속에 빠지는 것"과 같다고 표현하고 있다.⁴⁶

또한 칼빈은 말씀을 통한 하나님의 계시와 그의 작품을 통한 계시 사이의 관계의 이해를 돕기 위해 안경이라는 도구를 말하고 있다. 우리로 하여금 자연의 책을 읽을 수 있게 해주는 안경으로 성경을 보는 것이다.

노안이거나 흐릿한 눈 또는 시력이 약한 눈을 가진 사람에게 가장

---

44 Herman Bavink, *Calvin and Common Grace*, 차영배 역, 『일반은총론』 (서울: 총신대학교출판부, 2002), 96-101.
45 John Calin, *Commentary on Genesis*, 존칼빈성경주석출판위원회편 역, 『구약성경주석: 창세기』 (서울: 성서교재간행사, 1985), 67-69.
46 Calvin, *Institutes of the Christian Religion*, II.2.18.

아름다운 책을 제시하면 그는 그것이 모종의 책이라는 것이나 알아볼 뿐 겨우 한두 단어나 해석하다가 말겠지만, 그때 그에게 안경이 주어지면 분명하게 읽게 될 것이다. 이처럼 성경은 그것이 없었더라면 혼란스러웠을 하나님에 대한 지식들을 모아 주고 우리의 우둔성을 흩어 버림으로써, 우리에게 하나님의 진정한 모습을 선명하게 보여준다.[47]

하나님께 우리에게 생각하는 능력을 주셨다. 우리는 인식하고 분별하고 결정할 수 있다. 하나님께서 그분의 형상으로 인간을 만드셨고 이 형상은 생각하는 능력을 포함하고 있다. 이 둘은 함께 작용한다. 세상은 이해될 수 있도록 계획되었고 인간은 이해하도록 계획되었다. 동시에 우리는 인간이 발견하고 알 수 있는 것에 한계가 있다는 것을 인식해야만 한다. 인간은 유한하다. 하나님이 아니고 피조물이다. 그리고 인간이 탁월한 능력을 가지고 있는 인간이지만, 성경은 지속적으로 인간은 자신이 누구인지 이해해야 하고 세상을 통치하시는 창조주에게 복종하며 기능해야 한다는 것을 명확하게 한다. 항상 기억해야 하는 것은 우리의 인식 기능의 중심에 하나님이 함께 하셔야 하고 그분의 의지와 진리에 따라서 결정해야 한다.

창조세계를 통해 일반계시의 형태로 허용된 지혜를 돌봄의 현장에 적용하기 위해서는 몇 가지 점이 전제되어야 한다.

첫째, 하나님께서 그분의 작품을 통해 밝히 말씀하시는 것을 죄의 영향력으로 인해 곡해해서 들을 수 있다는 한계이다. 하나님께서 인

---

[47] Calvin, *Institutes of the Christian Religion*, I.6.1

간존재에 계획하신 능력이 완전히 파괴되지는 않았다. 그러나 죄성을 소유한 인간의 인식 능력은 사회, 인문과학과 같은 영역에서 하나님의 진리를 분별하는 것이 쉽지도 않고 정확하지도 않다는 점이다.

또한 피조세계 곳곳에 침투한 죄의 영향력 역시 염두에 두어야 한다. 게다가 세상과 인간은 죄의 영향을 받는다. 인간의 인식능력에 한계가 있을 뿐 아니라, 사물의 창조적 구조가 타락으로 인해 변화되었다. 인간이 분별할 수 없을 정도로 왜곡되고 모호해졌다. 구약의 지혜자 역시 피조물의 타락에 대한 정확한 인식을 가지고 있었다는 것이 분명하다(잠 19:21, 21:2, 28:26). 피조된 세계의 질서와 하나님과의 관계성에 대해서 Schreiner는 종교개혁가 Calvin에 대한 연구에 근거하여 다음과 같이 말한다.

> 칼빈이 자연의 경이로움에 대해서 가졌던 감격이 칼빈 연구가들에 의해서 잘 정리되어있다. 그러나 이런 감격이 만물의 본성적 부패함을 간과하고 있는 것은 아니다. 칼빈의 견해에 따르면 만물은 질서로 유지되고 있지 않다. 피조물의 본성적 성격(악과 죄)은 질서에 따른 행동을 하지 않는다. 단지 하나님의 능력이 우리가 세계를 통해 인식하는 그 위대한 질서를 보존하게 한다. 만물의 유지는 하나님의 작품 속에서 하나님을 계속적으로 즐거워하는 것에 달려 있다.[48]

---

48 Susan E. Schreiner, *The Theater of His Glory: Nature and the Natural Order in the Thought of John Calvin* (Grand Rapids, MI.: Baker Book House, 1991), 28.

둘째, 지혜의 확실한 전제는 창조주 하나님이시다. "묵시가 없으면 백성이 방자히 행하거니와 율법을 지키는 자는 복이 있느니라"(잠 29:18)는 잠언기자의 말씀과 같이 지혜의 출발점은 하나님과의 관계를 보여주는 특별계시에서 시작된다. 그리고 그 계시를 주신 분께 대한 믿음에서 비롯되는 것이다. 하나님의 언약적 이름인 야훼(Yahweh)라는 말이 잠언과 욥기에 87번 반복해서 등장하고 있다.[49] 이는 지혜의 출발점이자 궁극적인 목적이 하나님이시고, 하나님의 하나님 되심에 대한 분명한 계시를 필요로 한다는 것을 증명해 주고 있다.

성경의 지혜문서와 애굽 및 메소포타미아의 지혜 간에 공통적인 표현이나 내용이 있다는 것이 일반계시만을 통해서도 진리를 발견할 수 있다는 근거로 작용하지 않는다. 이들이 비슷한 경험을 통하여 비슷한 내용을 배우고 진술할 수 있었다. 고대세계에서의 지혜는 국제적이었다. 지혜의 가르침은 애굽(Egyptians), 에돔(Edomites), 아랍(Arabs), 바빌로니아(Babylonians), 페니키아(Phoenicians) 가운데 존재했다. 그 문화에 따라 지혜 전통을 형성했고 구약성경 역시 그것을 인식하였다(왕상 4:30; 욥 1:3; 사 19:11-12, 47:10; 렘 49:7; 겔 28:3; 단 1:4, 20; 오바댜 8; 슥 9:2; 행 7:22).

Derek Kidner는 이렇게 말한다.

> 구약은 이러한 이방 가르침과 함께 하는 주술과 주문의 문제점을 지적하고(사 47:12-13), 그것을 오용하는 간교한 자의 계략을 통찰한다(욥 5:13). 구약의 하나님의 사람들은 제사장과 선지자에 대

---

[49] 잠 8:22-31, 14:31, 17:5, 20:12, 22:2, 29:13; 전 3:11, 12:1, 7; 욥 38-40장.

한 존중이 내면화 되어 있었고, 그 전제 하에 이방 지혜자를 말하였다. 솔로몬은 그들을 능가하였고, 다니엘 역시 바벨론의 지혜자들을 능가하였다[50]

이방의 지혜들은 세상의 궁극적 의미를 바르게 이해하지 못한 반면에 이스라엘의 지혜에는 특별한 자원이 되는 계시된 지식과 예배 받으시는 하나님이 있었다.[51] 그들이 본 것은 야훼로부터 임하는 지혜였다. 지혜가 야훼 하나님의 창조 사역과 더 나아가 구원 사역의 관점을 취하지 않는다면, 우리의 경험의 대상인 이 세상에 궁극적 의미를 부여할 수 없다. 이스라엘의 지혜가 애굽의 지혜와 비슷한 것으로 보이고 솔로몬의 지혜가 스바 여왕의 지혜와 일치하게 보이는 것은, 그 지혜들이 심원적 의미의 차원에서가 아니라 일차적인 직접적 의미의 차원에서 비교할 경우에 그런 것이다.[52]

내용적인 면에 있어서도 성경의 지혜문서는 하나님의 선명한 기준과 궁극적인 심판을 강조하는 신학에 근거를 두고 있다. 그래서 어떤 때는 이러한 관점이 매일의 삶의 체험을 통해서 얻게 되는 원리와는 상반되는 것으로 드러나게 된다(잠 28:13-14, 25, 27; 전 8:11-13). 즉 사람이 삶 속에서 경험되고 관찰하는 인생의 패턴과는 다른 자원을 제시하는 것이다. Schultz는 이렇게 결론짓고 있다. "이런 의미에서 지혜문서가 비록 여러 면에서 하나님의 피조물로서의 인간존재에 대한 다양한 면을 드러내 주고 있지만, 사회과학을 통해서 신적 계시를

---

[50] Kidner, *Proverbs*, 17.
[51] Curtis & Brugaletta, *Discovering the Way of Wisdom*, 27.
[52] Goldsworthy, *Gospel and Wisdom*, 41-48.

기대할 수 있다는 분명한 보증으로는 볼 수 없다."[53]

셋째, 성경의 지혜자는 지혜의 출발점으로 "여호와 경외"로 축약되는 참된 하나님과의 관계를 강조하고 있다. 여호와를 경외하는 것이 지식의 근본(beginning, 잠 1:7)이며 지혜의 첫 번째 원리(first principle, 9:10)이다. 인간이 하나님과 올바른 관계를 맺었을 때, 자신의 삶과 세계를 이해할 수 있는 바른 위치에 서게 되는 것이다. 지혜문서 안에 잠언에서 18번, 전도서에서 5번, 욥에서 10번에 걸쳐 여러 문맥을 통해서 "여호와 경외"라는 표현을 사용하고 있다. 이 표현이 나타나는 위치는 모두가 의도를 가지고 있었고 특히 이 책들을 쓰는 목적을 드러내는 것이다. 잠언 1:7은 전체 책의 주제로서 언급되어진 것이고 전도서 12:13-14은 전체 책에 대한 논의의 총합적인 요약으로서 기능을 하고 있다(전 7:18, 8:12과 비교). 욥기 28:28은 논쟁의 말들 가운데서 계시적인 시각을 주기 위한 의도로 이 말을 적고 있다.[54]

또한 주목할 사실은 어떤 다른 표현보다도 여호와에 대한 경외는 이스라엘의 율법과 지혜를 연결하는 중요한 연결고리가 된다는 것이다. 신명기에 따르면 하나님께 대한 경외(fear)는 어떤 공포(awe)의 감정을 일컫는 것이 아니고, 하나님의 말씀을 듣고 배우고 응답하는 가운데 드러나는 결과였다(신 4:10; 8:6). 신명기에서 여호와께 대한 경외는 "그의 계명 준수", "그와 함께 걷는 것", "그를 섬기는 것", "그를 사랑하는 것" 그리고 "그를 친근히 하는 것"(신 10:12-13; 13:5)과 병행하고 있다.

---

53 Schultz, "Responsible Hermeneutics for Wisdom Literature," 264.
54 Walter Kaiser, *Old testament Biblical Theology*, 최종진 역, 『구약성경신학』 (서울: 생명의 말씀사, 1982), 232-233

여호와를 경외하는 것은 그를 사랑하고 친근히 하며 그를 섬기는 것이다(신 10:20, 13:4-5). 여호와를 경외하는 법은 배워야 한다(신 4:10, 14:23, 17:19, 31:12-13; 시 34:11-12). 이 두려움은 "인간이 땅 위에 살아있는 동안"에 생활의 모든 영역을 위한 지도 원리였다(신 4:10, 5:26, 14:23, 31:13; 잠 23:17).[55] 모세 율법에서 다루고 약속하고 있는 중요 주제가 동일하게 지혜문서에 등장하고 있다는 사실은 지혜가 단지 일반계시만이 아니고 특별계시를 중심에 두고 있다는 것으로 보여준다.[56]

하나님을 경외했던 신앙인들은 시편에서도 나타나는데 그들은 여호와의 회중 가운데 헌신한 의로운 자들이었다(시 34:7, 9). 여호와를 경외하는 자는 하나님의 율법을 지키며 그것을 주야로 묵상하는 자이다(시 19:7-1, 112:1, 119:33-38, 57-64). 그는 여호와의 이름을 높이며(시 22:22-23) 하나님의 은혜가 그 위에 있었다(시 33:18, 103:13, 147:11). 전도서 역시 같은 점을 나타내며 연결되어 있다. 하나님께서 사람을 지으신 고로 살아계신 하나님에 대한 지식 없이, 즉 그를 경외하지 않고서는 모든 것은 무가치한 것이 된다(전 3:14). 그러나 하나님을 경외하는 자는 잘될 것이며(전 8:12), 악을 대적하는 동안 참된 지혜를 취함으로서 승리로 나아가게 된다(전 7:18). 그들은 하나님을 경외하며 그의 명령을 준수한다. 이것이 전도서를 기록한 목적이었다(전 12:13).

또한 하나님의 경외하며 위로부터 오는 지혜를 갖는 다는 것은,

---

55 Moshe Weinfeld, *Deuteronomy and the Deuteronomic School* (Oxford: Clarendon Press, 1972), 274-281.
56 Kaiser, *Old testament Biblical Theology*, 231.

하나님의 자녀가 하나님의 의도에 따라서 살아가고 행동하기 위해서 하나님으로부터 능력을 받는다는 것을 의미한다.[57] 하나님은 하나님과 교제하고 함께 하는 우리가 지혜롭게 살도록 능력을 허락해 주신다. 능력과 지혜는 마치 종이의 양면과도 같다. 능력이 강조되다가 무례하고 목적지향적인 삶이 합리화되는 부작용도 있다. 하나님의 주시는 능력은 받아야 하고, 그 능력으로 우리가 살아갈 수 있다. 하지만 그 능력은 그저 힘이 아닌 그 힘을 조절하고 적절하게 풀어놓고, 인내하고 전진하게 하는 것은 지혜이다. 그렇다고 지혜가 모든 것이라는 의미도 아니다. 지혜는 능력을 포함하여 다른 하나님이 주시는 좋은 것과 함께 길을 가게 될 때, 그 빛을 더하게 될 것이다.

여호와 경외는 지혜문서에서 지배적인 개념이며 신학적인 원리였고 하나님의 언약과 축복의 말씀에 대한 응답이었다. Murphy는 여호와에 대한 경외를 중심으로 해서 정의, 이해 그리고 정직 등의 지혜 주제들이 그 시대의 유대인들에 의해 율법에 제시된 도덕적 이상과 동일시 되었다고 지적하고 있다.[58] 더불어 여호와에 대한 경외는 신앙의 응답, 순종 그리고 예배 이상의 의미가 있었는데, Zimmerli가 표현하였듯이, 그것은 창조된 세계를 이해하고 즐기는 데 들어가는 입장권과 같은 것이었다.[59] 이미 언급하였듯이 하나님께서 주시는 축복 중의 하나는 우리가 하나님의 창조물을 통해 그분의 의도와 뜻을 안다는 것이다. 그러나 하나님을 경외하는 마음이 그 길을 인도할 때

---

57 Curtis & Brugaletta, *Discovering the Way of Wisdom*, 15.
58 Roland E. Murphy, "The Kerygma of the Book of Proverbs," *Interpretation* 20(1966): 12.
59 Walther Zimmerli, "The Place and Limit of Wisdom in the Framework of the Old Testament Theology," *Scottish Journal of Theology* 17(1964): 146-158.

일반계시를 통해 전달되는 것이 하나님으로부터 오는 축복이 되는 것이다.

분명한 것은 지혜는 하나님의 언약을 믿는 신앙을 가진 이들이 가질 수 있다는 것이다. 하나님의 계시의 구체적 내용을 파악하고, 그 계시에 비추어 세상의 지식과 명철을 더할 때 지혜는 찾아온다. 신앙적인 면에서 여호와 경외라는 언약과 영성의 구조 안에서 거해야 한다. 지혜로운 사람은 세상과 인간을 올바로 이해하기 위해서는 하나님의 계시가 절대적으로 필요하다는 점을 언제나 인식하고 있어야 한다. 여호와를 경외하는 것이 지혜의 출발점이라는 고백은 여전히 본질이다.

또한 율법의 가르침을 중심에 두지 않는 사람은 지혜를 삶 속에 효과적으로 적용할 수 없다는 것을 가르쳐 준다. 솔로몬의 배교는 이에 대한 실례가 되고 있다. 솔로몬은 하나님으로부터 이전에도 이후에도 없을 지혜를 선물로 받은 사람이었다. 지혜를 구해서 그는 모든 것을 얻을 수 있었다 그러나 그가 여호와를 경외하기를 잊게 되자 그의 모든 영화가 쇠하여 버렸다.

일반계시를 통해 사람들을 돌보기 위한 어떤 지혜를 얻으려고 할 때에는, 하나님의 말씀과 구원 사역에 나타나는 하나님의 계시로 말미암는 새로운 사고 구조로 시작해야만 한다. 그래야 우리는 이 세상과 인간을 사실 그대로 올바르게 이해할 수 있다. 더 나아가서 학문과 사역을 통해 지혜를 추구하는 것은 "여호와를 경외"하기를 위한 것이라는 사실을 기억할 필요가 있다(잠 2:5). 여호와 경외가 곧 지혜의 목표이고 종착지이다. 이런 이중 연결 관계는 잠언 9:10과 시편 111:10을 비교해 보면 드러난다. 두 구절 모두 "여호와를 경외하는 것이 지혜의 근본(시작)이다"라고 번역하고 있다. 그러나 히브리어에서는 근본(시작)이 각각 다른 단어로 사용되어 있다. 잠언 9:10에서는 출발점을 의미하는 테힐라(tehilah)가 적절하게 사용된 반면에, 시편 111:10에서는 '머리'라는 단어에서 파생된 레쉬트(reshit)를 쓰고 있다. 레쉬트라는 말은 창세가 1:2에서 시작(태초)을 의미하는 단어로 사용되었다. 그러나 이 단어는 목표나 주요원리를 의미하기도 한다. 즉 여호와 경외는 지혜의 전체 또는 토대가 되며 동시에 지혜의 목표가 되는 것이다.[60]

4. 깊고 높은 지혜를 위하여

지혜가 무엇이냐는 질문에 대해서 성경은 우리의 상식으로는 이해하기 힘든 높고 깊은 하나님의 지혜로 답하고 있다. 하나님의 구원의 계획은 하나님의 지혜의 신비로운 세계를 보여주는 최정점의 내용이다. 이것은 사람들이 이해하기 어려운 것이고, 아니 어리석게 여기는 지혜이다. 그러나 하나님의 지혜이신 예수 그리스도를 믿음으로 영접한 사람들은 이해할 수 있고 구하게 될 때 부여되는 지혜이다. 예수 그리스도가 우리의 지혜이시고, 그분의 말씀 그리고 하나님의 말씀이 지혜이다. 지혜로운 예수님의 모든 말씀과 삶 그 자체는 돌보는 자들의 지혜의 풍성한 창고이다. 이 안에 하나님의 지혜, 즉 하나님의 창조적 질서와 구속의 질서, 하나님의 나라의 질서가 녹아

---

[60] Goldsworthy, *Gospel and Wisdom*, 91-92.

져 있기 때문이다.

위로부터 오는 하나님의 깊고 높은 지혜는 돌봄의 사역을 담당하는 우리에게 가장 중요하고 본질적이고 실제적인 자원이라고 할 수 있다. 인간을 만드신 하나님의 의도와 뜻에 따라, 다시 말해 하나님의 본래적 질서에 따라 살아가도록 도울 때, 우리는 가장 지혜롭게 살 수 있다. 우리는 이 하나님의 창조질서를 발견하기가 쉽지 않은 세대를 살아가고 있다. 이 모양, 저 모양으로 왜곡되고 또 다른 한편 그럴듯한 삶의 처세가 우리를 어리석고 교만하게 만들고 있다. 예수님은 "너희가 들었으나"라고 말씀하시고, 하나님의 새로운 질서를 제시하신다. 곡해된 해석을 교정하여 주시고 지혜의 새 관점을 제공한다. 이것은 본래적 창조질서의 회복을 의미할 뿐 아니라, 새로운 하나님의 나라의 질서인 혁신적이고 역설적인 질서이다.

지혜를 추구하던 믿음의 선진들은 하나님의 섭리 아래 있는 모든 영역의 온전한 회복을 이뤄가기 위해서 이 깊은 하나님의 지혜를 발견하고자 노력했다. 특히 성경 내의 지혜자들은 일차적으로 하나님의 말씀을 인간이 본래 피조된 방식대로 조화롭게 살아가는 데 필요한 중심적 자원으로 여기고 있었다. 그러나 그것을 해석하고 적용하는 방식에 있어서는 다른 성경의 직분자들과는 다른 접근을 하고 있다(렘 18:18; 겔 7:26).

구약의 대표적인 지도자 중의 하나인 선지자는 하나님께로부터 개인적 부르심을 받고 직접적인 말씀의 계시를 근거로 사역하였다. 제사장은 그들 사역의 근거를 토라의 권위와 율법의 명령에 두었다. 반면에 지혜자는 하나님과의 밀접한 관계성과 지금까지 지켜왔던 율법과 전통을 자신들의 신앙과 신학으로 간직하고, 이를 원칙으로 삼아 체험과 관찰을 통해 발견한 것을 삶 속에 적용하려 하였다. 즉 그들은 율법에 의해서 방향 지워진 상태에서 하나님의 통치 아래 온전한 삶을 누리는 믿음의 공동체를 세워가기 위한 지혜를 찾아내고 그것을 권고하고 있는 것을 보게 된다.

또한 지혜자의 사역은 자연과 인간의 삶 속에 증거 되어진 창조질서의 구조를 분별하는 것이었다. 하나님은 세상을 창조하셨고 그것이 작동하는 질서적 원리를 그 안에 계획하셨다. 우주는 우연에 의한 무작위의 실체가 아니고 질서적 시스템이기 때문에, 연구될 수 있고 그에 대한 원리를 발견할 수 있다.[61] 지혜자들은 이러한 피조세계의 현실과 그 변화에 민감하게 반응하였다. 그 삶의 현장을 살아가는 구성원들이 위기를 극복하고 온전한 삶을 살도록 도울 수 있는 지혜가 무엇인지 고민하였기 때문에 실제적인 도움을 줄 수 있었다.[62] 이 세상을 살아가는 평범한 사람들이 경험하는 일상의 삶과 고난 속에서 무엇이 지혜롭고 무엇이 어리석은지를 깨닫고 나누고 싶어했다.[63]

성경의 지혜의 가르침이 내포한 특징은 첫째, 매일의 삶에서 하나님의 방식에 따른 지혜로운 삶을 살아가는 데 필요로 하는 실제적 제안을 하는 것이다.[64] 지혜는 좀 더 구체적이고 사실적으로 우리를 이해하며 하나님의 실천적 삶의 원리를 지혜의 말로 전해 주고 있다. 예를 들면 간음의 문제와 관련해서 이러한 죄를 피하도록 돕는 기술에 대해서 말하고 있다. 예수님은 외적인 것 보다는 실제 문제인 내

---

61 Curtis & Brugaletta, *Discovering the Way of Wisdom*, 16.
62 Melchert, *Wise Teaching: Biblical Wisdom and Educational Ministry*, 219.
63 Kenneth T. Aitken, *Proverbs* (Philadelphia: Westminster John Knox Press, 1986), 4.
64 Curtis & Brugaletta, *Discovering the Way of Wisdom*, 29.

면을 상태를 지적한다.

> 나는 너희에게 이르노니 음욕을 품고 여자를 보는 자마다 마음에 이미 간음하였느니라(마 5:28).

또한 욥기는 이러한 죄에 빠지기 전에 피하는 방법에 대한 제안을 하고 있다. 자신의 의에 대한 욥의 변론 중에서 이러한 말이 있다.

> 내가 내 눈과 약속하였나니 어찌 처녀에게 주목하랴(욥 31:1).

보지 않겠다는 것이다.

또한 순결함을 유지하기 위한 다른 권고가 지혜문서에 있다. "그곳에 가지 말라"는 말씀이다. 본질적으로 이 조언은 유혹의 장소에서 멀리 떨어져 있으라는 것이다. "어리석은 자 중에, 젊은이 가운데에 한 지혜 없는 자를 보았노라 그가 거리를 지나 음녀의 골목 모퉁이로 가까이 하여 그의 집쪽으로 가는데"(잠 7:7-8). 죄의 현장에 가까이 하는 것은 보는 것에 빠질 뿐 아니라, 감각적인 자극을 불러일으키고 결국 죄를 짓게 한다.

잠언은 폭 넓은 일상의 삶을 다루고 있다. 성공과 실패와 관련한 인간의 경험을 관찰하고 묵상하며 원리를 찾아낸다. 주의 깊은 계획을 세우는 것, 근면의 중요성, 자신의 혈기를 조절하는 것의 가치, 돈의 지혜로운 사용 등을 다루고 있다. 잠언만을 활용해서 유용한 사업 또는 경영학 강의를 할 수도 있다.[65] 욥기, 전도서, 일련의 시편은 자신들이 믿고 있는 신학적 아이디어와 그들의 체험을 일치시켜 보려는 개인의 씨름을 녹아낸다 의로운 사람이 고통 받는 이유가 무엇인지, 삶의 의미가 무엇인지 질문한다.[66] 슬픔, 고난, 허무, 사랑, 만남, 재물, 양육, 장사, 음식, 정결, 분노, 복수 등 등 수 많은 우리의 이야기를 하고 있다. 이들의 이야기에 귀를 기울이고 우리의 삶에 적용하는 것이 지혜로운 질서를 발견하는 또 다른 통로가 된다는 것을 알게 된다.

둘째, 하나님의 말씀을 '한 개인에게 그리고 그 개인의 성품에 적용'한 것이다. 더 구체적이고 더 실제적인 삶의 이야기를 그리면서 우리의 영성이 일상과 성품에서 구현되어야 한다는 것을 보여준다.[67]

Roland Murphy는 이렇게 말한다.

> 십계명에 의해서 다뤄지지 않는 삶의 다른 영역이 있다. 개인적 근면함, 자기절제, 가난한 이들에 대한 태도, 교만, 사람의 판단을 신뢰함 등 등. 요약하자면 지혜 가르침은 십계명에 더하여 책임 있는 성품의 성숙을 가져오게 한다.[68]

셋째, 지혜의 가르침은 거룩한 것과 세속적인 것 사이의 통합을

---

[65] Curtis & Brugaletta, *Discovering the Way of Wisdom*, 14.
[66] Curtis & Brugaletta, *Discovering the Way of Wisdom*, 17.
[67] Kidner, *Proverbs*, 13.
[68] Roland Murphy, "Wisdom and Yahwism," in *No Famine in the Land: Studies in Honor of John L. McKenzie*, eds., J. Flanagan & A. Robinson(Clarement, CA.: Institute of Antiquity and Christianity, 1975), 119.

지향한다. 하나님의 자녀로 성숙하는 것은 거룩한 것과 세속적인 것에 벽을 세우는 것이 아니다. 세상적 활동은 하나님의 영광을 위해 행해지고, 하나님과 함께 수행되고 하나님께 드려져야 한다.[69] C. S. Lewis는 배타적이고 표면적으로 종교적이 되는 것은 가능하지도, 또한 지혜롭지도 않다고 말한다. 그는 이렇게 말한다.

> 나는 회심 후의 삶 역시 이전에 행했던 삶과 대부분 동일하다는 것을 충분히 깨닫지는 못했던 것 같다. 회심 후에 분명 우리는 새로운 영 안에서 소망을 갖고 살지만, 여전히 같은 일을 행한다… 회심은 우리의 인간의 삶을 말살하지 않는다.[70]

우리의 단순한 일반적 활동도 하나님께 드려진다면 아무리 비천한 것이래도 귀한 것이지만, 아무리 고상하다 해도 그것이 하나님의 영광을 위한 것이 아니면 죄스러운 것이 될 것이다. 우리 신앙은 일상적인 삶을 바꾸는 것이 아니고, 그 동기와 목적과 태도를 새롭게 바꾸는 것이다. 하나님께서는 인간이 그분의 피조된 세상에서 기능하도록 계획하였고, 인간과 세상 사이에 상호적 관계가 있다는 것은 자명하다. 하나님은 동산을 경작하고 지켜가도록 그 안에 인간을 두셨고(창 2:15), 우리에게 땅과 그 피조물을 다스리도록 하셨다(창 1:28; 시 8:6-8). Anthony Hoekema는 하나님이 이 구절에서 주신 명령은

---

69 C. S. Lewis, *The Weight of the Glory and Other Addresses* (New York: Macmillan, 1962), 28.
70 Lewis, *The Weight of the Glory and Other Addresses*, 23.

"그것을 다스릴 뿐 아니라 섬기고 보존하라는 것이다"라고 말한다.[71]

하나님께서는 우리에게 청지기가 되어서 짊어져야할 과업과 삶을 허락하셨다. 타락으로 인해 이 땅에 대한 청지기로서의 인간의 기능이 훼손되기는 했지만, 그 역할을 수행하는 능력이 전적으로 없어진 것은 아니다. 더구나 예수님을 믿는 믿음으로 새로운 피조물이 된 신자는 일상의 삶을 통해 하나님께 기쁨을 드리고, 자신이 성숙해 가게 된다. 예수님도 히 5:8-9에 따르면 고난을 통하여 복종을 배우셨고 온전하게 되셨다.[72]

이 세상에서의 개인적이고 구체적인 삶의 경험은 그 사람을 성숙하게 하는 재료와 같다. 이 땅은 우리의 일반적인 신체적, 정서적, 관계적 발달과 온전함이 이뤄지는 현장이다. Derek Kidner는 성경에서 지혜의 기능이 "매일 입는 옷과 같은 삶에 거룩한 것을 더하는 것이다. 삶은 우리 주님께 존귀를 돌리며 행동하는 곳이고 우리의 일터와 사회는 하나님께서 부여하는 훈련장이라고 명명할 수 있다."[73]

성화가 형성되는 곳이 세상이고 대부분의 성화의 과정은 세상이라는 정황을 필요로 한다. Kidner는 이렇게 말한다.

> 우리가 거룩한 성품을 만들어가는 요인을 분석해 보면, 초자연적이라고 하는 것 보다 자연적이라고 여기는 것이 보다 중요하다는 것을 발견하게 된다. 잠언은 하나님의 은혜와 능력은 일상의 삶에

---

[71] Anthony Hoekema, *Created in God's Image* (Grand Rapids, MI.: Eerdmans, 1986), 80.
[72] Curtis & Brugaletta, *Discovering the Way of Wisdom*, 19.
[73] Kidner, *Proverbs*, 35.

서 드러나는 것이라고 우리를 확신시킨다. 이해하기 힘든 인생의 힘든 현실은 하나님께서 계획한 성품의 학교이다. 그러한 현실은 하나님의 은혜를 위한 대안이 아니고 그것의 도구이다.[74]

영적 결과라고 할 수 있는 성령의 열매 역시 수도원에 거하는 사람에게만 맺혀지는 것이 아니다. 하나님의 자녀가 세상에서 살며 버거워하는 동안, 그 사람 속에서 역사하시는 하나님의 영이 함께 하는 과정에서 나타나는 것이다.

---

[74] Kidner, *Proverbs*, 35.

Wise Caring 지혜로운 돌봄

2장

지혜의 길이와 넓이

하나님은 일반계시의 형태로 그분의 지혜를 이 땅에 허락해 주셨다. 이러한 위로부터 오는 지혜를 찾으려는 의도와 목적은 없었지만, 지혜를 논의의 주제로 삼아 고민해 왔던 몇 가지 흐름이 있다. 하나는 동·서양의 철학적 흐름이고 또 다른 하나는 철학적 주제로 여겨졌던 지혜에 대한 실증적 연구이다. 주로 Carl Jung과 Erik Erikson 이후 특히 인생주기 발달이론가(Life-span developmental theorist)들에 의해서 실증적으로 연구되기 시작하였다. Jung은 개성화(individuation)를 위한 원형(archetype)에 대한 설명을 통해서 지혜에 대한 언급을 하고 있다. 기능을 다하는 개인은 자기실현이 가능한 사람이다. 즉 창조, 돌봄, 지혜, 판단, 즐거움 등과 같은 강력하고 긍정적인 특성을 산출하는 원형 구조의 에너지를 의식의 세계에 수용하여 실천에 옮기고 그래서 성장이 이루어지는 사람이다.

Erikson은 그의 발달단계 이론의 마지막 단계인 노년기(Integrity vs. despair)에 이루게 되는 미덕으로 지혜를 말하고 있다. 자신의 삶을 돌아보면서 자신의 생이 무의미했다고 느끼면 절망하지만, 절망 중에서도 생의 의미를 찾고 가치와 보람을 느끼게 되면 지혜를 터득한다. 이 지혜로 죽음에 직면해서 삶을 통합하며 다음 세대에게 지혜를 제공하는 것으로 말하고 있다.

이후 어떤 경우에는 지혜에 대한 상반된 연구결과를 보여주기도 했지만, 지혜의 다양한 측면을 다룬 과학적 연구 문헌이 활발하게 발표되었다. 초기 작업은 주로 지혜를 지식(knowledge)의 특별한 한 종류로서 보는 것이었다. 이런 접근은 Habermas의 지식에 대한 분류 원칙을 이용하여 세분화 될 수 있다. 즉 연구자의 입장에 따라 지혜에 대해서 기술적(technical), 실천적(practical), 해방적(emancipatory) 지식의 범주 등으로 접근하는 것이다. Habermas는 이것을 설명하기를 "우리의 기술적 조정의 능력을 넓혀주게 하는 정보적 지식; 일반적 전통 안에서 행동의 적응을 가능하게 만드는 해석적 지식; 실체화된 지식에 대한 의존에서부터 지각을 자유롭게 하는 분석적 지식"[1]이라고 했다.

시간이 흐르면서 이런 개별적 연구 방향이 통합되기 시작한다. 세 가지 흐름의 지혜연구와 더불어 인지적 과정, 개인적 선(good)과 미덕(virtue)이라는 지혜의 측면을 통합하는 연구가 이루어졌다. 각 연구자들은 전통적 접근(기술적, 실제적, 해방적) 또는 통합적인 시도를 통해, 고대 철학과 개인적인 인생경험에서 나온 지혜에 대한 자기 나름대로의 이론적 정의를 만들어 내려고 했다. 이런 노력으로 지혜에 대한 적어도 열 가지 이상의 다양한 정의들이 만들어 졌다. 이에 따라 몇

---

[1] Jurgen Habermas, *Knowledge and Human Interests* (Boston: Beacon Press, 1971), 313.

가지 후속적인 연구가 이뤄졌다. 자신이 생각한 지혜가 현실에서 어느 정도 적용 가능한지를 검증하는 연구, 한 개인이 가진 지혜의 정도를 측정하고 인생 주기의 발달 가운데 지혜가 차지하고 있는 위치와 속성을 찾아보려는 연구, 어떤 사람이 지혜롭다고 했을 때, 어떻게 구별되고 어떤 점을 말하는지에 대한 지혜자의 특질 연구, 인지이론의 발달과 함께 지혜, 지성, 창의성의 비교연구 등이 이뤄지게 되었다.

1. 심리학에서의 지혜

다각도의 지혜에 대한 실증적 연구가 시도되었다. 학자마다 자신의 강조점을 달리하면서 지혜의 내용을 밝혀보려는 시도를 하고 있다. 근본적으로 지혜의 고대 원형적 형태에 대한 언급을 출발점으로 삼고 있다. 물론 이것은 현대의 정신측정학적인 도구로 검증되지 않는 철학적 이론이다. 척도화나 측정이 주된 심리학적 연구 방법론으로 자리 잡은 이후 사람들이 지혜로운 사람은 이래야만 한다고 생각하는 것이나, 사람들이 무슨 범주에서 지혜를 정의하는지를 측정하는 시도가 암묵적 이론의 틀 안에서 이뤄졌다. 또한 특정한 한 개인의 지혜의 정도를 측정하는 명시적 이론 역시 같이 연구되었다.

여기서는 기술적, 실천적, 해방적 지혜이해라는 관점에서 심리학의 지혜연구를 설명하고 이후 시도된 통합적 지혜연구를 소개한다. 기술적 접근은 지혜를 기술적 전문지식이라는 생각으로 지식 또는 지성의 한 형태로 지혜를 설명하고 연구하는 것이다. 실천적 접근은 사회적으로 지혜가 어떻게 실천되고 실용적인 면에서 활용될 수 있는지를 탐구한다. 해방적 접근이라는 개념이 모호한 것은 사실인데, 그 핵심에는 인간의 가능성을 제한하기 보다는 촉진하고 우리가 무엇을 희망할 수 있는가라는 물음에 답하려는 노력과 관련된 주제들을 다루고 있다.[2]

1) 기술적 접근

지혜에 관심을 기울였던 사람들은 주로 성인발달의 과정에서 성장하는 인지능력에 초점을 맞추었다. 나이가 들어가면서 사고력이 증진하고, 이에 따라 여러 선택과 적용이 가능해 지는 인지적 구조와 인식력의 관점에서 지혜를 연구한 것이다.[3] 지혜는 나이가 들어가면서 성장하는 인지적 발달과 밀접한 연관관계가 있는 것으로 여겨진다. Brent와 Watson은 지혜를 나이와 연관되어 일종의 기술이 발전한 것으로 적응적 지성(adaptive intelligence)이라고 정의하였다. 그들은 개인적으로 겪은 고난이 지혜의 성숙에 있어서 중요한 역할을 차지한다고 논증하였다.

---

2 Michael J. Chandler & Stephen Holliday, "Wisdom in a Postapocalyptic Age," in *Wisdom: Its Nature, Origins, and Development*, ed. R. J. Sternberg (New York: Cambridge University Press, 1990), 139-140.

3 S. B. Brent & D. Watson, *Aging and Wisdom: Individual and Collective Aspects* (San Francisco, CA: Gerontological Society of America, 1980); W. Thongate, *The Experience of Wisdom* (Ottawa, Canada: Social Sciences and Humanities Research Council, 1981); V. P. Clayton & James E. Birren, "The Development of Wisdom Across the Life Span: A Reexamination of an Ancient Topic," in *Lifespan Development and Behavior*, vol. 3, eds., P. B. Baltes & O. G. Brim (New York: Academic Press, 1980).

또한 지혜자들이 소유한 특질은 유머 감각, 동정, 그리고 능숙한 대화기술이라고 말한다. 지혜는 사회적 그리고 대인 관계적 상황 가운데서 그 본래의 역할을 가장 잘 구현하는 것으로 보았다. 즉 지혜로운 사람의 능력은 공동체 내에서 폭 넓은 유연성을 제공하고, 조화로운 사회적 여건을 조성, 유지하는 것으로 잘 드러나게 된다. 지혜로운 사람들의 특별한 대화 기술과 소통능력이 다음 세대에까지 실제적인 인생의 여러 경험을 전수하게 한다고 말한다.

Thorngate는 지혜가 진리의 보편적 내용을 담고 있는 지식의 몸통과도 같다고 표현한다. 그 역시 지혜는 나이와 연관되어 있다고 보았고, 특정한 종류의 정보이자 배움과 발견을 가능하게 하는 수단이라고 말한다. Clayton 역시 인생주기와 관련하여 지혜 발달에 관한 연구를 시도하였다. 지혜의 본질에 대한 Erikson의 이론과는 다른 접근을 한다. 노인은 죽음이라는 인생의 한계를 직면해서가 아니라, 사는 것에 의해서 동기를 부여받는다고 주장한다. 또한 노년을 지혜롭고 건강하게 지내는 것은 한 개인이 인생의 각 단계에서 부여되는 과제를 완벽하게 수행해서가 아니라고 한다. 인생의 위기들을 거치면서 타협하는 것을 성공적으로 배웠기 때문이라고 말한다.

Clayton은 Birren과 함께 지혜개념에 대한 역사적 흐름을 추적하며, 지혜의 기술적 설명에서 그 보폭을 한 걸음 더 내딛고 있는 것을 보게 된다. 지혜에 대한 역사적, 철학적 연구는 지혜가 인지적, 정서적 그리고 직관적 특징을 다 갖고 있는 것으로 결론짓게 한다. 과거 역사를 통해 발견되는 거의 모든 고대의 전통은 도덕적 행동으로 드러나는 지식의 한 종류로 지혜를 묘사하고 있다. 이 지식은 인생의 의미와 목적을 이해하기 위한 탐구로부터 나온 것이라고 한다.

Clayton은 지혜를 "한 개인으로 하여금 모순, 역설, 그리고 변화의 원리가 작용하는 인간의 삶을 이해하게 하는 능력"이라고 정의하고 있다.[4] 지혜와 연관된 지식은 사회적 그리고 대인 관계적 현장이 그 활동 무대이고 개인의 행동과 판단을 통해 그 모습이 드러난다.

Labouvie-Vief는 지혜가 성인발달의 후형식적 조작기(post-formal operational stage)에 속한다고 주장한다.[5] Piaget는 형식적 조작기에 대해 말하면서, 청소년기 초반에 시작되어 성인기까지 지속된다고 보았다. 구체적인 대상이 없이도 추상적으로 생각할 수 있는 능력을 가지게 된다. 사물을 추상적 범주 속에 넣고 그것에 대한 개념화가 가능하며, 여러 개념들 간의 관계를 이해하고 함께 조작하는 새로운 인지적 성숙이 이뤄진다. 또한 경험하지 않은 현상을 상상하는 것이 이뤄지며, 미래의 사태와 만일의 상황을 가정해서 처리하는 체계적이고 과학적인 사고가 가능해 진다.

반면에 후형식적 조작기를 말하는 이들은 하나의 형식적 조작상의 틀 보다는 다각도의 조작적 틀을 말하면서, 인지적 발달이 청소년기 이후인 성인기를 통해 계속된다고 논증하고 있다.[6] 평균 수명의 연장으로 노년기 삶이 연구되면서 인간의 인지능력이 청소년기에 끝나는 것이 아니라, 그 이후에도 발달하고 보다 원숙한 인지능력인 후

---

4   V. P. Clayton, "Wisdom and Intelligence: The Nature and Function of Knowledge in the Later Years," *The International Journal of Aging and Human Development* 15, no. 4 (1982): 316.
5   Gisela Labouvie-Vief, "Dynamic Development and Mature Autonomy: A Theoretical Prologue," *Human Development*, no. 25 (1982): 161-191.
6   M. L. Commons, F. A. Richards, & C. Armon, *Beyond Formal Operations: Late Adolescent and Adult Cognitive Development* (New York: Praeger, 1984).

형식적 사고의 가능성을 제시하는 것이다. 수학적이고 논리적 사고가 전부가 아니고 그것을 넘어서는 새로운 인지영역인 변증법적 사고(dialectical thinking)가 있다고 본다. 변증법적 사고는 반성적인 사고와 함께 생각을 절대화하지 않고 정립, 반정립, 그리고 종합의 역사적인 상황 속에서 진화하는 것으로 지각하고 생각할 수 있는 사람이다. 특히 이것은 세월의 흐름과 함께 경륜과 삶의 체험 속에서 발달한다는 것을 보여준다.[7] 경험이 없이 추론에 의해서 습득되는 사고가 아닌, 삶의 현장에서 세월과 함께 깨닫게 되는 경험적 지식인 지혜의 영역이 있음을 연구한 것이다.

특히 지혜와 관련해서 이들이 초점을 모은 부분은 문제를 풀어가는 것과 관련된 것이다. 형식적 조작단계에서는 문제해결을 위해 모든 가능한 해결책을 논리적으로 연구해서 해결에 이르는 인지적 기술이 완결되는 단계로 설명한다. 보이지 않는 세계에 대한 논리적 추론이 있기 때문에, 효율적이고 복잡한 추리를 하는 문제 해결의 단계이다. 그러나 성인이 되어 현실을 경험하며 살아가다 보면 현실과 관련된 문제는 한 가지 해결 방안만 있는 것이 아니라는 것을 깨닫게 된다. 문제에 대한 해결책이 제안된 후 거기서 그치지 않고 처음의 생각과는 다른 생각을 제안한다. 그리고 결국에는 서로 반대되는 것 같은 방안들을 통합하는 종합적인 사고를 하는 지혜를 갖게 된다는 것이다.

더 나아가 Arlin 같은 학자는 창조적 사고의 문제 발견 단계를 말

---

[7] D. Kuhn, N. Pennington, & B. Leadbeater, "Adult-Thinking in Developmental Perspective," in *Life-Span Development and Behavior*, vol. 5, eds., P. B. Baltes & O. G. Brim (New York: Academic Press, 1983), 157-195.

한다.[8] 지혜가 단순히 문제를 해결하는 것과 관련된 지식으로 정의하지 않는다. 지혜는 문제 자체를 규정하기 위한 물음을 하는 것으로 본다. 이런 연구의 모든 결론이 후형식적 조작기를 지혜기로 명명하고 있지는 않지만 설명하고 있는 특징들은 전통적 지혜의 특징과 부합한다.

2) 실천적 접근

지혜에 실천적 접근을 하는 학자들의 강조점은 인간의 실제 관심사에 대한 의미 있는 해결책을 발견하는 데 있어서 지혜의 역할이다. 지혜는 잘 형성된 실제적이고 절차적인 지식을 가지고 있는 종합적 지성의 전형적 실례로 여겨진다.[9] 1984년에 Dittmann-Kohli는 노인들의 지성을 연구하는 가운데, 행동-심리적 패러다임(action-psychological paradigm)에 기초한 새로운 이론을 제시하였다. 그는 종합적 지성 또는 문제 해결능력으로 칭할 수 있는 지성의 한 측면인 지혜를 부각시켰다.[10] 지혜는 인생의 문제를 해결하는 데 있어서, 역사적, 문화적, 그리고 사회적 고려사항을 활용할 수 있는 성인 지성의 최고의 형태이다. 이런 종류의 지혜는 문제를 다루고 해결되기 위해

---

[8] Patricia K. Arlin, "Cognitive Development in Adulthood: A Fifth Stage?" *Developmental Psychology* 11, no. 5(1975): 602-606. 참고할 수 있는 또 다른 그녀의 논문은 "Wisdom: the Art of Problem Solving," in *Wisdom: Its Nature, Origins, and Development*, ed. R. J. Sternberg (New York: Cambridge University Press, 1990), 230-243 이다.
[9] Stephen G. Holiday & Michael J. Chandler, *Wisdom: Explorations in Adult Competence* (New York: Karger, 1986), 31.
[10] F. Dittman-Kohli, "Wisdom as a Possible Result of Intellectual Development in Adulthood," *Sprache und Kognition* 3, no. 2 (1984): 112-132.

서 전후 관계상 어떤 고려가 필요한지 질문한다. 그 질문들은 그 성격상 대부분 복잡하고 모호한 성격을 가지고 있고 그 해답은 지식만이 아닌 지혜를 통해 풀어가야 한다.

Baltes와 Smith 역시 이 범주에 속한다. 그들은 지혜를 인생의 실제적이고 근본적인 영역에 대한 전문적 지식으로 정의했다.[11] 이들에 따르면 지성은 두 가지 요소를 포함한다. 구조적 측면인 기본적인 정보화 과정과 실천적 측면인 과정적 지식이다. 개인차가 존재하지만, 정보화 과정을 통해 습득된 것은 보편적인 지식이라고 말할 수 있고, 실천적 지식은 문화에 영향을 받고 경험에 기초된 지식이라고 할 수 있다. 지혜는 바로 실천적 지식의 영역에 속한 것이다. 지혜는 기본적인 생활사에 대한 전문적 지식으로 볼 수도 있지만, 불확실한 삶의 현실에 대한 좋은 판단과 충고의 능력이어야 한다는 것이다.

이들이 주도하는 연구소에서는 특히 지혜를 측정하는 방법을 고안하고 이를 실제로 적용하는 실증적 연구를 진행하였다.[12] 지혜를 측정하기 위해 삶의 청사진을 그리는 과제를 제시하고, 극복해야 할 과제가 주어졌을 때, 어떤 사고체계로 대응하는지 분석하며 어떤 성취에 도달하는지 판단하였다. 예를 들면 "14세 소녀가 임신했다. 그녀는 무엇을 생각하고 어떻게 행동해야 하나?" 그리고 "15세 소녀가 곧 결혼하기를 원한다. 그녀는 무엇을 생각하고 어떻게 해야 하나?"와 같은 문제가 제시되었다. 이에 대한 탁월한 통찰력이나 예리한 조

---

11 Paul B. Baltes & Jacqui Smith, "Toward a Psychology by Wisdom and its Ontogenesis," in *Wisdom: Its Nature, Origins, and Development*, 87-120.
12 Paul Baltes와 Jacqui Smith가 책임자로 있는 인간발달과 교육을 위한 Max Planck 연구소가 이런 작업을 해왔다.

언 능력 등이 나타났다. 이러한 실험을 수행하면서, 삶을 계획하고 삶을 관리하고 그리고 삶을 검토하는 데 활용되는 지혜요인을 연구했다. 일반적인 개인 특성, 전문적인 특수 요인, 그리고 경험한 상황이라는 세 가지 요소가 현명한 판단을 돕는 것으로 밝혀졌다.

더 나아가 지혜를 판가름하는 일종의 지혜기준이 형성되었다. 다섯 가지 지혜 기준은 (a) 풍부한 사실적 지식(Rich factual knowledge about the fundamental pragmatics of life, 삶의 조건과 삶의 변화에 관한 일반적인 지식과 특수한 지식), (b) 풍부한 절차적 지식(Rich procedural knowledge about dealing with the fundamental pragmatics of life, 인생사에 대한 판단과 충고의 전략에 대한 일반적 그리고 특수한 지식), (c) 인생주기에 따른 상황이해(life-span contextualism, 삶의 여러 사건과 발달상의 과제와의 연관관계에 대한 지식), (d) 가치 상대주의(Value-relativism, 가치, 목적, 우선순위에서의 차이에 관한 지식), (e) 불확실성(Uncertainty, 인생의 상대적인 미결정성과 불예측성 그리고 이를 풀어가는 방법에 관한 지식)이다.

어떤 경우 미리 지혜기준을 제시한 후에 여기에 따른 한 개인의 적응성도 측정하였다.[13] 연구결과에 따르면, 지혜와 관련된 지식 또는 지성은 어떤 특정 나이 군이나 특별한 공동체에서 두드러지게 나타나지 않았다. 그보다는 특별한 개인적 인생의 체험을 가진 이들에게 나타난다는 것과 특정한 사건들이 노년층의 성숙에 기여하게 된다는 점을 실증하였다. 더불어 노년층이 그들의 인생 단계에 독특하게 적용된다고 할 수 있는 특정한 인생의 결정들에 대해서 좀 더 지

---

[13] Baltes & Smith, "Toward a Psychology by Wisdom and its Ontogenesis," 95.

혜와 관련된 지식을 보여주고 있다는 점을 증명하였다.[14]

또 다른 연구에서는 대상을 구분해서 지혜와 관련한 수행 능력을 비교 측정해 보았다. 사람들로부터 지혜롭다는 평판을 받는 사람들의 그룹, 임상심리학자들로 구성된 그룹, 고학력 젊은이와 노인들로 구성된 그룹을 상대로 한 연구였다. 지혜 관련 수행능력에 있어서 나이로 인한 심각한 차이는 나타나지 않았다. 80세 이상의 노인이나 젊은이는 서로 간에 큰 차이가 없었으나, 임상 심리학자들과 지혜 후보자들은 청년과 노인의 그룹에 비해서 상당히 좋은 결과를 나타냈다. 임상심리학자들과 지혜 후보자들을 비교해 보았을 때에는, 심리학자들이 실제적 지식(factual knowledge)에 있어서, 지혜 후보자들은 가치상대주의(value-relativism)와 관련해서 높은 점수를 받았다.[15]

3) 해방적 접근

지성에 대한 해방적 접근이란 기술적 또는 실천적 관점에 사로잡히는 것을 방지한다는 의미로 이해할 수 있다. "해방적 접근은 생물학적 보존에 중요한 관심을 두는 기술적 접근이나 사회, 역사적 형성에 의존하는 실천적 접근을 초월해서 자유에 관심을 두는 것이다."[16] 지혜에 대한 이런 접근 방법은 사회 현실이 의미에 어떻게 영향을 주고, 어떻게 지혜와 지성이 구별되는지를 연구해 왔다.

---

14 Baltes & Smith, "Toward a Psychology by Wisdom and its Ontogenesis," 110.
15 P. B. Baltes, U. M. Staudinger, A. Maeker & J. Smith, "People Nominated as Wise: A Comparative Study of Wisdom-Related Knowledge," *Psychology and Aging* 10, no. 2 (1995): 155-166.
16 Holliday & Chandler, *Wisdom*, 21.

Meacham, Kitchener, Taranto와 Brenner가 이 분야의 지혜 연구의 대표자들이다.

Meacham은 사람이 사회적 상황에 따른 다양한 의미들을 어떻게 자기 것으로 해서 지식을 구성해 가는지에 대한 연구를 개진하였다. 그가 제안하는 지식-상황-모델(Knowledge-Context Model)은 모든 잠재적 지식(K), 개인이 취득하는 지식(k), 그리고 그가 아는 것에 대한 개인의 인식(p, 이것은 K에 대한 k의 비율이다)으로 구성되어 있다. 한 개인의 K에 대한 k의 비율은 잠재적 지식을 아는 자신의 확신을 보여주는 것이다. 한 가지 지식에 대한 과장된 확신은 그 사람이 경직되어 있고 새로운 것에 대한 관심이 부족하다는 것을 보여준다. 반면에 확신이 부족하다는 것은 지나치게 조심스럽고 상상력이 없다는 것을 알려준다.[17]

Meacham은 지혜를 경직성과 지나침, 그리고 아는 것과 의심하는 것이라는 두 극단 사이에 균형을 갖는 것이라고 이해했다. 또한 지혜는 내가 아는 것을 아는 것과 내가 알지 못하는 것을 아는 것 사이의 진정한 균형이라고 정의한다.[18] 이런 이해에 기초해서 Meacham은 지혜로운 사람들의 특성에 관한 몇 가지 제안을 하고 있다.

첫째, 지혜로운 이들 각각이 획득하는 지식의 내용에 있어서는 지혜롭지 못한 이들과 별 차이가 없다.

둘째, 지혜로운 이들이 삶에서 그런 지식을 적용하는 데 있어서는

---

[17] John A. Meacham, "Wisdom and the Context of Knowledge: Knowing that One Doesn't Know," in *On the Development of Developmental Psychology*, eds., D. Kuhn & J. A. Meacham (Basel, Switzerland: Karger, 1982), 122-134.
[18] Meacham, "Wisdom and the Context of Knowledge," 126.

지혜롭지 못한 이들과 차이가 있다. 왜냐하면 지혜로운 이들은 주어진 상황에 달리 구현되는 지식을 인식하고 있기 때문이다.

셋째, 지혜로운 이들은 질문을 묻는 데 있어서 탁월하며, 의심스럽고 모호한 것에 대해서 두려워하지 않는다.

넷째, 지혜로운 이들은 자신이 지혜롭다는 것을 부정한다.

다섯째, 지혜로운 이들은 지식과 의심, 수용할 수 있는 것과 알 수 없는 것 사이에 균형을 유지하려고 한다.

Kitchen은 Meacham의 연구에 더해서, 지식(k)의 한계를 인식하는 능력을 강조하는 다른 관점을 제시하였다. 그녀는 비구조화된 문제(Ill-structured problem)를 직면하게 될 때, 사람들이 겪게 되는 인지적 과정을 연구하였다. 비구조화된 문제는 전문가적 견해, 이성, 그리고 논증이 요구되는데, 이와 관련한 인지적 과정을 세 수준으로 나누어 설명한다. 첫째 수준은 계산, 기억, 읽고 이해하는 것과 같은 보편적 인지 능력이다. 두 번째 수준은 자신이 인지활동을 할 때 자기 자신의 인지과정을 모니터하는 초인지력(metacognition)이다. 세 번째 수준은 아는 것의 한계, 아는 것의 확실성, 아는 것의 기준에 대한 지식을 포함하는 인식론적 인지이다. 이 수준에서 한 개인이 문제의 본질과 그 문제를 풀어가는 데 필요한 다양한 전략들을 판단하고 그 한계를 인식하게 된다.[19]

1990년에 Kitchener와 Brenner는 지혜와 지성 사이의 이론적 관련성을 연구하며, 지혜는 구조화된 그리고 비구조화된 문제들을 구분

---

[19] Karen S. Kitchener, "Cognition, Metacognition and Epistemic Cognition," *Human Development* 26, no.4(1983): 222-232.

하게 한다고 결론짓는다. 이들은 반추적 판단(Reflective Judgement)이라는 개념을 활용한다. 이들에게 지혜는 아는 것에 있어서 한계를 인식하는 능력과 이런 한계들이 잘못 규정된 문제를 풀어가고 판단을 내리는 데 어떻게 영향을 주는지를 인식하는 능력이다. 반추적 판단모델(Reflective Judgement Model)은 연령에 따른 7단계의 발달모델로 구성되어있는데, 이는 인식론적 전제들과 불확실함의 수용과 연관되어 있다. 발달의 7단계는 단순히 '내가 보는 것을 안다' 하는 정도의 구체적인 판단을 필요로 하지 않는 첫 번째 단계에서부터, 문제에 대한 가장 완벽하고 당위적인 이해를 추구하는 가운데 구성되는 지식의 일곱 번째 단계로 나눠진다.[20] 이들 연구에 있어서 중요한 것은 모른다는 것이 단지 공허함이 아니고 지식의 성장을 위한 방향을 제시하는 의미를 주고 있다는 것이다.

Taranto는 지혜와 관련한 문헌들을 검토한 후 먼저 몇 가지 질문을 던진다. (a) 지혜가 발달론적으로 변화하는 것인가? (b) 지혜가 특정한 연령 또는 인생의 어떤 시기에 취득되는 것인가? (c) 지혜는 성인 지성의 한 형태인가? (d) 다른 종류의 지혜가 존재하는가? (e) 문화에 기초한 지혜에 대한 정의는 있는가? 등이다. 그녀는 Meacham과 Kitchener의 연구에 동의하면서, 특별히 인간 한계에 대한 인식과 그에 따른 반응에 강조점을 두었다.[21] 이런 인식은 일반적으로 생물학적 연령이 들어가면서 갖게 되는 것이지만, 지혜가 단지 연령과 관계

---

20 Karen S. Kitchener & Helene G. Brenner, "Wisdom and Reflective Judgement: Knowing in the Face of Uncertainty," in *Wisdom: Its Nature, Origins, and Development*, 216-222.
21 M. A. Taranto, "Facets of Wisdom: A Theoretical Synthesis," *International Journal of Aging and Human Development* 29, no. 1 (1989): 15.

되어 있다는 것에 동의하지 않는다. 인간 한계에 대한 인식과 여기에 기초한 반응이 인생에서 경험하는 여러 사건들, 특히 부정적 경험에 의해서 형성된다고 본다.

4) 지혜에 대한 통합적 접근

지성의 발달 과정 가운데 지혜가 차지하는 위치를 찾고자 하는 흐름과는 다르게, 통합적 접근은 다양한 요인들이 역동적으로 작용하면서 지혜가 발달한다고 본다. Holliday와 Chandler는 의도적으로 기술적, 실천적, 그리고 해방적 지식 구조를 통합해서 지혜를 살펴보고자 했다. 지혜로운 사람들에 대한 이들의 실증적 연구는 먼저 청년, 장년, 노년으로 구성된 150명의 성인들로부터 지혜로운 사람들에 대한 이야기들을 수집하는 것에서 시작된다. 그리고 이 이야기들을 분석해서 나온 79가지의 특징들과 역사적 지혜 전통을 연구해서 추론된 24가지의 다른 특징들을 구분하였다. 또한 같은 나이 또래의 150명의 성인 그룹을 구성해서 같은 작업을 시도하였고 그 결과가 분석되었다.

연구 결과 지혜에 대한 다섯 가지 원리가 도출되었다: (a) 특별한 이해력, (b) 판단과 교통하는 능력, (c) 기본적인 언어능력, (d) 관계를 갖는 기술, (e) 사회적으로 주제넘지 않음.[22] 더불어 이들은 지혜가 기술적인 전문 능력이라기보다는 실용적이고 가치적 측면과 연관되어 있다고 결론지었다. 고대 지혜전통과 같이, 지혜는 바르게 살아가는

---

22 Holliday & Chandler, *Wisdom*, 84.

일종의 예술이고 실제적 미덕이다. 그래서 지혜는 적응력 있는 건강한 삶을 살게 하는 마음의 능력이라고 말할 수 있다.[23] 이들은 통합적 입장에서 결론짓기를 "지혜로운 사람은 기술적 요소들에 대한 정보를 갖추고 있고, 이해 능력을 필요로 하는 실제적 사건들을 대면해서 만족스런 생으로 이끄는 삶의 이상을 가늠하며 선한 목적들을 분별하는 자기 자성이 있는 이들이다"라고 설명한다.[24]

Holliday와 Chandler 이외에도 통합적 접근을 하는 연구자들의 공통점은 지혜의 지식적 측면을 뛰어넘어 정서적, 영적, 사회적 그리고 행동적 복합성 가운데서 지혜를 이해하려는 것이었다. Orwoll과 Perlmutter는 지혜 이론에 있어서 먼저 요구되는 것이 성격이라는 점을 지적한다:

> 지혜는 사람들로 하여금 개인적 관점을 초월하여 집합적이고 보편적인 관심사에 눈을 돌리게 하는 평범하지 않은 통합된 성격구조에 의존하고 있다.[25]

Jung과 Erikson의 성격이론을 활용하여, 이들은 지혜는 인지적 기술과 더불어 자기인식과 자기초월을 필요로 한다고 제시한다.

지혜를 통합적 성격 측면 또는 성격 발달의 측면에서 이해하려는 맥락에서, Achenbaum과 Orwoll은 지혜의 종합적 모델을 제시한다.

---

23 Holliday & Chandler, *Wisdom*, 84.
24 Holliday & Chandler, *Wisdom*, 92.
25 Lucinda Orwoll & Marion Perlmutter, "The Study of Wise Persons: Integrating a Personality Perspective," in *Wisdom: Its Nature, Origins, and Development*, 160.

이는 지혜가 개인 내의(intrapersonal), 개인 간의(interpersonal), 그리고 초개인(transpersonal) 영역 모두에서 발달을 이룬 상태로 본다. 이들은 한 개인에게 다양하게 드러나는 지혜의 9가지 성격적 특성을 말한다. 자기발달, 자기지식, 성실, 공감, 이해, 관계 성숙, 자기초월, 한계의 인식, 사상과 영적인 헌신 등이다. 이들은 성경의 욥의 경우를 예로 들어서 복합적이고 역동적이지만 통합적인 지식의 본질을 보여주었다.

지혜롭게 성장한다는 것은 시간과 개인적 성숙의 과정에 의존하고 있기 때문에 어떤 특정한 지혜 성장의 도식을 말하기는 어렵다.[26] 그러나 이들에 따르면, 지혜로운 사람은 적어도 두 가지 핵심적인 모습을 보인다. 성숙한 자기발달과 자기초월이다. 그들은 보편적인 관점을 취하기 위해서 개인적 관점을 초월할 수 있다. 다시 말해 통찰과 이해가 지나치게 주관화되어서 주도하고 있지 않다는 것을 보여준다.

종합적 모델의 또 다른 예는 역동적이고 항상 움직이는 특성을 가진 Kramer의 유기체적 구조(organismic framework)이다. 이 모델에서, 정서적 발달과 인지적 발달은 지혜 관련 과정을 만들어가는 데 있어서 상호작용하고 있다.[27] 즉 그녀는 지혜의 과정과 기능을 말하고, 그런 결론들이 이제 역으로 어떻게 정서 및 인지 발달에 영향을 주는지 연구하였다. Kramer는 다섯 가지 지혜 관련 과정을 기술하고 있다. (a) 개성에 대한 인식, (b) 현장에 대한 인식, (c) 효과적으로 상호 교류하

---

26 W. A. Achenbaum & L. Orwoll, "Becoming Wise: A Psychogerontological Interpretation of the Book of Job," *International Journal of Aging and Human Development* 32, no. 1 (1991): 36.
27 Deirdre A. Kramer, "Conceptualizing Wisdom: The Primacy of Affect-Cognition Relations," in *Wisdom: Its Nature, Origins, and Development*, 281.

는 능력, (d) 변화와 성장에 대한 이해, 그리고 (e) 정서와 인지에 대한 관심이다. 더불어 이런 지혜관련 과정은 어떤 과제가 부여되었을 때 빛을 발하게 된다. 직업선택, 친밀한 관계 발전, 여러 스트레스를 조절하는 것, 양육, 복합적인 사회적 역할의 수용, 갈등을 다루는 것, 병과 죽음 등을 극복하는 것 등의 삶의 실제적 과제 같은 것이 언급된다.

Birren과 Fisher는 인간 발달학, 심리학, 교육학, 노인학과 관련하여 17명의 학자들에 대한 연구에서 추론된 12가지의 지혜이론을 비교하여 다음과 같이 결론짓고 있다:

> 지혜는 인생의 과제와 문제에 반응하는 인간이 가진 능력 중에 정서적, 인지적, 능동적 측면이 통합된 것이다. 지혜는 행함과 침묵, 지식과 회의, 감정의 상호 끌어당기는 힘과 분리 사이의 균형이다. 경험을 통해 증가되는 측면이 있으며, 그러기에 예외적인 경우도 있지만 보통 노년층에서 발견되어진다.[28]

5) 지혜측정과 종합적 정의

지혜에 대한 철학적이고 이론적 연구에 더하여 실증적 연구에 대한 주도적 역할은 Baltes가 주축이 되어 1984년 설립한 Max Plank 연구소(Max Plank Institute for Human Development)가 해 왔다. 이 연구소는

---

[28] J. E. Birren & L. M. Fisher, "The Element of Wisdom: Overview and Integration," in *Wisdom: Its Nature, Origins, and Development*, 326.

베를린 지혜프로젝트(The Berlin Wisdom Project)를 "사람의 근본적인 실제성에 대한 전문적인 지식 시스템"으로 정의하고 인지적 의사결정에서 지혜와 관련한 성취에 초점을 모았다. 앞에서 언급한 다섯 가지 지혜기준(풍부한 사실적 지식, 풍부한 절차적 지식, 인생주기에 따른 상황화, 상대론, 불확실성)을 중심으로 지혜관련 지식에 대한 평가(The Assessment of Wisdom-Related Knowledge)를 지속적으로 제공하고 있다.

Webster는 지혜로운 사람의 여러 측면을 측정하는 도구가 필요하다는 점을 지적하며, 자기평가적 지혜척도(Self-Assessed Wisdom Scale)를 제안한다.[29] 그는 지혜가 다면적 측면이 있다고 지적하며, 문헌연구를 통해 도출된 다섯 가지 지혜요소를 척도를 위한 기준으로 제시한다. 각각의 요소는 필수적이지만 하나만으로 충분하지는 않다. 지성적이지만 친사회적 가치가 부족한 사람은 똑똑은 하지만 지혜롭지는 못한다. 반대로 필요한 지성적 자원이 없이 단지 이타적 마음만 표현하는 것은 좋은 의도는 가지고 있지만 효과적이지 못한 간섭자가 되기도 한다.

그가 소개하는 첫 번째 지혜요소는 경험(experience)이다. 지혜는 진공상태에서 발전하지 않는다. 거칠고 황폐한 삶의 현실 속에서 다양한 상황을 겪으며 떠오른다. 중요한 삶의 전환기에 대한 대처, 결정적인 문제의 긍정적인 해결, 힘든 정황을 잘 극복하는 것이 지혜를 위한 핵심 자료로 작용한다. 두 번째는 정서조절(emotional regulation)

---

[29] J. D. Webster, "An Exploratory Analysis of a Self-Assessed Wisdom Scale," *Journal of Adult Development* 10(2003): 13-22; J. D. Webster, "Measuring the Character Strength of Wisdom," *The International Journal of Aging and Human Development* 65, no. 2(2007): 163-183.

이다. 정서조정과 적합한 정서표현은 정신건강과 온전한 성격기능의 중심요소가 된다는 것이 밝혀지고 있다. 정서지능이나 개인내 지능과 같은 관련된 개념과 유사하게, 지혜의 정서적 측면은 인간됨을 구성하는 정교한 민감성, 미묘한 정서적 차이의 인식, 복합적인 정서의 내용과 관련되어 있다. 건설적 방향으로 정서를 인식하고 수용하고 표현하는 것은 지혜의 기준이 된다.

회상과 반추(reminiscence and reflectiveness)는 세 번째 요소이다. 자신의 과거와 현재의 삶에 대한 평가적 반추는 정체성 형성과 유지, 자기이해, 문제해결, 적응적 극복을 포함한 귀중한 심리적 기능을 담당한다. 지혜의 기능 중에 하나가 삶의 반추이고 지혜로운 사람은 삶의 반추에 있어서 전문가이고 이를 통해 미래를 조망하는 통찰을 얻게 된다. 네 번째 요소는 개방성(openness)이다. 삶의 다양한 정황에 대한 경직되고 융통성 없는 반응은 지혜롭지 못한 것으로 여겨진다. 대부분의 중요한 문제는 대안적 견해, 정보, 잠재적 해결전략에 대한 개방성을 필요로 한다. 지혜로운 사람이 효과적으로 장애를 극복하려면 이런 면에서 개방성을 유지해야 한다. 가능성을 그려보고 일치하지 않는 의견을 고려하며, 지속되는 난제에 대한 참신한 접근을 탐색하는 것을 통해 지혜로운 사람은 미래를 헤쳐갈 수 있게 된다. 마지막 요소는 유머(humor)이다. 지혜로운 사람은 다양한 정황에서 다면적 목적을 위해 삶의 역설을 인식하고 유머를 즐기며 활용한다.

반면에 Ardelt는 지혜를 인지적, 반추적, 정서적 국면의 통합으로 정의하고, 지혜의 본질적 요소를 통해 척도화 할 수 있다고 보았다. 인지적 차원은 인생과 진실에 대한 깊은 이해와 통찰을 얻고자 하는 바람을 일컬으며, 반추적 차원은 자기검토와 자기통찰을 하며, 경험을 다른 관점에서 검토하는 능력을 포함한다. 정서적 차원은 타인에 대한 공감과 자비를 강조한다. 인지적, 반추적, 정서적 국면을 구분한 39항목의 세 가지 차원의 지혜척도(3D-WS: Three-Dimensional Wisdom Scale)를 제안한다.[30] 3D-WS의 실제적 예는 다음과 같다.

— Ardelt's 3D-WS의 샘플 목록 —

〈인지적〉
다음의 진술에 대해서 얼마나 강하게 동의하거나 동의하지 않으십니까? (1=강하게 동의함에서 5=강하게 동의하지 않음까지)

모르는게 약이다.

변할 수 없는 것에 대해서 너무 많이 알지 않는 것이 더 낫다.

어떤 일을 하는 데는 단지 한 가지 적절한 방법만이 있다.

사는 것은 근본적으로 다 비슷하다.

다음의 진술이 어느 정도 당신을 설명하고 있습니까?(1=말할 것도 없이 나 그 자체이다 에서 5=전혀 내가 아니다 까지)

나는 자주 사람들의 행동을 이해하지 못한다.

어떤 문제가 해결책이 있다고 내가 생각하지 않으면, 거의 관심을 기울이지 않는다.

나는 어떤 일이 왜 그런 방식으로 흘러가는지에 대해서 이해하려고 노력하기 보다는 그저 그렇게 되도록 두는 편을 선호한다.

나는 생각을 하며 중요한 결정을 주저한다.

---

[30] M. Ardelt, "Empirical Assessment of a Three-Dimensional Wisdom Scale," *Research on Aging* 25, no. 3(2003): 275-324. 한국에서는 이수림이 본인의 지혜개념을 토대로 기존의 지혜 척도들의 요인과 문항들을 변안하여 한국판 지혜척도를 개발하였다. 이수림, "상담자의 지혜와 상담과정 및 성과에 관한 연구"(박사학위논문, 가톨릭대학교 대학원, 2008).

〈반추적〉
다음의 진술에 대해서 얼마나 강하게 동의하거나 동의하지 않으십니까? (1=강하게 동의함에서 5=강하게 동의하지 않음까지)

어떤 일이 내 실수가 없어도 나에게 별로 유리하게 풀리지 않는다.

내 현재 상황이 바뀐다면 좀 더 기분 좋게 여길 것이다.

다음의 진술이 어느 정도 당신을 설명하고 있습니까?(1=말할 것도 없이 나 그 자체이다 에서 5=전혀 내가 아니다 까지)

나는 결정을 내리기 전에 불일치하는 모든 측면을 살펴보려고 노력한다.

나는 항상 문제의 모든 측면을 보려고 노력한다.

내가 나에게 일어난 일을 뒤돌아볼 때, 원망이 밀려온다.

나는 가끔 다른 사람의 관점에서 어떤 것을 보는 데 어려움을 겪는다.

뭔가 일이 안 풀리면 매우 화가 나거나 풀이 죽는다.

〈정서적〉
다음의 진술에 대해서 얼마나 강하게 동의하거나 동의하지 않으십니까? (1=강하게 동의함에서 5=강하게 동의하지 않음까지)

가끔 나는 모든 사람에 대해서 진정한 동정심을 느낀다.

나는 자기 스스로에 대해서 딱하게 여기는 행복하지 못한 사람 때문에 화가 난다.

사람들이 동물에 대해서 정도 이상의 감정과 동정을 갖는다.

다음의 진술이 어느 정도 당신을 설명하고 있습니까?(1=말할 것도 없이 나 그 자체이다 에서 5=전혀 내가 아니다 까지)

나는 나와 논쟁하는 사람에 의해서 쉽게 짜증이 난다.

나는 종종 그 또는 그녀가 그것을 필요로 하는 때에 마주 대하지 않는다.

내가 어려움에 처한 사람을 본다면, 여러 방법으로 도우려고 노력한다.

Ardelt에 따르면 지속적인 자기검토와 자각은 문제와 사건을 객관적으로 보게 하고, 모든 가능한 관점을 고려하여 왜곡된 정서에 압도되지 않도록 한다. 이러한 과정은 자기중심성을 약화시키고, 자기, 타인, 세계, 자연에 대한 더 큰 직관과 공감적 이해를 이끌어 내는 가운데 지혜가 성장하는 것이다.

Stenrberg은 지혜에 대한 선행연구의 논의를 종합하여 '균형이론'이라는 통합적 정의를 다음과 같이 내린다.

> 지혜는 (a) 개인 내, (b) 개인 간, 그리고 (c) 초개인의 이해관계 속에서 (a) 짧은 기간이나 (b) 긴 기간에 걸쳐 (a) 기존의 환경에 적응하거나, (b) 기존의 환경을 조성하거나 (c) 새로운 환경을 선택함으로써 균형을 이루어 공동선을 획득하기 위한 성공적 지능과 창의성의 적용으로 정의된다.[31]

Sternberg는 지혜에 대한 일련의 연구를 통해 지혜는 지능과 창의성과 밀접한 연관이 있다고 보았다. 각 분야의 전문가들에게 그들이 생각하는 지혜로운 사람의 모습이 어떤 것인지 조사를 시행했다. 200명의 미술, 경영, 철학, 그리고 물리학 교수들에게 자신들의 분야에서 종사하는 사람들을 대상으로 지혜로운 지적인, 혹은 창의적인 행동 특성을 평가해달라고 부탁했다. 일반 사람들에게는 직업에 관계없이 가상적인 이상적 인물에 대한 평점을 주도록 요구했다. 3가지

---

31 Robert J. Sternberg, *Wisdom, Intelligence, and Creativity Synthesized*, 김정희 역, 『지혜, 지능 그리고 창의성의 종합』 (서울: 시그마프레스, 2004), 255.

평점에 걸쳐 관계성을 살펴보았는데, 철학을 제외하고 각 그룹에서 지혜와 가장 높은 상관 관계를 가진 것은 지능과 창의성이었다. 현명한 문제 해결에는 분명한 답이 없다는 점에서 지혜는 창의성과 관계가 있다고 보았다.

전문가를 대상으로 한 또 다른 연구에서는 지혜에 대한 6가지 구성요소를 찾았다 추리력, 총명, 아이디어와 환경으로부터 학습, 판단, 정보의 신속한 활용, 그리고 통찰력으로 이 요소들은 일반인들을 대상으로 한 조사에서 나타난 실천적 문제 해결력, 언어능력, 지적인 균형과 통합, 목적 지향과 성취, 상황적 지능, 그리고 유동적 사고들과 상호 비교해 볼 수 있다. 두 사례 모두에서 인지적 능력과 사용은 중요했다. 물론 지혜에서는 지능에서 중요한 것으로 여겨지지 않는 균형이 중요하게 부각되었다.

Sternberg가 정의한 지혜의 또 다른 강조점은 이익과 관련된 것이다. 지혜는 자기 자신의 이익이나 어떤 사람의 이익을 최대화 하는 것과 관련된 것이 아니다. 자기 이익(개인 내)과 다른 사람들의 이익(개인 간), 그리고 도시, 국가, 환경이나 혹은 신 같은 개인이 살아가는 상황적인 다른 측면의 이익(초개인)과의 균형을 맞추는 것이다.

예를 들어, 한 사람이 어떤 특정한 직업을 선택하는 것이 현명하다고 결정할 수 있을 것이다. 하지만 부모와 친구, 의미를 주는 이웃, 선택을 통해 만나게 되는 사람을 포함해 많은 사람들이 그 사람이 직업을 선택하는 결정에 의해 영향을 받는다. 그런 의미에서 지혜는 공동선을 추구한다. 사람은 의도적으로 또는 의도하지 않아도 자신에게는 이롭고 다른 사람에게는 해로운 결과를 추구할 수 있다. 지혜 역시 자신에게 이로운 결과를 추구할 수 있지만, 다른 사람들에게도 이익이 될 수 있는 공동선을 추구한다.

또한 지혜의 정의 내에 '짧은 기간'과 '긴 기간'이라는 표현을 쓰고 있다. 전체적인 삶을 볼 수 있는 안목이 있어야 한다는 것을 알게 된다. 어떻게 살 것을 위해서 어떻게 살아왔고 어떻게 지금 살고 있는지가 평가된다. 일관성을 지키고 사는지, 아니면 이권을 위해서만 사는지, 바로 앞의 것만 보는 어리석은 사람인지, 아니면 장래의 것을 내다보고 긴 안목으로 자신과 공동체를 볼 수 있는 사람인지 그것을 보고 지혜로움이 평가된다. 조강지처를 버리고 떠나는 행동은 자신의 삶을 큰 그림을 가지고 넓고 길게 보는 분별을 잃었다는 것이다. 인기와 명성에 연연하며 미래를 위해서 노력하지 않고 현실에 머무르는 것 역시 자신과 가족을 어렵게 만드는 것이다.

지혜가 이해관계의 균형을 이루는 것뿐만 아니라, 이 균형에 응답하는 가능한 세 가지 행동방식을 결정하는 것과 관련이 있다. 기존의 환경에 자신이나 다른 사람들을 적응시키기, 자신이 또는 다른 사람들과 더 조화로운 환경을 조성하기, 그리고 새로운 환경을 선택하기이다.[32] 우선 사람은 주어진 환경에 적응하려고 해야 하고, 그렇게 해야 할 필요가 있다. 자신에게 주어진 상황을 조성하는 기존의 환경에 동조하는 방법을 찾으려는 것이다. 적응은 처해진 환경에서 살아남는 가장 적절한 행동 방식이 될 수 있다. 하지만 적응의 맥락에서 자신의 노력과 변화도 필요하지만, 환경도 변화될 필요가 있다. 이러한 필요성이 부각되었을 때는 환경의 조성에 힘쓰게 된다. 적응과 조성 사이에 균형을 이루기 위해 애쓰는 것이다. 그러나 적응과 조성 모두

---

32 Sternberg, *Wisdom, Intelligence, and Creativity Synthesized*, 258.

가 불가능하거나 적어도 힘들다고 생각하면, 기존의 환경(직장, 공동체, 결혼 등)을 뒤로 하고 새로운 환경을 선택하기로 결정할 수 있다.

지혜로운 사람은 가능한 대안을 고려하고 거기에 기초하여 결정을 내린다. 이를 위해 가능한 대안이 무엇인지 그리고 그것들이 의미하는 것이 무엇인지 알아야 한다. 더 근본적으로는 지혜롭기 위해서, 자신이 무엇을 알고 있는지, 무엇을 모르는지, 무엇을 알 수 있는지 그리고 주어진 시간과 장소에서 무엇을 알 수 없는지에 대해서 알아야만 한다. Sternberg는 이러한 앎의 추구와 획득이라는 주제를 세분화해서 이렇게 설명한다.

(a) 상황에 대한 학습에 있어서 자신의 목적과 관련된 새로운 정보를 선택적으로 부호화하기, (b) 새로운 정보가 어떻게 이미 있는 정보와 연결이 되는지 보기 위해, 선택적으로 비교하기 그리고 (c) 정보 조각들을 함께 맞추어 전체적 체계를 갖추도록 선택적으로 통합하기 등이다.[33]

앎이라는 지식의 내용이 한 사람의 경험에 녹아지면서 자신이 가진 지식과 새로운 지식을 주어진 상황에 적용하고 현명한 판단을 내릴 수 있는 것이 지혜의 특질이다. 자녀에 대한 어머니의 깊은 사랑과 관련된 일반적 지식과 경험을 가지고 있을 수 있다. 그러나 솔로몬의 재판의 경우와 같이 그것을 한 아이를 두고 다투는 두 어머니의 상황에 적용하는 능력은 지혜이다. 지식과 경험을 어디에 적용하고 어떻게 적용하고 누구에게 적용하고 또한 그것을 왜 적용하는가는 학교에서 가르칠 수 없는 경험과 그것을 반추하는 지혜의 역량에 속한다.

---

[33] Sternberg, *Wisdom, Intelligence, and Creativity Synthesized*, 259.

지혜는 자신의 삶을 잘 풀어가고 현명하게 결정하는 일련의 과정을 주도해 간다. 이런 맥락에서 자신에게 주어진 문제를 해결하는 능력이 지혜의 핵심적 요소로 강조되고 있다. 한 영어 사전은 문제에 대한 올바른 판단 능력 자체를 지혜에 대한 정의에 포함시키고 있다. 지혜는 "삶과 행동과 관련된 문제에 대한 올바르게 판단하는 능력; 수단과 목적을 선택하는 데 있어서 판단의 건전성"이라고 정의한다.[34]

Arlin 역시 지혜를 문제 발견의 예술로 설명한다. 그는 필요한 발견에서 종종 가장 중요한 것은 특정 물음을 발견하는 것이라며, 지혜는 이러한 물음의 발견과 선택을 인도해 준다고 이해한다. 문제 발견과 지혜에는 여러 면에서 공통된 많은 특질들이 있지만, 가장 큰 공통점은 불확실한 조건에서 발견된 물음의 역할과 막연하게 정의된 문제 상황에서 제시되는 해결책의 상관성에 있다. 그 밖에도 문제발견과 지혜는 다음과 같은 특성들을 공유한다. (a) 상보성의 추구, (b) 대칭적으로 그리고 균형적으로 보이는 사실에서 불균형을 발견함, (c) 변화에 대한 개방성: 그 가능성과 사실성에 대해, (d) 한계를 확장하고 때로는 그 한계에 대한 재정의를 함, (e) 근본적인 중요성이 있는 문제들에 대한 감각, (f) 일단의 개념적 조처에 대한 선호.[35]

반면에 Sternberg는 솔로몬의 현명한 재판에서 드러나듯, 지혜로운 사고는 이해관계의 균형을 이루면서 새로운 높은 수준의 문제 해결을 모색하기 때문에 창의적이라고 말한다. 문제를 풀어가는 과정

---

[34] *Shorter Oxford English Dictionary.*
[35] Arlin, "Wisdom: The Art of Problem Solving," 231.

에 대해서 이렇게 설명한다.[36]

(a) 문제가 있다는 것을 인식: 문제가 있다는 것을 인식한다는 것은 당연한 듯 보이지만, 많은 공동체와 개인이 현재 해결해야 하는 문제가 있다는 것을 알지 못하는 경우가 있다. 문제가 없다고 여기면 당연히 그 해결책 역시 고민하지 못한다. 출발점은 자신의 현 위치와 상황에서 뭐가 정상적이지 못한 것인지, 고질적인 걸림돌인지, 덮어놓은 먼지인지, 곪아가고 있는 상처가 있는지 인식해야 한다.

(b) 문제의 성격을 정의하기: 두 번째는 문제가 있다는 인식이 되면, 그 문제가 무엇인지 명료화하는 것이다. 이것이 어떤 성격 즉 문제의 원인, 그 실상, 결과, 그 정도에 이르기까지 문제라는 주제를 고민의 대상으로 부각시키는 것이다. 또한 그 문제를 문제로 여기고 그것을 해결대상으로 삼고 추진하는 자신에게 그것이 어떤 의미를 가지고 있는 것인지 이해해야 한다.

(c) 문제에 대한 정보를 표상하기: 문제와 관련한 정보는 다양하다. 그것이 과거로부터 지속되어온 만성적 내용인지, 사람 또는 환경의 원인인지, 이와 관련된 변인은 무엇인지, 주변의 촉발요인은 무엇인지, 강화요소는 무엇인지, 시도했지만 개선되기 어려웠던 내용은 무엇인지, 이로 인해서 자신과 타인에게 어떤 피해가 있고 어떤 이익이 있는지 등등 문제를 설명하는 정보가 분명하게 그려질 수 있게 되는 과정이다.

(d) 문제 해결을 위한 전략을 형성하기: 지혜로운 사람은 대안을 제시하는 사람이다. 바꿔져야 하고 풀어져야 하는 바람직한 목적을

---

36 Sternberg, *Wisdom, Intelligence, and Creativity Synthesized*, 259.

그럴 뿐 아니라, 중요한 것은 그것을 성취해 가는 과정, 즉 전략을 제시할 수 있다. 이것은 문제를 보는 깊은 이해, 큰 맥락 속에서 해결의 실타래를 풀고 또 풀어가는 단계를 만들어 가는 과정이다.

(e) 문제 해결을 위한 자원을 할당하기: 지혜로운 사람은 할 수 있는 것과 할 수 없는 것을 분별한다. 할 수 있다고 하면 그 근거와 자원이 무엇인지 분석하고, 그 자원이 어떤 단계에서 얼마만큼 필요한 것인지 통찰한다. 더 나아가 적절하게 그것을 활용하고 문제해결이라는 목표를 향해 지속적인 발걸음을 내딛을 수 있다.

마지막으로 (f) 개인의 문제 해결을 추적하기: 자기 평가와 자신의 하는 일의 과정에서 지속적인 점검을 하는 것은 해결과정의 중요한 요소이다. 올바른 방향으로 적당한 자원을 활용하여 단계적 처리를 달성하고 있는지 면밀하게 평가하는 과정이다.

(g) 그 해결 방법에 관한 피드백: 무슨 일이든 단회적, 그리고 단기간에 어떤 일이 마무리 지어지는 경우는 없다. 문제는 지속되며, 재발되기 쉽고, 설사 문제가 온전히 해결되었다 해도, 그와 유사한 크고 작은 문제들은 언제든지 찾아온다. 그런 의미에서 앞의 과정에 대한 구체적인 반추와 결과에 대한 정직한 평가는 실제 삶과 지혜의 면에서 성장을 도모하는 데 있어 가장 중요한 요소 중에 하나이다. 일명 지혜의 '선택적 비교 통찰력'은 피드백과 평가에 의해서 획득하고 축적된 정보를 그와 관련한 종류의 문제를 해결하는 데 적용함으로써 분석적 문제 해결에 사용된다.

한국에서 지혜에 대한 심리학적 연구가 활발하게 이뤄지지는 않았다. 노안영은 지속적으로 상담심리학과 지혜의 관련성을 연구하여 상담자의 지혜가 어떻게 상담현장에서 활용되고, 내담자의 치료에 도움을 줄 수 있을 지를 여러 각도에서 제안한다.[37] 이수림은 박사논문을 통해 기존의 여러 지혜 개념과 동양 문화적 관점을 통합하여 다음과 같이 정의한다.[38] 지혜는 인지적 측면에서 높은 안목과 통찰력, 탁월한 판단력을 의미하며, 통합적 측면에서 개인 내적으로 자아의 균형적 통합과 조화를 이루는 것, 관계적 측면에서 타인을 향한 긍정적 관심과 애정을 의미한다. 지혜는 "인지적, 통합적, 관계적 요인의 종합적 탁월성"이다. 또한 지혜 척도의 5개 하위요인들로, 안목과 통찰, 정서조절, 조망수용, 경험의 통합, 관심과 포용을 말하고 있다. 여기서 주목할 것은 지혜로운 사람의 관계적 능력, 관심을 기울이고 공감하고 포용하며 소통과 관계를 맺을 줄 아는 역량을 강조한 점이다.

2. 철학에서의 지혜

지혜는 현대 심리학보다 앞서 고대로부터 철학의 주요 주제 중의 하나였다. 동양과 서양 그리고 고금을 막론하고 지혜는 중요한 철학적 주제였다. 지혜가 이렇게 시·공간을 아우르는 광범위한 논의의 주제였기 때문에, 각 시대의 지적, 윤리적 흐름과 시대정신이라고 할 수 있는 문화적 조류에 의해서 영향을 받아 왔다. 그만큼 지혜에 대

---

[37] Ann Young No, "The Role of Wisdom in Counseling Psychology," *Psychological Science* 10, no. 1(2001): 133-152.
[38] 이수림·조성호, "상담자발달과 지혜에 관한 연구: 상담자발달수준에 따른 상담자의 지혜 비교", 한국심리학회, 「한국심리학회지: 상담 및 심리치료」 21권 1호(2009): 70-71.

한 다양한 정의와 연구가 산재해 있지만, 가장 보편적이고 대중화 된 지혜의 정의는 "지식의 올바른 사용이고 어리석어지지 않는 것"이다.

1) 동·서양 사상에서의 지혜

서양의 전통에서 지혜와 관련이 있는 그리스 신화 속의 인물은 '지혜로운 여자'라는 의미의 메티스(Metis: Μῆτις)와 그의 딸인 아테나(Athena: Αθηνά)이다. 제우스(Zeus: Ζεύς)의 첫 번째 아내였던 메티스는 제우스 보다 앞선 세대의 여신으로 "신과 인간 중에서 가장 지혜로운 자"로 여겨졌다. 아테나는 제우스와 메티스 사이에서 태어난 딸로 전쟁, 직물, 요리, 도기, 문명의 여신이자, 철학적인 지혜의 여신으로 알려지게 되어 고대 그리스의 문화에 적용되었다.

서양 철학은 역사상으로 보면, 그 탄생이 밀레투스(Miletus)학파에 의해서였다고 본다. 중요한 특징 중의 하나는 학문이 신화로부터 독립되었다는 점이다. 고대 그리스에서 철학이 곧 학문으로 여겨질 정도로 모든 학문의 여왕의 역할을 하였다. 철학의 영어 표현인 'Philosophy'(φιλοσοφία)는 고대 그리스어 필레인(Philein: φιλειν, 사랑하다)과 소피아(Sophia: σοφία, 지혜)의 합성어로서 직역하면 '지혜를 사랑한다'라는 뜻이다.

서양 철학은 그 시작부터 지혜를 인간의 가장 중요한 덕 중에 하나로 여겼다. 즉 지혜는 단순한 삶의 기술만이 아니고 인간 자신과 그것을 둘러싼 세계를 관조하는 지식으로 세계관, 인생관, 가치관이 포함된 인간의 미덕이었다. 플라톤(Plato)은 인간의 훌륭한 삶이 무엇인지에 관심을 기울였고, 이를 위해 인간다운 삶의 가장 좋은 상태인

덕에 대한 연구를 하였다. 플라톤에게 있어서 덕은 그저 나쁜 것이 없다는 소극적 의미가 아니라, 탁월성을 추구하고 여러 능력이 발휘되어 온전함에 도달하는 것이다. 그리고 이러한 성숙함을 설명하는 덕으로 지혜, 용기, 절제, 정의를 말하고 있다.

그는 인간의 영혼을 세 부분으로 나눈다. 육체와 결합되지 않은 순수한 이성, 육체와 결합된 충동적이며 감각적 욕정을 추구하는 욕망, 그리고 이성적 명령에 복종하여 육체적인 욕구를 조절하는 기개이다. 그리고 인간의 이성적 부분의 덕이 지혜이며, 욕망적 부분의 덕을 절제, 이성의 명령에 복종하여 정욕을 억압하는 기개의 덕을 용기라고 하였다. 정의 역시 덕에 포함되는데, 이것은 여러 덕이 알맞게 그 기능을 발휘할 때의 상태를 말한다.

플라톤은 지혜를 통치자와 지배계급이 필요로 하는 덕으로 생각했다. 이것은 어리석음에 빠지지 않고 욕망을 목적으로 인도하는 실천적 지성이다. 또한 지혜는 이상적 가치와 탁월성에 대한 지식일 뿐 아니라, 최후 목적으로 인도하는 과정에서 논의와 판단과 명령을 가능하게 하는 능력이다.

아리스토텔레스는 지혜를 원인에 대한 분별력으로 정의했다. 이것은 사물이 돌아가는 어떤 특정한 방식을 아는 것만이 아니고 왜 그런 식으로 작용하는지를 안다는 것을 말한다. 이후 지혜는 누가 활용하고 그 현장과 내용이 어떠하냐에 따라서 세 가지 구분된 의미를 가지게 된다.[39]

---

[39] 이 외에도 생산활동과 관련되 테크네(*techne*)와 보편적이고 필연적인 것에 대한 참된 판단을 의미하는 우스(*nous*)가 있다.

(a) Sophia: 진리를 찾아 명상적인 생활을 추구하는 사람들에게서 볼 수 있는 학문의 근본 원리에 대한 철학적 지혜이다.

(b) Phronesis: 인간의 실제 생활과 관련된 것으로 주로 정치가나 입법자들이 보여주는 실천적인 지혜이다. 인간의 정의, 미 그리고 선에 대해 반응하는 실제적 지식이다.

(c) Episteme: 과학적인 관점에서 사물을 이해하는 사람들이 보여주는 지혜로, 물질이나 기술 및 경험과 연관된 이론적 지식이다.[40]

고대 서양학문의 전통은 지혜가 행복을 가져오는 인간의 이성적 능력 중에서 탁월한 부분으로 이해한다. 지혜라는 덕을 가졌다는 의미는 옳고 그른 것에 대한 바른 생각에 기초해서 선택하고 피하는 것에 대한 바른 판단을 할 수 있다는 것이다. 또한 도구의 유용한 활용, 건강한 사회적 교제, 말과 행동의 현명한 조화, 그리고 유용한 체험을 자기 것으로 하는 것이다.[41] 그러나 이후 서양의 사상적 흐름은 이러한 지혜보다는 분석적이고 귀납적인 지식에 중점을 두어서 주로 과학과 기술을 발전시켜 왔다. 지식을 추구하여 인식론을 발전시켰는데, 자신의 정체성을 인식의 출발점으로 삼았기 때문에 개성을 중요하게 여기고 개인주의가 발전하게 되었다.

반면에 동양은 통전적이고 연역적인 지혜를 추구하였다. 대표적인 동양사상은 유교, 불교, 노장사상이다. 이런 사상의 지혜를 담고 있는 것이 『논어』, 『금강경』, 『도덕경』, 『장자』이다. 이들의 공통적 관심 중의 하나는 인성론으로 인간 본성에 대한 탐구가 추구되었다.

---

[40] D. N. Robinson, "Wisdom through the Ages," in *Wisdom: It's Nature, Origins, and Development*, 13-24.
[41] Ann Young No, "The Role of Wisdom in Counseling Psychology," 135

동양적 전통은 인간이 자기 자신을 아는 것을 가장 중요한 지혜라고 생각했다. 인간이 어떤 존재인지 그리고 타고난 본성이 어떤지에 대해서 고민하고, 그 대답에 따라 인간의 삶의 내용이 달라지기 때문이다.

전반적으로 이들 사상은 인간이 추한 면으로 가득하다는 성악설적 입장에서 시작한다. 그러나 이러한 현실에 대한 인식에 머물러 있지 않고, 인간 안에 있는 긍정적인 가능성을 전제하고 그것을 찾으려고 했다는 면에서 성선설적 입장이 개입된다. 이 희망을 붙잡고 인간 자신의 자각과 노력으로 추함을 극복할 수 있다고 생각한다. 불교는 인간의 불성(佛性)을 강조하고, 유교는 인(仁)의 능력에 중심을 두고, 노장은 도(道)를 얻는 진인(眞人), 신인(神人), 또는 선인(仙人)이 되는 가능성을 말한다.

자연히 수행이 강조되고 그에 따른 수행 이론이 발달하고 있다. 인간의 잠재적 가능성을 수행을 통해 끄집어 내려는 것이다. 바깥 대상이 아닌 자기 자신을 문제 삼고 수행을 통해 자신을 보는 새로운 안목을 가지는 것이 필요하다고 본다. 또한 아는 것과 욕망의 관계에 주목하고 있다. 현실의 잘못된 인간의 모습은 잘못된 앎, 즉 무지에 기초한 왜곡된 욕망에서 비롯된다고 본다. 수행을 통해 이로부터 해방되는 경험을 하게 될 때 깨달음이 오고 그것이 바로 지혜라고 말하고 있다.

특별히 불교는 지혜를 사물의 식별에 사용되는 지(智)와 통합적이며 식별적인 기능을 초월하는 반야(般若)의 혜(慧)로 나누어서 생각했다. 또한 선천적으로 구비되어 있는 생득혜(生得慧), 타인의 가르침에서 얻을 수 있는 문소성혜(聞所成慧), 내적사색에 의해서 얻을 수 있는 사소성혜(思所成慧), 수행의 실천 중에서 얻을 수 있는 수소성혜(修所成慧)의 4종류로 분류하고 있다. 지혜는 자신을 올바로 알고 깨닫는 것이다. 모든 법(法)을 살펴서 참된 것(眞)과 거짓된 것(僞), 선한 것(善)과 악한 것(不善)을 판별하여, 참된 것과 선한 것을 취하고 거짓된 것과 악한 것을 버리는 것을 뜻한다.

2) 심리학과 철학의 만남

일단의 심리학자들이 심리학의 역사가 19세기 이전의 서양철학과 동양의 고대 사상에까지 거슬러 올라간다고 보고 있다. 특별히 긍정심리학은 '행복'을 연구하면서, 이 단어가 사상적 전통과 관련한 성품에 근거하고 지속적인 웰빙에 기초한 행복이라고 설명한다.[42] 그리고 이 행복에 필요하다고 여겨지는 덕을 강조하며, 인간의 긍정성에 대한 광범위한 철학적, 종교적 논의를 연구하고 시대와 지역을 넘어 인간을 행복하고 풍요롭게 하는 보편적인 인격 특질을 밝혀내려 했다.[43] 보편성, 행복 공헌도, 도덕성, 타인에의 영향, 반대말의 부정성, 측정가능성, 특수성, 모범의 존재, 결핍자의 존재, 풍습과 제도라는 10가지 기준에 따라 누구나 수용할 만한 덕의 개념이 경험 과학적 방법론으로 검토되었다.

그러한 논의 중의 하나인 VIA(Values in Action) 프로젝트는 세분화

---

42 James P. Gubbins, "Positive Psychology: Friend or Foe of Religious Virtue Ethics?" *Journal of the Society of Christian Ethics* 28, 2 (2008): 181-203.
43 Robert Roberts & P. J. Watson, "기독교 심리학 관점", 김찬영 역, 『심리학과 기독교 어떤 관계인가』, 에릭 존슨 편 (서울: 부흥과 개혁사, 2012), 204-208.

된 '성격강점과 덕'을 제시하는데 윤리학의 덕과 많은 유사점을 가지고 있다.[44] 병리학의 교과서라고 할 수 있는 DSM에 반하는 긍정적 성향의 DSM을 찾으려는 시도였고, 6개의 핵심 덕(지혜, 용기, 인간애, 정의, 절제, 초월)과 24개의 강점으로 구성된 폭 넓은 분류체계를 구성하였다. 또한 개인적 차원에서만이 아니고 공동체(사회, 직장, 학교)에 적용 가능한 긍정적 특질이 무엇인지도 찾고 있다. 이것이 개인적 덕과 완전히 동일할 수는 없지만, 공동체 역시 거기에 속한 구성원들의 행복에 지대한 영향을 끼친다는 점에서 행복한 공동체의 특질 역시 중요하다고 본 것이다. 공동체의 덕은 5가지로 정리된다: 목적(공동체가 도덕적 목표를 서로 공유함), 안정감(위험, 착취나 위협으로부터 보호됨), 공정성(보상과 처벌에 대한 공정한 규칙이 있음), 인간애(상호돌봄과 관심이 있음), 존엄성(각 구성원 모두가 지위에 높고 낮음에 관계없이 대우를 받음)이다.

긍정심리학자들은 지혜에 대한 항목에서 지혜를 상당히 포괄적인 면으로 여러 측면에서 설명하고 있다. 창의성(독창성, 창의력), 호기심(흥미, 신기성, 모험심), 개방성(판단력, 비판적 사고), 학구열 그리고 통찰(지혜)이다. 이들은 심리학적이고 실용적인 관점에서 정의를 내리고 있고, 이들의 취지대로 철학, 신학, 사상의 전통에서 지혜의 이론적 요소를 추론해 보고 근래에 계발된 몇 가지 지혜측정을 위한 지혜척도를 소개한다. 이들이 정리한 지혜의 정의는 다음과 같다.

---

[44] 강점찾기 검사 (http://www.viacharacter.org)를 통해 240문항으로 구성된 자기보고식 검사로 대략적인 자신의 강점을 찾을 수 있다.

- 지능과 구별된다.
- 우수한 수준의 지식과 판단 그리고 충고를 할 수 있는 능력을 나타낸다.
- 개개인이 의미 있는 삶과 행위에 대한 중요하고 어려운 문제들을 처리하도록 한다.
- 선을 위해 또는 자신과 다른 사람의 복지를 위해 사용된다.

그리고 지혜라는 성격적 강점을 가진 사람은 다음과 같을 것이라고 설명한다.

- 나는 자기인식을 잘 한다.
- 나는 무언가를 판단하는 데 감정과 이성을 동시에 가진다.
- 나는 의미와 관계의 보다 큰 유형을 인식한다.
- 나는 보다 넓은 통찰을 가진다.
- 나는 다른 사람들과 사회에 공헌할 필요를 강하게 느낀다
- 나는 다른 사람의 요구를 신중하게 고려한다.
- 나는 내가 알 수 있는 것과 할 수 있는 것의 한계를 이해한다.
- 나는 중요한 문제의 본질을 간파할 수 있다.
- 나는 나의 강점과 약점을 정확히 알고 있다.
- 나는 조언자의 역할을 한다.
- 나는 내 자신이 정한 기준과 일치하는 방식으로 행동한다.[45]

---

45 Christopher Peterson & Martin Seligman, *Character Strengths and Virtues: A Handbook and Classification*, 문용린, 김인자, 원현주, 백수현, 안선영 역, 『긍정심리학의 입장에서 본 성경 강점과 덕목의 분류』 (서울: 한국심리상담연구소, 2009), 226-227.

'몰입'(flow) 연구로 알려진 긍정심리학자 Csikszentmihalyi는 지혜를 세 가지 측면으로 구분한다.[46]

첫째, 지혜는 앎의 방식, 또는 인지적 기술이다.

둘째, 공동체적으로 바람직하다고 여겨지는 것, 또는 덕을 행하는 특별한 방식이다.

셋째, 지혜는 잘 구현되어질 때, 내적 안정과 기쁨으로 인도하기 때문에 개인적 유익이라고 보는 것이다.

더 나아가 그는 지혜가 '지성', '과학적 지식', '천재적 재능'이라는 인지과정과 적어도 세 가지 측면에서 차별성이 있다고 설명한다.

첫째, 지혜는 경험의 변화가 심하고 피상적인 외적인 면이 아니고 그 이면의 지속적이고 보편적인 진실을 이해하려는 것이다. 그리고 이 이해가 우리 행동에 어떤 영향을 미치는지 아는 것이 지혜가 추구하는 것이다.

둘째, 덕으로서의 지혜인데, 이것은 깊은 생각에 그치지 않고 공적인 유익을 폭넓게 이해하며, 지식을 실천에 옮기는 존재로 살아가는 모습이다.

셋째, 지혜는 불행에 휩쓸리지 않고 고요한 행복을 누리는 것과 관련된다. 개인적인 이익이나 자기중심적인 행동을 초월하고 더 큰 조화를 목표로 삼는 존재 자체가 몰입의 상태이다.

---

46 M. Csikszentmihalyi, *The Evolving Self: A Psychological for the Third Millennium*(New York: HarperPerennial, 1994), 241-244.

Wise Caring 지혜로운 돌봄

3장

지혜롭기 위하여

이 장에서는 앞에서 살펴본 지혜가 어떤 경로를 통해 이 땅에 살아가고 있는 우리에게 녹아질 수 있는지에 대해서 생각해 본다. 동양의 한 격언은 이렇게 말한다.

> 지혜를 배우는 데는 사색, 모방, 경험 세 가지 방법이 있다. 사색은 가장 고상하고 모방은 가장 쉬우며 경험은 가장 어렵다.

지혜가 무엇이냐에 대한 설명이 단지 정의와 설명에 그치는 경우도 있지만, 지혜로운 사람이 되기 위한 인간의 노력은 이모저모로 시도되었다. 지혜가 오랜 시간 동안 많은 곳에서 여러 사람에 의해서 고민되어 온 만큼, 그것을 자신의 것으로 하기 위한 노력 역시 다각도로 기울여져 온 것이다.

1. 여호와 경외

앞에서 이미 언급하였듯이 지혜롭기 위한 출발점이자 첫 번째 원리는 하나님을 경외하는 것이다. 잠언에서 지혜로운 사람은 그의 아들에게 하나님께 지혜를 구하는 것이 그의 삶의 우선순위가 되어야 한다고 말한다(잠 4:7, 8:11). 지혜가 구현되는 과정을 Packer는 이렇게 설명한다. 지혜는 성령으로 우리 안에서 형성되어 마음의 눈을 열게 한다. 선한 목표를 정하고 그것을 이루기 위한 바른 도구를 활용하여, 우리가 행하는 모든 것 안에게 하나님을 존중하며 하나님 보시기에 지혜로운 모습을 형성해 간다.[1]

성경에서 '경외' 내지 '두려움'으로 번역될 수 있는 몇 가지 단어들이 사용되고 있다. 가장 보편적인 표현은 '경의'(yir'â)와 '두려움'(pahad)이라는 히브리어와, '두려움, 공포'(phobos)라는 헬라어이다. 이 단어들과 관련해서 네 가지 용례들을 구분할 수 있다.[2]

첫째, 살아계신 하나님께 대한 하나님의 백성들의 인식에서부터 기인된 '거룩한 두려움'(Holy fear)이다. 일반적으로 여호와를 경외한다고 할 때 적용되는 용례이다(시 111:10; 잠 8:13; 전 12:13; 렘 32:40; 히 5:7).

둘째, 죄의 결과 또는 징벌에서 기인하는 노예적 두려움(Slavish fear, 창 3:10; 신 28:28; 시 28:1)이 있다. 이것 자체가 선한 것은 아니지

---

[1] James I. Packer, "Theology and Wisdom," in *The Way of Wisdom: Essays in Honor of Bruce W. Waltke*, eds. J. I. Packer & Sven K. Soderlund (Grand Rapids, MI.: Zondervan, 2000), 7.
[2] *New Bible Dictionary*, 2nd ed., s.v. "Fear," by James D. Douglas.

만, 성령의 인도로 그 방향이 회개로 향한다면 좋은 전환점이 될 수 있다(행 16:29).

셋째, 인간에 대한 두려움(Fear of men, 벧전 2:18; 롬 13:7), 또는 살아가면서 여러 가지 이유로 경험하는 두려움(고전 2:3; 골 2:1)이다.

넷째, '두려움의 대상'에 대한 두려움(Fear as the object of fear)이다. 세상에는 사람들의 불의함과 연약함으로 인해 두려움을 가져다주는 대상이 존재한다.

1) 하나님과의 관계

경외는 일반적으로 우리 자신보다 더 귀한 그 무엇, 또는 어떤 존재 앞에 고개 숙이는 마음이다. 피조물은 지속적으로 창조주, 그리고 그 창조 세계를 통해 드러난 창조주의 위대함 앞에 서게 되는 기회를 갖게 된다. 눈부시게 아름다운 일몰을 보고 숨이 막히는 것과 같은 감격을 느끼는 경험이다. 우리는 경이로운 장관을 보고 감탄하고 경외하는 존재로 지어졌다. 하나님의 존재와 능력에 대한 건강한 인식으로부터 나오는 거룩한 두려움이다. 피조물인 우리는 그 위대함 앞에 무릎 꿇을 수밖에 없고 그래야만 하는 존재이다. 그 창조주를 나의 주님이고 하나님이라고 믿음으로 고백하는 것이 마땅한 반응이다.

또한 여호와에 대한 경외는 세상에 통치자가 계시며, 그 통치자에 대한 적절한 반응이 머리를 조아려야 한다는 것을 인식하는 증거이다. 그분과 깊은 관계를 경험한 사람들이 하나님께 대해서 지, 정, 의에서 경의(reverence)와 두려움(fear)으로 반응한다. 여호와를 경외하는 사람, 다시 말해 지혜로운 사람은 두려워해야 할 때와 두려워해야 할 대상을 안다. 두려움을 이기는 비결은 마땅히 두려워해야 할 분을 두려워하는 것이다.

또한 지혜로운 사람은 두려워해야 할 때를 안다. 속담에 "경험이나 지식이 없는 사람들은 현명한 사람들이라면 피할 것 같은 미묘한 상황에 곧잘 관여한다"는 말이 있다. 어리석은 이들은 두려움이 없거나 또는 잘못된 것들을 두려워 한다. 이것이 하나님과의 관계에서도 동일하게 적용된다. 이 땅에서 무엇보다도 생사를 주관하시는 하나님을 두려워해야 한다. 그러면 다른 두려움들은 물론 하나님께 대한 두려움 마저 이기게 된다(눅 12:4-5; 롬 8:31-39). 하나의 큰 두려움이 나머지 모든 작은 두려움을 완화시키는 것이다.[3]

잠언은 경외를 설명하기 위해서 세상의 왕을 등장시키고 있다. 올바른 왕의 진노함은 '살육의 사자'와 같고, "사자의 부르짖음 같으니 그를 노하게 하는 것은 자기의 생명을 해하는 것"(16:14; 19:12; 20:2)이라고 비유하고 있다. 사람들이 이러한 왕의 심기를 불편하게 하지 않는 것같이, 참된 왕이신 하나님을 노하시게 하지 않아야 한다는 것이다. 두려움으로 하늘과 땅을 다스리시는 하나님을 기쁘시게 해 드려야 할 것을 말하고 있다(잠 24:21-22). 하나님께 대한 존경을 바탕으로 한 두려움을 갖는 것이다.

Hubbard는 여호와 경외를 '예배적 순종' 또는 '경건한 복종'이라고 했다.[4] 신명기 말씀은 여호와 경외를 예배라는 형태로 표현하며

---

3 Gordon Jackson, ed., *Quotes for the Journey: Wisdom for the Way*(Colorado Springs, CO.: NavPress, 2000), 56.
4 David Hubbard, *Communicator's Commentary* 15: *Proverbs*(Dallas, TX.: Word, 1989),

여호와께 대한 충성과 이에 수반된 존귀를 드려야 할 것을 강조한다. 반면에 주의해서 볼 것은 신명기 말씀이 경외와 사랑을 연결시키고 있다는 사실이다.[5] "이스라엘아 네 하나님께 여호와께서 네게 요구하시는 것이 무엇이냐 곧 네 하나님 여호와를 경외하여 그 모든 도를 행하고 그를 사랑하며 마음을 다하고 성품을 다하여 네 하나님 여호와를 섬기고"(신 10:12)라고 말씀한다. 경외에 사랑을 포함하고 있다. 예배를 통한 경외의 모습의 다른 특징은 공동체성이다. 하나님을 경외하는 자는 예배하는 공동체의 일원이다.

이 경외로 인해 깊어지는 것이 하나님과의 올바른 관계이다. 여호와 경외는 곧 하나님과의 인격적 관계가 깊어지는 것을 의미한다.[6] 성경은 '여호와 경외'를 표현할 때, 하나님에 대해서 야훼라는 이름을 쓰고 있다. 이 호칭은 하나님께서 이스라엘을 구원하시겠다고 약속하는 가운데 하나님 스스로 이스라엘의 하나님임을 분명히 약속하는 인격적 성호이다(출 6:2-6).[7] 하나님께서는 언약을 맺으시고 지키시는 분이다. 그분은 "너는 나의 백성이고 나는 너의 하나님이다"라고 말씀하신다. 이스라엘은 '경외'란 말을 항상 언약의 관계라는 관점에서 이해하고 있다.[8] 동일하게 이스라엘의 하나님은 지금 이 시대의 성도

48.
5   Roland E. Murphy, *World Biblical Commentary: Proverbs*, 박문제 역, 『잠언』(서울: 솔로몬, 2001), 407.
6   Jay E. Adams, *The Christian Counselor's Commentary: Proverbs*(Woodruff, SC.: Timeless Texts, 1997), 9.
7   Graeme Goldsworthy, *Bible Probe: Job, Proverbs, Ecclesiastes and Song of Songs*, 편집부 역, 『지혜서 강해집: 욥기, 잠언, 전도서, 아가』(서울: 성서유니온, 1994), 77.
8   Graeme Goldsworthy, *Gospel and Wisdom*, 김영철 역, 『복음과 지혜』(서울: 성서유니온, 1996), 90

들의 하나님이시다. 우리는 하나님을 하나님으로 높이는 가운데 인격적 언약 관계를 맺고 깊게 하는 것이다.

2) 경외의 결과

하나님을 하나님으로 온전히 존중하는 여호와 경외의 영성을 소유하게 되면 몇 가지 중요한 실제적 결과가 있게 된다. 첫째, 지혜롭게 되는 것이다. Koptak은 하나님과 지혜에 대한 근본적인 관련성을 세 가지로 설명하고 있다.[9]

(1) 하나님께서는 지혜와 더불어 이 세상을 창조하셨다(잠 3:19). 지혜가 인격화 되어서, 하나님께서 세상의 기초를 정하고 질서를 세우실 때 동역자의 역할을 한다(잠 8:27-29). 하나님께서 생명을 창조하고, 지혜는 그 생명을 이끌어 간다(잠 8:35, 9:11, 14:26-27). 하나님께서는 하나님의 선물을 소유하고 있는 지혜의 사역을 통해 건강, 부, 그리고 존귀를 축복한다(잠 3:5-10, 16). 지혜는 하나님의 사랑의 표현이다.

(2) 지혜의 하나님께서 세상을 통치하고 심판한다(잠 8:15-16, 15:10-12, 31:4-9). 선과 악을 그것대로 갚으시며, 지켜보시고(잠 15:3, 24:18), 행하시는(잠 16:4-5, 21:12) 하나님이시다. 하나님께서는 가난한 이들을 돌보시고 이들을 이용하는 악한 이들을 멸하신다. 이러한 하나님의 통치가 때때로 우리의 제한된 관점에서는 역설적으로 보인

---

9 Paul E. Koptak, *The NIV Application Commentary: Proverbs*(Grand Rapids, MI.: Zondervan, 2003), 37-38.

다(잠 16:1-7, 33).

(3) 하나님께서는 지혜를 찾는 자에게 지혜를 주신다. 그분은 죽음에서 벗어나서 생명으로 가기 위해서 지혜를 의지해야 할 것을 강조한다. 다른 말로, 지혜는 삶을 보호하고 보존하게 하는 하나님의 길이다. 지혜를 찾고 구하는 사람들에게 지혜는 선물로 다가오며, 더 나아가 지혜를 주시는 것은 하나님 자신을 주시는 것이다(잠 2:1-6). 그분을 좇는 사람들이 해를 당하는 것을 막아준다(잠 2:7-22).

지혜 문서는 지혜의 중심에 항상 하나님을 두고 있다. 하나님께서 계시지 않으면 세상에 대한 참된 통찰도 없다. 하나님은 참된 지혜의 유일한 근원이시다. 관찰하고 경험하는 능력까지도 주님으로부터 나온다.[10] 지혜로운 사람은 하나님과의 적절한 관계를 통해 하나님과 그분의 지혜를 알게 된다(잠 1:7).

둘째, 하나님을 경외하는 사람은 겸손해 진다. 하나님께서는 인간의 교만과 거만을 누구보다도 잘 아시기 때문에 여호와를 경외하라고 하신다.[11] Stanley는 이렇게 표현한다.

> 여호와를 경외하는 사람은 하나님이 전지(온전히 지혜롭고)하시고 전능(온전한 능력을 가지고 계시며)하시며 무소부재(매 순간 순간부터 영원까지 어디에나 계신다)하시고 온전히 사랑이신 반면에 자신들은 그렇지 않다는 것을 알고 있다.[12]

---

10 Tremper Longman, III,, *How to Read Proverbs*, 전의우 역, 『어떻게 잠언을 읽을 것인가?』 (서울: IVP, 2005),
11 John J. Collins, *Jewish Wisdom in the Hellenistic Age*(Edinburgh, Scotland: T & T Clark, 1997), 13.
12 Charles Stanley, *Walking Wisely*, 오진락 역, 『너의 가치를 높여주는 지혜』 (서울: 그루

우리가 하나님의 전지 전능하심을 믿음으로 고백하게 될 때, 우리는 아무 것도 아니라는 전무(全無)에 대한 인식을 갖게 된다.[13]

이런 의미에서 겸손은 하나님께 의존하는 마음이다. 자신의 무력감을 알고 "내가 할 수 없고, 오직 하나님만이 하실 수 있다"고 하는 것이 겸손이다. 교만을 고집하면 사람들은 하나님께 자신의 인생 길과 사역을 맡기지 못한다. 하나님의 말씀에 순종하기 보다는 자신들이 하고 싶은 것을 하게 된다. 특히 학문의 영역에서도 이 점은 동일하다.[14] 여호와 경외가 중심이 되지 못한 지식은 교만으로 채워진다. 돌봄의 만남에서 이해되는 인간에 대한 지식과 돌보고자 하는 사람의 사고는 하나님께 대한 경외와 그분에 대한 지식에서 시작되어야 한다.

또한 겸손은 자신의 마음을 비워내게 한다. 온전히 비워지는 가운데 하나님께서 그 마음에 내주하시고 역사하신다. 하나님께 마음을 온전히 비워 드리지 않으면 하나님께서 그 마음 가운데서 원하시는 일을 하실 수 없다.[15] 하나님께서는 그의 백성들에게 사랑과 지혜와 능력을 주시기를 원하신다. 이러한 하나님의 선물은 겸손히 비어진 마음에만 채워진다. 겸손은 다른 여러 가지 은혜와 성품 중의 하나라기 보다는, 모든 은혜와 성품이 뿌리박을 수 있는 마음이다.

기독교 내의 돌봄 현장에 다양한 일반 상담의 치료적 도구들과 이를 위한 세미나와 훈련 프로그램이 도입되고 있다. 문제는 그것이 우리의 마음에 예배의 대상이 된다는 것이다. 경탄과 인정의 대상이 되

터기 하우스, 2003), 26-27.
13 Andrew Murray, *Humility*, 김희보 역, 『겸손』 (서울: 총신대출판부, 1988), 15.
14 Gerhard von Rad, *Wisdom in Israel* (Nashville, TN.: Abingdon, 1972), 67-68.
15 Brother Lawrence, *The Practice of the Presence of God with Spiritual Maxims* (Grand Rapids, MI.: Spire Books, 1967), 43-44.

는 순간, 그리고 하나님께 드려지는 온전한 헌신 그 이상이 될 때, 그것은 실질적인 우리의 신이 된다. 이것이 겸손이 아닌 교만에서부터 시작된다. 이웃과 신앙 공동체를 위한다는 동기에서 시작했지만, 상담 역시 내 학업, 내 목표, 내 필요, 내 욕구를 위한 도구가 된다. 설사 영성을 이야기한다 해도 사실상 그것은 삶을 개선하는 기술 정도로 치부되는 것이다.

이 밖에도 성경에는 여호와를 경외하는 것과 관련된 다양한 연속되는 열매를 이야기하고 있다. 여호와를 경외하는 것이 예배적 차원에 그치지 않고, 좀 더 폭 넓은 유익을 제공하는 것으로 증거하고 있다.[16] 견고한 의뢰, 피난처, 생명의 샘, 악에서 떠나는 것, 재물과 영광 등이 여호와를 경외할 때 따라온다(잠 14:26, 27; 15:16; 16:6; 19:23; 22:4; 시 34:9). 하나님께서 이러한 다양한 약속들을 여호와를 경외하는 사람에게 허락한 이유가 있다. 우리가 세상에서 주인 노릇을 포기하면 하나님께서 채워주시는 것을 경험한다는 것이다. 이를 통해서 하나님을 모든 창조물의 주님이시고, 우리 삶의 주인으로 인정하게 된다. 그리고 성공이나 도덕적인 삶 이상의 사랑의 하나님과의 깊은 관계로 나아가게 되는 것이다.

여호와 경외는 우리가 인생의 주로 예수님을 따르려는 근본적 결단을 한다는 것을 의미한다. 우리가 예수님을 믿는다고 하지만, 그분을 창조물의 주님이시고 우리 삶의 주인으로 인정하는 것을 거부하는 것은 사실에 대한 위험한 부정 속에서 어리석은 자 같이 사는 것

---

16 Ronald E. Clements, *Wisdom in Theology*(Grand Rapids, MI.: Eerdmans, 1992), 58-64.

이다. 우리가 지혜로울 수 있는 근본적인 이유는 하나님을 경외하기 때문이다.

이런 맥락에서 보면 신약이 말하는 지혜 발달의 통로인 지혜의 은사와 기도의 응답의 결과인 지혜 역시 여호와 경외의 열매라고 말할 수 있다. 고린도전서 12:8은 "어떤 사람에게는 성령으로 말미암아 지혜의 말씀을, 어떤 사람에게는 같은 성령을 따라 지식의 말씀을" 주신다고 말씀한다. 지식(knowledge)의 은사는 하나님께서 그리스도의 몸의 지체들에게 주신 특별한 능력으로 몸의 성장과 성숙에 관한 정보와 사상을 발견하고 쌓고 분석하고 명료하게 하는 역량이다. 이 은사를 가지고 있는 사람은 배움의 선구자와 같다. 진리를 파악하고 배우는 일에 열심을 내며 그 지식들 사이의 복잡한 관계를 알아내는 능력이 있다. 가르치는 은사와 함께 할 때 더 큰 유익을 주게 된다.

지혜의 은사는 그리스도의 몸의 지체들에게 주신 특별한 능력으로 성령의 마음을 헤아려서 주어진 지식을 어떻게 그리스도의 몸 안에서 발생하는 요구사항에 가장 잘 적용할 수 있는지를 알아내는 능력이다. 또한 어떻게 하면 문제의 핵심에 신속하게 도달하는지 알고 있다. 실제적인 지식을 알고 있으며, 문제를 해결하는 사람이다. 지혜의 은사를 가진 사람은 어떤 결정의 귀추(歸趨)를 파악하기에 그 결정을 내리는 데 분별력이 있다.

또한 성경은 "너희 중에 누구든지 지혜가 부족하거든 모든 사람에게 후히 주시고 꾸짖지 아니하시는 하나님께 구하라 그리하면 주시리라"(약 1:5)라고 말씀한다. 이 편지의 수신인들이 경험하고 있는 시험(약 1:2-4)을 분별하고, 적절하게 반응하려면 무엇보다 지혜가 필요했다. 야고보서가 지혜에 대해서 서신 전체를 통해 두 번 언급하고

있지만, 도덕적 권면의 접근으로 인해 구약의 잠언과 같이 지혜문학으로 분류하기도 한다.[17]

야고보가 권면하는 지혜는 두 가지 성격을 가지고 있다. 첫째, 구약의 지혜와 같이 하나님의 목적과 방법에 대한 통찰력을 말한다. 이러한 지혜의 은사는 시험을 극복하는 힘이 될 뿐 아니라, 그 사람을 온전하고 성숙하게 만든다(약 1:4). 이 지혜는 "위로부터 난"(약 3:17) 것으로 이것을 가진 사람은 겸손하고 선한 행위를 하는 데 힘쓴다(약 3:13). 이러한 지혜자는 "성결하고 다음에 화평하고 관용하고 양순하며 긍휼과 선한 열매가 가득하고 편견과 거짓"(약 3:17)이 없다. 이 지혜는 말로 표현되는 것이 아니라 행실로 나타나는 것이다. 참 지혜자는 "온유한 가운데 지혜의 일들을 그들의 착한 행실"로 보여야 한다. 믿음은 행함으로 나타나야 한다는 야고보의 핵심적 메시지가 지혜에도 적용되고 있다.

둘째, 세상적이고 정욕적이며 마귀적인 지혜가 있다. 이러한 세상의 지혜는 다른 사람을 부러워하고 질투하는 시기심을 낳게 한다. 또한 이기적인 야망(selfish ambition, New International Version)과 다툼이 일어나고 무질서와 모든 악한 일의 원인이 된다. 역으로 독한 시기와 야망이 마음에 있으면 그곳에서 자랑할 수 있는 지혜와 지식이 나오지 않는다.

야고보는 위로부터 난 지혜가 부족할 때 하나님께 간구해야 한다고 한다. "구하라 그리하면 주시리라"고 말한다. 이것이 인간의 내적

---

17 Douglas J. Moo, "야고보서의 신학적 주제들", 『두란노 HOW주석: 야고보서, 벧전후, 유다 어떻게 설교할 것인가』 (서울: 두란노 아카데미, 2007), 36.

인 산물이 아니고 인간 스스로 만들어 낼 수 있는 것이 아니기 때문에 하나님께 간구해야 얻을 수 있다. 그리고 믿음으로 지혜를 구할 때(약 1:6), 이것을 들으시는 하나님께서 "모든 사람에게 후히 주시고 꾸짖지 아니하시는"(약 1:5) 성품을 가지신 분이기 때문에 우리에게 허락해 주신다.

2. 경험과 반추

또 다른 지혜 획득의 통로는 경험이다. 경험은 가장 실용적이며 구체적인 지식인 지혜를 만들어낸다. 배워서 습득되는 지식 역시 지혜의 중요한 통로가 되지만, 그러한 지식이 현장에서 시행착오를 통해 적용이 되면서 지혜를 깨닫게 된다. 한 사전은 지혜가 "지식, 경험, 이해 등을 기반으로 올바르게 판단하고 행동하는 힘"이라고 정의하며, 지식, 경험 그리고 이해를 통합적으로 보고 있다.[18] 물론 단지 경험이 다양하고 많다고 해서, 지혜롭게 되는 것은 아니다. 지혜의 발달은 기본적으로 모든 경험에 대한 개방성이 필요하고, 그 경험을 통해 자기를 검토, 자각, 성찰하는 통찰의 과정과 인식의 재조직화를 필요로 한다.

Takahashi와 Overton은 외상적 사건이 지혜를 발달시키는 두 가지 주요 과정에 대해 언급했다.[19] 하나는 여러 모순적 명제 간의 통합

---

18 *Webster's New World College Dictionary*, 1997, p1533.
19 M. Takahashi & W. F. Overton, Wisdom: A Culturally Inclusive Developmental Perspective," *International Journal of Behavioral Development* 26, no.3(2002): 269-277.

이 이뤄지는 변증법적 통합이다, 또 다른 하나는 자신과의 힘겨운 투쟁을 벌이는 과정에서 삶의 경험의 조각들을 통합함으로써 얻게 되는 자기지식이다. Sternberg는 여섯 가지 지혜요소(추론능력, 현명함, 아이디어와 환경으로부터 학습, 판단, 정보의 신속한 활용, 총명함) 가운데 '정보를 신속하게 활용'할 수 있는 이유를 설명하며, 경험의 역할을 강조한다.[20] 우선 정보를 신속하게 사용하는 사람은 정보 특히 구체적인 정보를 탐색하는 사람으로 연륜이나 오랜 경험을 가지고 있다. 그는 과거의 실수나 성공으로부터 배우고 기억하고 정보를 얻으며, 경험을 토대로 마음을 바꾸는 사람이라고 설명한다. 경험에 기초한 실용적 지식은 지혜롭게 하는 중요한 자원이라는 것을 알게 된다.

그러나 경험이 지혜라는 도식이 성립되기 위해서는 경험에 대해 비판적인 반추가 더해질 때 가능하다. 어떤 사람이 지혜로울 수 있는 것은 어떤 기술이나 상호 관계적 문제를 풀어가는 전문성 여부에 달려있는 것이 아니라 그들의 반추적(reflective) 기술에 기초한다. 경험이 지혜를 배우게 하지만 그것이 쉽지 않은 것은 반추가 필요하기 때문이다. 사람들이 전문성 내지 탁월한 기법을 연마하여 전문가가 될 수 있다. 또한 사람들은 경험을 통해서 삶에 대한 폭 넓은 이해를 할 수 있다. 그러나 그러한 경험을 반추할 수 없고, 지식을 큰 그림 속에서 더 확대된 관점으로 상호 관련성을 볼 수 없다면 지혜가 성장하기는 어렵다.

Csikszentmihalyi 와 Rathunde는 다음과 같은 예를 들면서 이 점을 지적한다.

---

20 Sternberg, *Wisdom, Intelligence, and Creativity Synthesized*, 301.

순환성 냉매(발포제, chlorofluorocarbon)를 이용해서 연무질(에어로솔) 스프레이를 발명한 것은 상당한 기술이다—이러한 인공물은 고대 그리스의 모든 철학자를 부끄럽게 만드는 기술이다. 그러나 그로 인해 오존층이 파괴되어서 해양의 많은 생명체가 죽고, 피부암을 유발하고 있다면, 이 발명품이 지혜의 결과라고 말할 수 있을까? 그러한 결과와 비교해서 평가해 보면, 깨끗한 창과 땀이 없는 겨드랑이가 그렇게 싸게 먹히는 것 같아 보이지 않는다. 지혜가 상호 관점을 살피고 궁극적 결론을 평가하려는 과정이라고 한다면, 플라톤 시대 보다 우리가 지금 더욱 필요로 한다.[21]

Kitchener 와 Brenner 역시 반추가 지혜의 획득에 작용하는 핵심적 역할에 대해서 비슷한 결론에 도달하였다.[22] 반추는 사람들로 하여금 경험을 반영하고 자신의 실수로부터 배우게 한다. 반추를 통해 사람들은 자신의 지식의 한계와 더 나아가 인간 지식의 한계를 알 수 있게 된다.

이런 맥락에서 Don Thomson은 나이가 들어가는 것과 지혜 사이의 연관관계를 연구하였다. 경험과 반추라는 관점에서 보면 세월과 함께 경험이 쌓여진 연장자가 더욱 지혜로울 수 있다는 자연스러운 생각에 기초한 것이다. 그는 지혜와 나이들어 가는 것 사이의 관련성은 어떻게 지혜가 정의되느냐에 의존하고 있다고 말한다.[23] 그는 지

---

21 M. Csikszentmihalyi & K. Rathunde, "The Psychology of Wisdom: An Evolutionary Perspective," in *Wisdom: Its Nature, Origin and Development*, 36.
22 Kitchener & Brenner, "Wisdom and Reflective Judgment," 212-229.
23 Don Thomson, "The Getting and Losing Wisdom," in *Aging, Spirituality and Pastoral Care: A Multi-National Perspective* (Binghamton, NY.: The Haworth Pastoral Press,

혜가 두 가지 요소를 포함한다고 본다. 상황을 재빨리 수습하는 능력과 그 상황에 대한 해결책 또는 통찰을 제공하기 위해 과거 경험을 그 상황에 관련시키는 능력이다. 우선 상황을 해결하는 것이 더딘 사람은 지혜롭게 반응하는 것으로 보이지 않는다. 동일하게 경험이 부족한 사람은 지혜롭다고 여겨지는 어떤 기여를 할 수 있는 것처럼 보이지 않는다.

청년들은 지식과 경험이 충분하지 못할 뿐 아니라, 그것을 반추하는 능력을 숙련시키지 못했기 때문에 지혜로울 수 없거나 지혜롭게 여겨질 수 없다. 중년기에 접어든 사람들은 지식과 삶의 경험을 소유했기 때문에 지혜롭게 행동할 여지가 있다. 노화로 인한 생물학적 영향이 아직 미비한 상태라는 것도 추가적 요인이다. 그러나 여기서 Thomson은 중요한 지적으로 하고 있다. "산업화된 사회에서 살아가면서 짊어져야 할 삶의 현실이 반추를 위한 시간과 기회를 제한하는 것으로 보인다."[24] 즉 경험과 지식이 있고 그것을 풀이낼 몸의 건상도 유지되는데, 제한된 시간과 기회로 인해 반추할 만한 여유가 없다는 것이다.

이에 비해서 노년층은 상대적으로 반추할 시간과 기회를 더 가질 수 있다. 하지만 그들이 경험하고 머물러 있는 세상이 현실과 차이가 있다는 사실로 인해, 지혜로운 조언으로 기여하는 영향력이 한계에 부닥칠 때가 있다. 사회적이고 상호관계적인 주제는 기술문명보다 급변하는 것이 아니기 때문에, 노년층이 이 영역에서 지혜로운 조언

2007), 83.
24 Thomson, "The Getting and Losing Wisdom," 82.

으로 기여할 가능성이 있다. 단지 나이가 들어간다는 것이 지혜를 가져오게 하는 것은 아니지만, 경험이 부족한 사람들 보다는 지혜로울 수 있는 여건을 제공한다고 볼 수 있다. 경험과 관련하여 나이가 들어가는 것 보다 더 중요한 지혜획득의 요소는 경험을 반추하는 능력이다.

본래 반추하는 능력은 하나님의 형상으로 피조된 인간만이 가지고 있는 귀중한 능력이다. 하나님이 우리에게 부여해 주신 중요한 속성 중의 하나는 사고하고 해석하는 생각의 능력이다. 이것은 하나님의 형상의 구조적 측면으로 윤리적 또는 이성적 능력이고, 전능하신 하나님의 특질을 반영해 주고 있다. 우리가 학습, 분석, 선택, 분별과 같은 이성적 생각을 할 수 있는 구조를 가졌다는 것이다.[25] Paul D. Tripp은 이 점을 인간이 해석자로 창조되었다고 표현한다.[26] 사람은 해석을 통해 의미를 만들어 낸다. 항상 주변에서 일어났던 것, 일어나고 있는 것, 일어날 것에 대해서, 그리고 인간 안에서 일어나고 있는 것에 대해서 생각하고 해석하고 설명한다. 인간은 순수한 사실 보다는 그 사실에 대한 자신의 해석에 근거해서 살아간다. 그리고 하나님의 말씀만이 이 해석을 정확하게 인도할 수 있다.

잠언 기자 역시 이렇게 말한다. "듣는 귀와 보는 눈은 다 여호와께서 지으신 것이니라"(20:12). 성경에서 말하는 지혜는 학교에서 배우는 학문적 지식에 제한되지 않는다. 사람이 존재하고 행동하는

---

[25] Mark R. McMinn & Clark D. Campbell, *Integrative Psychotherapy: Toward a Comprehensive Christian Approach* (Downers Grove, IL.: IVP Academic, 2007), 31.
[26] Paul D. Tripp, *Instruments in the Redeemer's Hands*, 황규명 역, 『치유와 회복의 동반자』 (서울: 디모데, 2007), 71.

모습대로 사람과 세상을 정확하게 묘사하는 사실적 요소와 함께, 그러한 행함의 결과에 대한 특별한 충고, 권고, 명령과 논의를 담고 있다.[27] 구체적인 삶의 현실에 적용되는 하나님의 진리를 추적하는 것이다. James Crenshaw에 의하면 지혜는 "실재(reality)에 대한 특별한 태도"이고 "이것은 현실 그 자체에 대한 표지들로 가득찬 경험으로 배워질 수 있고…인간의 책임은 그러한 통찰을 배워서 우주와 조화롭게 사는 것을 배우는 것이다."[28] 경험에 대한 이해에 근거해서 반추하되 그것을 올바르게 하나님의 관점으로 해석하는 능력이 필요하다.

경험은 그것을 되돌아볼 수 있는 구성력이 필요하다. 되돌아보는 평가의 기준이 성경적 관점이어야 한다. 자신의 성경적 관점을 발전시키고 지속적으로 성찰하는 것이 지혜자의 사고의 틀을 올바르게 세울 수 있는 방법이다. 지혜는 하나님의 관점으로 삶을 보고 주어진 상황에 대한 하나님의 관점을 아는 것이다. 이를 위해서 하나님께서는 우리에게 하나님의 말씀을 주셨다. 시편 1:1-2에 따르면 "복있는 사람은 악인들의 꾀를 따르지 아니하며 죄인들의 길에 서지 아니하며 오만한 자들의 자리에 앉지 아니하고 오직 여호와의 율법을 즐거워하여 그의 율법을 주야로 묵상하는도다"라고 한다. 그리고 그 결과 "그는 시냇가에 심은 나무가 철을 따라 열매를 맺으며 그 잎사귀가 마르지 아니함 같으니 그가 하는 모든 일이 다 형통"(3절)할 것이

---

27 Jay E. Adams, *The Practical Encyclopedia of Christian Counseling*(Stanley, NC.: Timeless Texts, 2003), 189.

28 James Crenshaw, *Old Testament Wisdom: An Introduction* (Atlanta, GA.: John Knox Press, 1981), 10; Frederick J. Gaiser, *Healing in the Bible: Theological Insight for Christian Ministry* (Grand Rapids, MI.: Baker Academic, 2010), 120.

다. 여기서 묵상(meditation)은 반추와 동의어이다. 마치 되새김질하는 것과 같다. 반추는 하나님의 관점으로 생각을 다시 끌어올려 씹는 것이다. 이런 작업이 쌓이면서 충분히 소화된 음식물에서 필요한 자양분을 다 섭취하는 것과 같이 지혜로 성숙해 간다.

하나님의 관점에서 자신의 경험과 결과에 대한 바른 평가를 해야 한다. Roger Martin은 경험과 해석을 아우르는 통합적 사고의 3대 요소를 입장(stance), 도구(tool), 경험(experience)이라고 이름 붙였다.[29] 입장은 내가 누구인지, 무엇을 목적으로 사는지를 분명히 하는 것이다. 이것은 한 개인이 세상을 보는 관점인 동시에 자신을 보는 관점으로 세계관이고 자아관이다. 기독교적인 돌봄을 행하는 사람의 입장은 지혜의 근원이신 하나님이 보시는 관점으로 세워지고, 폭 넓게는 성경적 관점과 세계관을 가졌다는 것이다.

도구는 개인의 지식 체계에서 사고를 조직화하면서, 사역 현장에서 사용하는 수단과 모델을 의미한다. 입장이 도구의 선택을 주도하고, 입장과 도구 사이는 순환 관계를 가지고 있다. 제시되는 명제는 "우리는 도구를 만들고 도구는 우리를 만든다"이다.[30] 사람들은 도구를 만들고 그것을 활용하는 경험을 통해 다시 도구를 발전시킨다. 이 과정에서 자기 입장과 통합되는 과정이 이루어진다. 다시 말해 도구가 다시 우리를 만든다. 기독교 사역자는 그 사람이 소유한 성경적 영성이 돌봄의 도구와 이론을 선택하는 인도자 역할을 한다. 그러나 그 사람이 선택한 도구가 그러한 영성을 반영하지 못한 것일 수 있

---

[29] Roger Martin, *The Opposable Mind*, 김정혜 역, 『생각이 차이를 만든다』(서울: 지식노마드, 2008), 142.
[30] Martin, *The Opposable Mind*, 158.

다. 더구나 도구가 산출한 결과가 긍정적이라면, 도구는 더욱 본의 아니게 입장과는 다른 것들을 취하게 된다. 결국 상담자의 영성과 성경적 관점이 실제의 현장에서는 뿌리 내리는 못하게 된다.

축적한 경험은 입장과 도구의 산물이다. 사람들은 경험을 통해 '전문기술'(skill)과 '감수성'(sensitivity)을 연습할 수 있다. 전문기술은 원하는 결과를 지속적으로 산출하기 위해 필요한 활동을 수행하는 능력을 일컫는다. 감수성이란 비슷한 것 속에서 미묘한 차이를 식별할 수 있는 능력이다. 지혜로운 사람은 꾸준한 연습과 노력을 통해 경험이 가져다 주는 전문가적 능력을 배양할 수 있다. 또한 경험은 더 효과적인 도구를 갖추도록 도울 수 있다. 경험을 통해 도구를 구체화하면 입장도 깊어지고 좀 더 분명해진다.

더 나아가 지혜로운 통찰력은 자신의 관점에 대해 깊이 생각할 때에 찾아온다. 이러한 유추 과정을 사고(Thinking), 행동(Actions), 결과(Outcomes)라는 도식으로도 설명할 수 있다. 결과를 가져오게 한 행동을 추적해 보아야 하고, 더 나아가 그 행동을 유발한 사고로 거슬러 올라가 보아야 한다. 이것이 그렇게 만만한 것은 아니다. 결과가 나오고 그 결과를 낳게 한 행동에 대해서 평가를 해야 할 텐데, 지난 행동은 금방 잊어버리고 곧바로 다음 행동으로 옮겨간다. 결과를 낳은 행동으로 소급하는 작업이 어렵다면 그 행동을 유발한 사고로 한 단계 거슬러 탐구하는 일은 더욱 쉽지 않은 작업이다. 자신의 사고를 성찰해야 통찰과 지혜가 쌓여지는데 이것은 상당한 연습을 필요로 하는 것이다.

지혜롭고자 할 때 우리는 자신의 사고를 통합하고, 반추하는 데 주의를 기울여야 한다. 이를 통해서 본인이 선택하고 활용하는 삶의 원리의 한계와 가능성을 인식한다. 실제 삶을 통해 확인된 경험이 축적되면서, 이것이 하나님께서 진정으로 요구하시는 내용인지 평가한다. 경험과 결과에 대한 반추와 해석 작업을 통해 새로운 통찰을 갖고, 창의적인 접근 방법까지 발전할 수 있다.

경험과 반추, 더 나아가 해석을 통한 반복적인 경험의 축적은 패턴에 대한 인식 능력을 증진시키고, 그것이 지혜로운 해결책을 찾을 수 있게 한다. 이렇게 되면 닥친 현실을 사전에 예견하며 그 의미가 무엇인지 알기 때문에 모든 일을 처음부터 시작하거나 해석할 필요성이 줄어든다. 문제를 구조화 하고 무한한 정보의 세계 속에서 몇 안되는 중요한 정보를 골라내서 해결책을 제시한다. 정보를 면밀하게 검토해서 그에 기반을 둔 결정을 하는 것이다. 그리고 어떤 때는 마치 직관에만 의존하는 것처럼 신속한 결정을 할 수도 있다.

가끔은 좋은 결과가 나타나지 않을 수도 있다. 주변 상황은 급변하고 많은 변수가 있기 때문이다. 그러나 실패를 두려워하지 않고 도전하는 가운데, 시행착오의 경험이 쌓이면서 다른 무언가를 시도할 수 있는 창의적인 접근이 가능해 진다. 이를 위해 필요한 것은 새로운 상황에 능동적으로 대처하는 자발성과 다른 무언가를 시도하는 개방성이다.

이것이 중요한 것은 사람은 경험에서 유익을 얻지만, 경험에 매일 수 있기 때문이다. 경험이 많은 사람, 더구나 그 경험을 통한 교훈을 잘 활용해서 소정의 열매를 거두어본 사람은 거기에 붙잡혀 버릴 수 있다. 현장은 시시각각으로 변하는데, 여전히 이전의 원리를 고수하는 것은 지혜로운 모습이 아니다. 그리스도인들은 변하지 말아야 하고 변해서는 안되는 진리를 파수하는 사람들이기 때문에 이것이 그렇게 쉬운 일이 아니라는 것을 발견한다. 지켜야할 것과 지키지 않아도 가능한 것, 변하지 말아야할 것과 변할 수 있고 변해야 하는 것 사이를 구분할 줄 하는 것 역시 지혜의 중요한 핵심 요소이다. Reinhold Niebuhr의 지혜를 구하는 기도문은 이런 성격을 잘 담고 있다. 이 기도문은 금주협회(Alcoholics Anonymous, 약칭 AA)나 12단계 프로그램(twelve-step programs) 같은 곳에서도 채택하고 있다.

지혜를 구하는 기도

하나님,
제가 변경할 수 없는 일들을
받아들일 수 있는 마음의 평온함을,
제가 변경할 수 있는 일들을 변경하는 용기를,
그리고 그 둘의 차이점을 아는 지혜를
제게 허락하소서.

한 번에 하루만 살게 하소서.
한 번에 한 순간만 즐기게 하소서.
역경을 평화의 통로로 받아들이게 하소서.

당신께서 그러하셨듯이
이 죄 많은 세상을 제가 원하는 식으로가 아니라
그 모습 그대로 받아들이게 하소서.
당신께서 만사를 바르게 하실 것임을

신뢰하게 하소서.

제가 당신의 뜻에 굴복한다면,
저는 이 땅의 삶에서 꽤나 행복할 것입니다.
그리고 내세에서는
당신과 영원히 함께 있으면서 말할 수 없이
행복할 것입니다.

Roger Martin은 경험을 이용해 전문성과 독창성을 결합시키는 것을 통합적 사고라고 표현했다.[31] 그리고 반추의 시간이 새로운 경험에서 배우는 교훈을 극대화하며 통합적 사고를 강화시켜 준다고 한다. 전문성이 없다면 활용가능 돌출요소나 인과관계 혹은 전체적 구조를 이해할 수 없다. 반면에 독창성이 없으면 창의적 결정을 하지 못한다. 전문성과 독창성은 상호 의존적이며 서로에게 힘을 부여하는 조건이 된다. 상호의존적이다.

3. 관찰과 모델

세 번째 지혜획득의 통로는 관찰과 모델이다. 성경의 지혜자들이 지혜를 얻을 수 있었던 통로는 자신과 세상과 삶에 대한 주의 깊은 관찰이었다. 하나님께서는 세상을 창조하시면서 피조물들이 본래 살

---

31 Martin, *The Opposable Mind*, 279.

아야하는 삶의 원리와 질서를 만들어 놓으셨다. 우리가 그것에 대한 관심이 부족하거나, 알려고 해도 무지하다면 보지 못할 때가 많이 있을 것이다. 더구나 타락 이후 죄로 인한 우리의 한계는 그 원리를 쉽게 발견하기 어렵게 만들었다. 하나님을 경외하는 하나님의 백성된 자들은 이것을 발견하고 그것대로 살아갈 능력을 부여받았다. 그 모습이 지혜로운 것이다.

성경의 지혜자들이 지혜로울 수 있었던 이유는 이러한 창조질서를 찾아내기에 열심이었기 때문이다. 이 질서가 자연, 사회 그리고 개인적 행동 이면에 놓여있었다. 세밀한 관찰은 그것을 찾아낼 수 있었고 삶을 질서 있게 만드는 가장 적합한 방식을 제공하였다. 이들의 애씀으로 인해 드러난 결과인 실제적 지혜는 지금까지도 유용하게 활용되며, 지혜로운 삶을 위한 안내 역할을 하고 있다. John Goldingay는 이렇게 말한다.

> 인생에 제시되는 도전은 본래의 방식대로 살아야 한다는 것이다.
> 그것이 본래 의도된 삶, 즉 피조된 삶의 원리와 일치되는 것이다.[32]

창조물 속에 녹아진 하나님의 계시적 지혜를 발견하고 적용하는 것이 지혜롭다는 것을 알게된다.

이런 의미에서 어떤 학자는 세상에 대한 관찰에 근거해서 서술된 성경의 지혜문서가 수평적 계시(horizontal revelation)로 형성되었다고

---

32 John Goldingay, "The 'Salvation History' Perspective and the 'Wisdom' Perspective Within the Context of Biblical Theology," *Evangelical Quarterly* 51 (1979): 203.

표현하기도 했다.³³ 그 계시를 어떻게 발견하느냐라는 질문에 대한 답이 관찰이다. 지혜는 우리로 하여금 세상과 인간의 행동에 대한 지속적인 관찰을 격려한다. 그것이 자신을 알게 하는 방법 중의 하나이기 때문이다. Longman은 경험, 전통, 실수와 함께 지혜의 중요한 근원이 관찰이라고 말한다.³⁴

Kidner는 이러한 관찰적 접근을 연구라고 표현했다.

> 창조된 세계는 하나의 단일한 시스템이고 한 우주이다. 그것에 대한 연구가 초청되고 있고, 우리의 지성을 통해 추구할 때 그 안에서 우리는 정당한 보수(due)를 취할 수 있다.³⁵

지혜는 우리에게 세상이라는 개방된 실험실을 제공한다. 이것을 보고 연구하고 생각하는 과정에 대해서 성경은 이렇게 말하고 있다. "내가 보고 생각이 깊었고 내가 보고 훈계를 받았노라"(잠 24:32). "마음을 다하며 지혜를 써서 하늘 아래에서 행하는 모든 일을 연구하며 살핀즉"(전 1:13, 2:3, 7:25).

성경의 지혜자가 관찰한 내용은 광범위하지만, 크게 두 가지로 구분해 볼 수 있다.

첫째, 자연적, 사회적 현상을 관찰하며, 그로부터 개인적 그리고 공동체적 삶을 위한 원리를 발전시켰다. 지혜자는 동물, 새, 곤충의

---

33 Hodgson, *Gods Wisdom*, 17.
34 Longman III,, *How to Read Proverbs*, 78.
35 Derek Kidner, *The Wisdom of Proverbs, Job and Ecclesiastes* (Downers Grove, IL.: InterVarsity, 1985), 12.

습관, 심지어 별들을 관찰한 당시의 과학자 중의 하나였다. Ronald Murphy는 이렇게 말한다.

> 지혜자는 표지와 결론을 붙잡기 위해서 환경을 분석하였다. 즉 피조된 세계와 그 안에 거하는 것들을 연구했다(잠 17:1; 25:13). 그들은 유비를 찾아냈고, 사물, 살아있는 존재, 그렇지 않는 존재를 비교했다(잠 25:14, 26:2). 동물의 세계에도 작지만 매우 지혜로운 개미, 메뚜기, 도마뱀(잠 30:24-28)이 언급된다. 욥은 공중의 새와 동물들이 가르치고 있다고 세 친구에게 말한다(욥 12:7). 하나님께서 욥에게 말씀하시면서 천지가 하나님을 증거하고 있음을 말하고 있다(욥 38-41).[36]

이러한 자연과 사회에 대한 관찰은 그 사람으로 하여금 인식하는 방식(way of seeing)을 제공해 준다. 관찰된 것과 다른 현상 사이의 관련성을 찾아내고 그러한 관련성을 어떤 일의 방식을 설명하는 데 사용한다.

> 내가 심히 기이히 여기고도 깨닫지 못하는 것 서넛이 있나니 곧 공중에 날아다니는 독수리의 자취와 반석 위로 기어 다니는 뱀의 자취와 바다로 지나다니는 배의 자취와 남자가 여자와 함께 한 자취며(잠 30:18-19).

---

[36] Roland E. Murphy, *The Tree of Life: An Exploration of Biblical Wisdom Literature* (New York: Doubleday, 1990), 113.

누가 독수리가 날아가는 방식을 알며, 누가 뱀이 그리고 배가 지나간 자취를 알 것인가? 동일하게 남자와 여자가 함께 한 자취를 어떻게 알 것인가? 지혜자는 자연을 관찰하고 인간의 만남을 생각하며, 이렇게 이해하기 어려운 몇 가지가 있다고 고백한다. 해답이 없는 물음이다. 하지만 어떤 것도 예측하거나 확인하기 어려운 것을 말하면서 바로 그러한 인식이 오히려 혼란을 막아준다. 알지 못하는 것이 무엇인지 아는 것은 지혜이다.

또한 자연과 동물의 세계가 드러내 주는 행동원리는 인간에게 필요한 질서가 무엇인지를 알려준다.[37] 지혜자는 개미를 관찰하고 그가 본 것에서 배우고 경험하며 "게으른 자여 개미에게 가서 그가 하는 것을 보고 지혜를 얻으라"(잠 6:6)고 권고한다. 또한 인간의 심리적 현상에 대한 이해를 돕기 위해서 자연의 생물학적 현상을 활용한다. 인식의 방식, 관련성과 거기서 의미를 구하는 방식, 원인과 결과를 묘사하는 방식이 지속적으로 번뜩인다. 관찰을 통해 결론을 이끌어 내고 원인과 결과 사이의 상호관련성을 만들어 내고 있다.[38]

둘째, 인간행동에 대한 직접적 그리고 경험적 관찰이다. 우리는 반복하는 사건을 관찰하고 그로부터 배운다. 잠언 24:30-34에서 지혜로운 사람은 그의 관찰을 이렇게 보고한다.

내가 게으른 자의 밭과 지혜 없는 자의 포도원을 지나며 본즉 가시

---

[37] Tova Forti, "Animal Images in the Didactic Rhetoric of the Book of Proverbs," *Biblica* 77(1996): 49.
[38] Rolf R. Knierim, "Science in the Bible," *Word & World* 13, no. 3(1993): 242-255; Frederick J. Gaiser, *Healing in the Bible*, 119.

> 덤불이 그 전부에 퍼졌으며 그 지면이 거친 풀로 덮였고 돌담이 무너져 있기로 내가 보고 생각이 깊었고 내가 보고 훈계를 받았노라 네가 좀더 자자, 좀더 졸자, 손을 모으고 좀더 누워 있자 하니 네 빈궁이 강도 같이 오며 네 곤핍이 군사 같이 이르리라(잠 24:30-34).

이러한 관찰에 근거해서 어떤 경우는 권고하고(잠 20:19), 올바른 과정과 판단을 안내한다(잠 20:3,10). 그리고 어떤 경우는 순수한 관찰을 서술하고 그 적용은 듣는 자에게 맡긴다.

> 소망이 더디 이루어지면 그것이 마음을 상하게 하거니와 소원이 이루어지는 것은 곧 생명 나무니라(잠 13:12).

지혜자의 관찰의 특징 중의 하나는 현실에 대한 정직한 이야기를 담고 있다는 것이다. 산다는 것은 오묘히기도 하지만, 너무도 이해하기 어려운 현실이다. 삶은 기쁨이기도 하지만 믿기 힘든 어려움을 겪기도 한다. 성공도 하지만 실패도 한다. 풍성한 열매를 맛보기도 하지만, 너무나 허무한 상념에 빠지기도 한다. 이 모든 것이 가감 없이 관찰되면서 부정적 현실, 긍정적인 현실 모두를 직면하게 된다. 이것이 인간의 삶이라고 설명하며, 이 모두를 붙잡고 사는 것이 지혜로운 삶이라는 것을 설득해 간다. 실제적인 삶의 경험과 현실에 근거한 관찰을 제공하기 때문에 그것이 우리에게 분별을 가져다주는 것이다.[39]

---

[39] Robert K. Johnston, "It Takes Wisdom to Use Wisdom Wisely," in *Understanding Wisdom: Sources, Science, & Society*, ed. Warren S. Brown (Philadelphia, PA.: Templeton Foundation Press, 2000), 149.

더 나아가 관찰은 가끔 반대적 결론을 갖게 되기도 한다.

> 미련한 자의 어리석은 것을 따라 대답하지 말라 두렵건대 너도 그와 같을까 하노라 미련한 자에게는 그의 어리석음을 따라 대답하라 두렵건대 그가 스스로 지혜롭게 여길까 하노라(잠 26:4-5).

모순된 두 문장 같지만 상황에 따라 둘 다 맞는 말이다. 지혜자는 두 가지 관찰의 결과를 연이어 위치하면서, 주어진 상황에서 어떤 것이 최선인지에 대해서 선택하도록 초대하고 있다.[40] 옳고 그른가의 여부가 아니라, 언제 옳은가 하는 것이다.

누군가를 도우려고 할 때, 그 대상에 대한 깊이 있는 관찰을 하는 것은 잘 돕기 위한 소중한 자원이 된다. 흔히들 우리는 부모 교육과 관련하여 가족들, 특별히 자녀들과 시간을 함께 하는 것의 중요성을 강조한다. 시간을 같이하는 것이 주는 여러 유익 때문이다. 그 시간이 잘 활용되면, 상대방을 관찰할 기회와 함께 잘 알 수 있게 만들어 준다. 그리고 얼마나 세심하게 돌보았는가 하는 것은 그 시간 동안 얼마나 관심을 집중했는가에 정비례한다. 그래서 그들을 위한 적절한 지혜가 생기게 된다. 무엇 때문에 화를 내는지, 어떤 것에 마음을 상하는지, 무엇을 좋아하는지, 어떻게 친구들과 노는지, 승부에 졌을 때 어떻게 승복하는지, 어떻게 숙제를 하며, 어떻게 배우고, 무엇에 흥미를 가지며, 또 무엇에 흥미를 안 갖는지, 어떤 때 용감히 나서고, 어떤 때 두려워하는지? 등을 이런 함께 함을 통해 관찰할 수 있다.

---

[40] Johnston, "It Takes Wisdom to Use Wisdom Wisely," 135.

모든 것이 소중하고 중대한 정보가 된다. 그리고 이것이 지혜로운 돌봄과 가르침의 근거가 된다. 자녀와 함께 하는 것이 의미를 갖는 것은 자녀들을 잘 관찰하는 것에 달려 있다.

누군가를 사랑하고 돕는 것은 함께하는 시간이 요구되고 관찰할 수 있는 여유가 필요하다. 시간의 질 대 시간의 양의 논란이 있다. 충분한 시간을 보낼 수 없다는 현실 때문에 차선책으로 시간의 질을 강조한다. 실제로 양적으로 많은 시간을 갖기는 어렵다는 것이다. 그래서 함께 있는 시간을 양질의 시간으로 만들려고 한다. 현실적인 대안이 되지만, 한 가지 생각할 점이 있다. 우리는 양질의 시간이 언제 다가올지 결코 알 수 없다는 점이다. 일반적으로 양질의 시간이란 우리가 아이들과 함께 마음을 터놓고 이야기할 수 있는 때를 말한다. 양질의 시간은 전혀 예기치 못한 뜻밖의 질문을 할 때이다. 양질의 시간은 전혀 뜻밖의 순간에 찾아오기에 양적으로 공유되고 관찰하는 시간들이 투자되어야 양질의 순간을 놓치지 않게 된다.

결국 내가 상대방에 대해 아는 것이 많으면 많을수록 더욱 더 잘 돌볼 수가 있다. 이것이 없으면, 아직 배울 단계가 못된 것, 혹은 벌써 아는 것들, 아니 더 잘 이해하고 있는 것을 말하게 될 것이다. 그러나 우리의 돌봄이 그들의 형편과 성격에 적합하고 적절한 것이라면 귀를 기울일 것이다.

남을 돕고자 하는 사람의 훈련에 중요한 부분을 차지하고 있고, 소중한 능력 중의 하나는 내담자를 관찰하는 것이다. 내담자의 외모, 습관, 말투, 눈짓, 몸짓 등은 그 사람을 이해하는 중요한 점검사항이 된다. 노영로는 Ronald H. Havens의 글을 인용하며, 상담 심리학자가 지혜를 발달시키는 중요한 자원이 객관적 관찰이라고 이야기 한다.⁴¹ 여섯 가지 종류의 관찰의 내용이 있다. 호흡 패턴, 몸의 상태, 어휘의 의미, 비언어적 소통, 생리적 그리고 행동패턴, 문화적 차이와 관련된 관찰 등이다. 지혜로운 상담 심리학자는 내담자의 행동 범위에 대한 좋은 관찰이 있어야 한다고 본 것이다.

지혜로 성장하기 위한 또 다른 통로인 모델은 이러한 관찰적 자원과 밀접한 관련성을 가진 것이다. 관찰은 그 자체로 가치를 가질 수 있지만, 그것이 행동의 과정에 통합되어야 의미를 더하게 된다. 다시 말해 지혜는 행함으로 드러나야 할 필요가 있다. 이를 위해서 먼저 이 과정을 걸어가고 시행착오를 통해 이것을 성공적으로 적용하기도 하고, 어떤 경우에는 실패하기도 한 모델이 필요하다. 이들은 지혜로운 삶을 위한 중요한 자원이 된다. 잠언 31장에 등장한 현숙한 여인은 훌륭한 역할 모델이 된다. 아들에게 교훈을 주는 아버지 역시 이런 모델적 역할을 보여주는 것이다(잠 4:1-4). 바울 역시 이 점을 강조한다. "내가 그리스도를 본받는 자가 된 것 같이 너희는 나를 본받는 자가 되라"(고전 11:1).

지금 많은 성장기의 학생들이 역할모델이 없이 자라나고 있다. 일차적인 모델을 만나게 되는 가정이 붕괴되면서 전반적으로 어려워졌다는 것도 큰 이유이다. 설사 부모가 한 가족을 구성하며 함께한다고 해도, 자녀들과 함께 공유하는 시간이 없다면 모델이 되기는 어렵다. 공유하는 시간이 있어도 좋지 않은 모델 역할을 할 위험성도 많다. 역사적인 인물이나 책 속의 위인들도 모델이 되겠지만, 가장 가까운 사람들, 나와 관련이 있는 사람들이 적합한 모델이고 큰 영향력을 끼

---

41 No, "The Role of Wisdom in Counseling Psychology," 138.

칠 수 있다. 성장하면서도 학생들은 따를 모델을 발견하기 어려운 형편이다. 그래서 지식은 습득이 되는데, 그 지식을 활용하며 살아가는 모델을 만나지 못해서 지혜를 발달시키기 어렵게 된다.

건강하게 일하는 일터의 모델, 도덕적 삶을 견지해 가는 윤리의 미덕, 성적인 정체성과 욕구의 절제와 책임의 중요성을 보여주는 모델, 신앙적인 헌신의 아름다움을 보여 줄 모델을 만나기가 쉽지 않다. 오히려 왜곡되고 편협한 모델들이 미디어를 통해 여과 없이 등장하고 여기에 사람들은 열광한다. 적용에 있어서 주의가 요구되는 점이다. 그래서 모델은 잘 선택해야 한다. 누구와 함께 있고 누구와 이야기하고 누구를 그리고 생각하느냐는 그 사람을 만들어가는 큰 변수이다. 그 누구가 없어서도 문제이지만, 잘못된 모델은 그 사람을 어리석게 만든다.

어떤 현장에서 특별한 사역을 담당했다는 것은 귀한 것이다. 그리고 그 일을 적어도 충실하게 완수했다면 모델 되기에 부족함이 없을 것이다. 그러나 어떤 모델이라도 그 사람이 인간이기에 그 한계 역시 인식해야 한다. 설사 그 한계를 본다 해도 그것을 통해서 배울 수가 있다. 부족한 부분을 인식하고 그 이유도 분별하고 자신의 경계로 삼을 수 있기 때문이다.

더불어 기억할 것은 그 사람의 삶의 지혜와 변치 않는 열정과 소중한 성품은 본받아야 하지만, 다른 면에서 현실을 반영하지 못하는 것이 있다는 것을 인식해야 한다. 그 사람이 실제적이라고 해도 그것은 그 사람이 사역했던 그 시절 동안 통용되었던 실제이고 현실이다. 현실은 무섭게 변하고 있고 아직 발견하지 못했을 뿐 이 점에 있어서 지혜를 주는 사람은 또 있을 수 있다.

그래서 어떤 실제적인 문제와 관련해서는 반대되는 것처럼 보이는 모델로부터 새롭고 풍부한 지혜를 얻을 수 있다. 우리는 나와 같은 방식으로 생각하고 문제를 풀어가는 사람에게서 배우지 못한다. 그 사람의 동의와 지지가 만족은 주겠지만, 지금까지 알지 못했던 새로운 지혜의 패턴을 학습할 수는 없게 된다. 자신의 지혜패턴을 확증해 주는 사람으로 인해 자신의 믿음은 더욱 강화되고 자신의 믿음을 강화하기 위해 모델의 권위를 의지하거나 신앙을 가진 사람은 하나님을 의지하기도 한다. "하나님의 뜻이다"라는 말이 모든 탐구와 성찰을 중단시켜 버린다. 신앙에 있어서 하나님의 뜻은 너무나 중요하기 때문에 그것에 반하는 어떤 생각을 더 하는 것은 두려운 것이 된다. 그러나 정말 두려워해야 할 것은 내 뜻을 하나님의 뜻이라고 착각하는 것이다. 자신의 믿음과 생각을 면밀하게 검증하지 않을 때 자칫 빠질 수 있는 함정이 될 수 있다.

Wise Caring 지혜로운 돌봄

4장

지혜로운 돌봄

지혜는 그것을 이야기하는 각양각색의 사람만큼이나 다양한 설명 역시 가능할 것이다. 그것은 지혜가 가지고 있는 다양한 성격과 함께, 그 적용 분야가 많을 수 있다는 것을 반증해 준다. 지혜롭게 사는 것은 누구나, 어디서나, 어느 때나 필요한 것이다. 게다가 기독교인은 하나님의 천국백성으로 이 땅에서 생활하며 누구보다도 세상을 지혜롭게 살 필요가 있는 이들이다. 자칫하면 혼동되고 달콤한 세상에서 어리석거나 교만해 질 수 있기 때문이다. 우리는 바르게 사고하고 성경과 세상, 전통과 새로운 풍습, 과학과 계시, 개인적인 체험과 진리, 공동체의 가르침과 하나님의 원리를 연결시킬 수 있는 지혜로운 도움을 필요로 한다. 우선 지혜로운 돌봄을 감당하고자 하는 사람이 어떤 지혜로운 특질을 소유해야 하는지를 살펴본다.

1. 지혜로운 사람

성경은 창조와 타락 그리고 구원이라는 하나님과 인간의 관계를 회복하는 과정에 초점을 맞추는 구속사가 중심이다. 성경은 무엇보다 인간에게 가장 절실한 필요인 구원에 대한 통전적인 진리와 길을 제시하려는 의도에서 하나님께서 주신 것이다. 지혜문서를 포함한 지혜의 가르침은 역시 미련한 듯 보이지만 참 능력이자 지혜인 "십자가의 도"(고전 1:18)를 가르쳐 준다. 하지만 거기에 멈추지 않는다. 하나님의 피조물인 인간이 이 세상에서 어떻게 살아가야 하는지에 대한 안내를 하고 있다.

그래서 지혜의 사람들의 사역은 성·속(聖俗)을 포함한다. 우리는 세상에 대해 지혜롭고 관찰력이 예리하며 정직한 인도자를 필요로 한다. 분별 있고 지혜롭게 우리를 인도해 줄 수 있는 안내자를 필요로 한다. 바로 그러한 역할을 지혜의 사람들이 하고 있다. 인생이 어떤 것인지를 관찰한 잠언, 욥의 고난, 세상의 고통 가운데서 공의와 의미를 찾는 전도서, 인생의 희로애락을 담고 있는 시편, 사랑에 대한 기쁨의 노래인 아가서는 인생을 살아가는 사람이라면 누구나 공감을 하게 되는 이야기이다. 경험을 소유하고 있는 사람들이 감상할 수 있는 것이다. 지금 이 시대에도 하나님의 창조세계를 놀라움으로 받아들이고, 관찰력과 지성을 사용하며 우리로 하여금 신앙과 삶, 거룩한 것과 세속적인 것을 연결시켜 줄 수 있는 지혜의 선생이 필요하다.

1) 여호와를 경외하는 영성

영성이라는 말이 기독교인만이 아니고 많은 사람들에게서 상당히 다양한 내용을 아우르며 이야기되고 있다. 물론 '영성'은 한 시대를 풍미하고 썰물 빠져나가듯 흘러가는 단어가 아니다. 지속적 논의를 통해서 기독교인의 성숙과 기독교 사역에의 적용이 요구되는 신앙 공동체를 위한 본질적 주제이다. 그동안 검증과 평가가 어려운 부분이 있어서 실천 영역에서 접근하기 힘든 주제이었다.

영적인 세계를 인정하지 않았던 분위기가 바뀌었다. 의식의 세계 속에서 문제를 해결해 보려던 시도가 자주 실패로 나타나면서 사람들은 인간의 의식의 범주를 넘어서는 초월의 세계와의 조우를 꿈꾸게 되었다. 그러나 사람들은 이제 종교라는 말 대신에 영성이라는 말을 사용한다. 종교에 대한 전통적이고 주관적 인식에서 벗어나서 누구나 무리 없이 받아들일 수 있는 영성이라는 말을 차용한다. 하나님과 영적인 영역을 일상적인 관심사로부터 완전히 제거해 버렸던 이신론적인 합리주의에 벗어나면서, 그 반동으로 사람들은 범신론의 형태인 영성과 내적인 신(god-within)을 이야기하게 된 것이다.[1] 그러면서 각양 각생의 영성의 종류가 산출되고 있다.

여기에도 크게 두 가지 분류가 가능한다.

첫째, 비종교적 영성이다. 이것은 주로 개인의 완성을 추구하고 인생의 개인적 의미를 찾는 세상 사람들의 노력을 의미한다. 인간이

---

1 Michael S. Horton, *Beyond The Culture War*, 김재영 역, 『세상의 포로된 교회』(서울: 부흥과 개혁사, 2001), 178.

근본적으로 하나님의 형상으로 지음 받았고 하나님의 영으로 생기가 부여되었기 때문에 이렇게 영성을 이야기할 수 있는 존재가 되었다고 생각한다. 하지만 세상은 이것을 '신에 대한 감각'과 '종교적 씨앗'이라고 표현하고 있다.

종교적 영성은 비기독교적 보편종교에서 등장하는 최고의 신이나 신들에 대한 인간적 반응을 의미한다. 주로 치료현장에는 힌두교, 불교의 명상과 수련 요법들이 도입되고 있고 이를 통해 초월적 심리를 발달시켜 치유를 시도한다. 어떤 경우에는 기독교계 내에서도 영성을 말하기만, 융의 심리이론에 근거해서 무의식에서 보내오는 내적 신비를 알아차리는 영성을 소개하는 일단의 사람들도 있다. 일각에서는 지나치게 영적 세계를 강조하고 축사 위주의 치유적 접근 방법으로 교계에 혼란을 가져오기도 하였다.

Robert Wuthnow는 다른 각도에서 현대 영성을 진단하면서 두 가지 형태를 말한다.[2] 하나는 함께 거함을 강조하는 '거주의 영성'(spirituality of dwelling)이다. 절대자가 세계 가운데 인간과 함께 할 수 있는 특정한 장소를 택하고 신성한 장소로 만든 것이다. 인간은 신성한 장소에 거하면서 거룩의 대상을 인지하고 보호를 체험한다. 둘째는 추구를 강조하는 '구도의 영성'(spirituality of seeking)이다. 각 개인은 신이 현존한다는 그들의 확신을 확증할 수 있는 신성한 순간을 추구한다. 그런데 현대 사람들은 무엇인가 추구는 하지만 전통적인 의미에서의 영성은 포기하고 있고, 단지 부분적인 지식, 실제적인 지혜를 찾는

---

2 Robert Wuthnow, "Spirituality in America Since the 1950s," *Theology, News, and Notes* 46(1999): 4.

데 관심을 두고 있다고 지적하고 있다.

다원적인 차원으로 종교를 수용하며 다양한 영성적 체험을 갖는 것이 성숙한 신앙이라고 말한다. 포용력 있는 믿음의 탐구는 어느 한 종교에 얽매이지 않는다고도 한다. 영성의 혼동 시대라고 할 수 있다. 영성이 이야기되는 것 자체는 고무적인 사실이다. 하지만 일반적인 의미에서 영성은 영적인 상태를 인식하는 또는 인식하도록 사람들은 준비시키는 인간의 내적 상태를 언급할 때 말하는 것에 불과하다.

기독교가 말하는 영성에 대한 중요한 비유 중의 하나는 '순례'(pilgrimage)라는 표현이다. 모든 순례자의 여정이 그러하듯 영성은 시작과 과정과 끝이 있다. 인간의 신비하고 핵심적인 영성의 출발은 죄에 대한 인식에서 시작된다. 하나님 앞에서 자기 깨어짐을 인식하지 못한 사람은 참되신 하나님을 발견하지 못한다. 죄를 인식하지 못하는 사람은 그리스도의 속죄를 믿음으로 영접하는 마음이 없다. 영성은 그리스도를 믿음으로 영접하고 새 생명을 소유한 사람에게서 비로소 시작되고 깊어지기 시작한다.

이렇게 기독교 영성이 비종교적 일반 영성이나 종교적 영성과 다른 이유는 성경이 증거하는 참된 하나님과의 관계 여부에 있다.[3] 성경의 하나님과의 관계가 인격적으로 깊어지지 않는 영성은 의미를 상실한다. 기독교 영성은 삼위(성부, 성자, 성령)로 존재하는 살아있는 하나님과의 관계가 핵심이다(고후 13:13). 이것을 놓친 영성은 거짓 영성이다. MacGrath는 복음적 신앙을 평가하면서, 예수 그리스도를 구

---

3 Damarest, *Satisfy Your Soul*, 72.

주이자 주님으로 전파하는 것과, 더 나아가서 하나님과의 영적 관계를 이어나가고 성숙한 모델을 제시하는 일의 중요성을 강조한다.[4] Schaeffer 역시 기독교 영성의 핵심이 살아있는 하나님과의 깊어가는 사랑의 관계에 있다는 점을 강조한다.[5]

또한 진정한 영성은 궁극적으로 성령의 내적 사역의 결과이고(고전 2:14, 15; 3:1), 우리의 삶과 인격에 깊게 연결되어 있다. 영성은 그것이 가진 깊은 의미에서 볼 때 여러 측면을 포함하고 있다.

첫째, 영성은 하나님을 향한 깊은 갈급함을 의미한다(시 42:1, 2; 마 5:6). 하나님을 알고자 하는 진심과 성령으로 영감 된 열정은 하나님에 대한 지식으로 성숙하게 이끌 것이다.

둘째, 영성은 하나님과의 친밀한 지식에 기초한 하나님을 사랑하는 것을 의미하며, 이것은 자연적으로 예배와 순종으로 이끌어진다(마 22:37, 38; 요 14:21, 23).

셋째, 영성은 성령으로 충만한 것을 말하고 우리의 삶에서 하나님의 은혜로우신 깊은 사역에 자리를 내어드리는 것이다(엡 5:18; 갈 5:16; 롬 6:12, 13). 이것은 계속적인 영적 훈련의 결과이다.

넷째, 영성은 하나님의 목적과 영광을 위하여 성령의 은사를 경험하고 활용하는 것이고(엡 4:1; 고전 12; 롬 12; 벧전 4장) 성령의 열매를 드러내는 것이다(갈 5:22-23). 그리고 이것은 결국 좀 더 그리스도를 닮게 되는 것을 의미한다(롬 8:29).

다섯째, 영성은 성경에 계시된 하나님의 관점을 가지고 세계관과

---

4   Alister MacGrath, *Spirituality in the Age of Change* (Grand Rapids, MI.: Zondervan, 1994), 9.
5   Francis Schaeffer, *True Spirituality* (Wheaton, IL.: Tyndale, 1972), 14.

성경적 생각을 발전시키는 것을 의미한다(롬 12:2; 빌 4:8; 골 3:16; 딤후 3:16,17). 이런 생각이 사람에 대한 전인적 관점을 가지고 균형 있는 사역을 할 수 있도록 이끌 것이다. 돌봄을 포함한 모든 사역을 통해 하나님의 왕국을 확장시키게 될 것이다(마 6:33).

여섯째, 영성은 성경과 기도를 포함하여 하나님이 주시는 자원과 초자연적 능력을 활용하는 영적 싸움과 관련된 것이다(고전 4:20; 엡 6:1-18).

일곱째, 마지막으로 영성은 신비적 요소를 담고 있다(사 50:10).

Dallas Willard는 영성 형성(Spiritual Formation) 과정과 관련하여 지금까지 어떻게 이해되고 있는지 세 가지로 설명한다.[6]

첫째, 영성 형성은 특별한 영적 활동을 통한 훈련과 동일시되고 있다. 영성과 영성 형성은 영적 훈련(Spiritual Disciplines)을 무슨 내용으로 어떻게 하고 있는가와 연관된다는 점을 강조한다. 훈련을 뜻하는 영어의 discipline은 제자를 뜻하는 disciple과 같은 어원적 뿌리를 갖고 있다. 즉 영적 훈련이 무엇인가 하는 것은 신앙적 훈련의 내용을 열거하는 것이 아니고 성도들을 그리스도 안에서 좀 더 충실하게 제자 되게 하는 것이 무엇인가 하는 것이다.

마태복음 28:19에서 예수님은 그리스도의 제자로서 우리의 사명이 "내가 너희에게 분부한 모든 것을 가르쳐 지키게 하라"고 하심으로 순종적 삶을 중요하게 여기신다(요 14:21). 물론 영성 형성을 단지 순종적 행함에 중심을 두는 것이 율법주의적으로 이해될 위험성이

---

6   Dallas Willard, "Spiritual Formation in Christ: A Perspective on What It is and HowIt might be Done," *Journal of Psychology and Theology* 28, no. 4(2000): 254-258.

있지만, 예수님께서 우리에게 명령하시는 것에 대한 내·외적인 순종과 이를 지속해가는 훈련이 중요한 것은 사실이다.

둘째, 영성 형성을 내적 세계, 영, 또는 인간존재의 영적인 측면을 조성해 가는 것으로 생각하는 것이다. 우리의 영, 마음, 감정, 지식, 의지 등과 같은 내면의 세계를 만들어 가는 것이 목적이다. 여기서 형성되어지는 것이 인간의 영적인 국면이다. 물론 앞에서 언급한 행함의 훈련은 이런 내적 조성과 상호간에 영향을 주고받는다. 더불어 근본적인 의미에서 내·외적인 영성 형성은 단지 그리스도 안에서 하나님의 영에 의해서 열매를 맺어갈 수 있다는 점에서 세 번째 영역을 필요로 한다.

셋째, 영성 형성은 하나님의 영인 성령과 하나님의 말씀에 의해서 주도되는 것이다. 예수님의 인격과 현존하심에 밀접하게 연결되어 있는 그분의 말씀, 복음, 명령에 집중하고 지속적으로 적용하는 것이다(요 8:31, 15:7). 예수님이 친히 말씀하시기를 "살리는 것은 영이니 육은 무익하니라. 내가 너희에게 이른 말이 영이요 생명이라"(요 6:63)고 하신다. 성령은 모든 것을 우리에게 가르치신다(요 14:26). 그리고 우리를 진리 가운데로 인도하신다(요 16:13). 하나님의 말씀을 듣고 받음으로써 믿는 자의 영과 육 전체를 통하여 개인 인격의 영성 형성을 가져오게 하는 영의 역사와 열매가 나타나는 것이다.

참된 영성을 소유했다는 것은 그 사람의 돌봄의 사역에 있어서 귀중한 자원이고 힘이고 더 나아가 방법론이기도 한다. 거센 물결처럼 기독교적 돌봄 현장에 들이닥쳤던 여러 가지 사회 과학적 방법론이 여전히 현장에서 중요한 도구가 되고 있다. 우려되는 현실은 우선순위가 바뀐다는 것이다. 영성은 기본이고 전제라고 동의하지만, 돌봄을 위한 학문적 내용과 세부적 기술에는 파고들 틈이 없는 단어가 되었다. 지혜로운 사람이 여호와 경외의 영성을 만들어 갈 때, 단순히 한 개인의 신앙이 깊어지고 인격이 성숙해지는 것에 그치지 않는다. 돌봄의 준비, 과정, 방법의 선택, 사람과의 관계, 그리고 돌봄의 결과에 대한 평가에 이르기 까지 모든 영역에 영향을 끼치는 부분이다.

이것은 근래에 심리학계에서도 제기되는 주제 중의 하나이다. 일반 심리학도 영성에 대한 관심을 기울이고 있으며 적잖은 책들이 American Psychological Association에 의해서 발간되었다.[7] '상담결과에 영향을 끼치는 한국적 상담자 요인 분석'에 대한 연구 역시 비슷한 결과를 말하고 있다. 일반 상담 전문가들을 대상으로 이루어진 조사였지만, 많은 상담자들이 '상담자의 영성이 상담에 주는 영향력을 알고 활용'해야 한다고 대답하고 있다.[8] 이들은 상담자로서만이 아니고, 개인적 삶에 있어서도 깊이 있는 신앙과 영성에 대한 관심을 가지고 있었다. 또한 상담 장면에서 내담자의 신앙적인 측면을 다룸으로써 높은 상담의 성과를 가져온다고 보았다.

물론 이들이 말하는 영성에 대한 개념이 모호한 것이 사실이고, 아직은 그 의견이 산재되어 있는 것을 볼 수 있다. 영성이 치유와 회

---

[7] W. R. Miller, ed., *Integrating Spirituality into Treatment: Resources for Practitioners* (Washington, DC.: American Psychological Association, 1999); P. S. Richard & A. E. Bergin, *A Spiritual Strategy for Counseling and Psychotherapy* (Washington, DC.: American Psychological Association, 1997); E. P. Shafranske, *Religion and the Clinical Practice of Psychology* (Washington, DC.: American Psychological Association, 1996).

[8] 김창대, 권경인, 한영주, 손난희, "상담 성과를 가져오는 한국적 상담자 요인," 한국상담학회, 『상담학 연구』 제9권 3호(2008): 979-980. 상담 성과를 가져오는 상담자 요인으로 '이해, 관계, 태도, 기법, 자기 관리' 영역에서 살펴보았다. 상담자의 영성은 자기 관리 범주에 속한 것으로 지속적인 자기성찰과 자기 관리를 잘하는 것, 피드백을 주고 받는 동료 관계를 유지하는 것 역시 이 범주 속에 제시되고 있다.

복에 있어서 적잖은 역할을 하고 있다는 실효적 입장에서 관심을 기울이고 있고, 영성이 대화의 주제로 부각되었다는 것이 주목이 된다. 이러한 흐름의 대표적인 이론이 앞에서도 언급한 초월심리라고 할 수 있다. 초월주의 심리학의 기초를 놓았던 Abraham Maslow의 경우 인간 의식의 다양한 측면, 즉 절정경험, 명상, 심신단련 등을 언급하였다.[9]

사람들이 인간의 한계를 넘어서는 다른 실재에 대한 참여 내지 초월의 가능성을 이야기 하면서 초월이라는 것에 관심을 기울이기 시작한 것이다. 이렇게 해서 등장하게 된 초월심리학은 좀 더 근본적인 실재에 대한 인간의 주관적 체험을 인정하고 그것을 개념화하고 치료의 도구로 체계화하기에 이르렀다. 이들 이론의 주요한 전제는 인간 의식이 통상적인 자아범위나, 시간과 공간의 한계 이상으로 확대될 수 있다는 것이다. 물론 이 확대된 영역의 하나로 영적인 세계도 인정하고 있다. 초월적 의식의 최고조의 상태는 인간 이성이 납득할 수 있는 영역을 벗어난 것이지만 분명히 실재하는 현실로 받아들이기 시작한 것이다. 직관, 명상, 신비적 체험을 포함하는 비이성적 세계를 중요하게 여긴다.

초월심리적 접근 방법이 가지고 있는 몇 가지 특징을 살펴보면,

첫째, 초월심리는 초월상태를 이해하는 데 공헌한 다른 학문의 내용을 통합적으로 활용하려는 것을 볼 수 있다. 이런 다른 학문들 가운데는 철학, 정신병학, 사회학, 정치학, 교육, 인류학, 역사, 문학,

---

9 Lewis R. Aiken, *Personality: Theories, Research, and Application* (Englewood Cliffs, NJ.: Presence Hall, 1993), 159-164.

종교학, 생물학, 물리학 등을 말할 수 있다.

둘째, 초월심리가 과학적 방법론을 무시하거나 배제하지는 않지만, 종교적 색채를 강하게 담고 있다는 것을 부인하기 어렵다. 공통적으로 언급되고 있는 초월적 체험은 영적, 신적, 그리고 초월적 세계에 대한 형이상학적 믿음을 이미 전제하는 것으로 볼 수 있다. 또한 많은 초월심리학자들이 깊은 자아, 자연 만물, 사회적이고 상호관계적 측면과의 연계성을 찾아보려는 내면적 작업 속에서 초월을 이해하고 있다.

셋째, 궁극적 초월을 추구하는 동양 종교적 방법론을 활용하려고 한다.[10] 영적인 실체를 인정하는 동양 철학이나 종교의 방법론 중에서 수피교, 유대교, 힌두교, 샤머니즘, 도교, 불교 등과 심지어 기독교의 개념과 방법론이 사용되고 있다. 초월심리학자 개인이 자기 스스로의 어떤 종교 내지 영적인 믿음을 가지고 있던 가지고 있지 않던 간에, 대부분은 명상, 예식, 봉사, 기도, 초월치료, 반영적 생각, 요가 등의 방법론을 공통적으로 재택하고 있다.

이런 상담심리학의 흐름을 통해서 심리학을 객관적이고 가치중립적인 과학으로만 수용하려는 생각과 함께 종교를 이성적 접근으로 평가하려던 관점이 바뀌고 있다는 사실을 발견하게 된다. 그리고 영성을 인정하고, 자아 강화의 도구로 도입하는 것도 특징이다. 통상적으로 심리학의 목표로 말해져 왔던 자아의 실현이나 통합에 그치는 것이 아니라, 자아의 경지를 벗어난 영역을 개발해서 인간의 성장을

---

10 Young Jae Lee, "A Research on the Transcendence of Consciousness in Transpersonal Psychology," *The Study of Student Guidance* 17, no. 12(1988): 19.

꾀하려는 것이다.

이미 기독교 상담에서는 상담자 개인의 영성과, 이것이 돌봄 현장과 관련되는 여러 요소에 대한 중요성이 제안되어 왔다. 영적 개인적 통합으로 말해지고 있고, 상담자의 체험적이고 개인적 차원의 신앙과 인격적 자세를 중요하게 여기는 것이다. 통합은 결국 믿음과 삶의 통합(faith and life)이어야 하고 전심(wholeheart)의 통합을 중요하게 여기는 것이다. 즉 Intrapersonal Integration은 믿음과 기독교인으로서 심리적인 그리고 영적인 경험의 개인적 통합에 대한 우리 자신의 인식을 말하는 것이다.

Siang-Yang Tan은 Intrapersonal or Personal 통합에서 있어서, 상담자의 겸손, 유한한 존재로서의 자기 인식, 모호한 것에 대한 인내, 지식과 감정을 균형 있게 표현하기, 개인적 염려와 불안에 대해서 변호적 태도 대신에 개방성, 사람들을 하나님과 다른 이들과 화목하게 하는 자신의 사역을 영원의 관점으로 보는 것 등이 본질적 요소라고 설명했다.[11] 또한 Tan은 기독교 상담자가 다양한 인간에 대한 입장을 바르게 통합하고 기독교적 접근을 발전시켜 나가기 위해서 세 가지를 필요로 한다고 본다. 그리스도를 중심으로 해야 하고(Christ-centered), 성령으로 인도함을 받아야 하며(Spirit-led), 성경에 기초(Biblically-based)하고 있어야 한다.[12]

---

[11] Siang-Yang Tan, "Intrapersonal Integration: The Servant's Spirituality," *Journal of Psychology and Christianity* 6(1987): 35. Bouma-Prediger 은 이 점을 개인적 전인성과 영적 안녕으로 설명하면서 "Experiential Integration,"라고 표현했다. Steven Bouma-Prediger, "The Task of Integration: A Modest Proposal," *Journal of Psychology and Theology* 18(1990): 29.
[12] Siang-Yang Tan, "Integration and Beyond: Principled, Professional, and Personal," *Jour-

McMinn 같은 경우는 Intradisciplinary Integration이라는 표현을 사용한다. 그는 그의 상담 사역을 통해서 상담자의 성숙된 영성이 필요하고 다른 모든 상담과 관련된 지식과 요소들이 거기에 의존하고 있다고 강조한다. 올바른 성경적 관점과 함께 무엇보다 상담자 개인의 영적 삶의 중요성을 강조하고 있다.[13] 돌보는 사람의 영성과 성품은 섬김에 있어서 본질이고 다른 모든 돌봄의 요소들은 이것에 의존하고 있다고 본다.

사실상, 개인적 통합의 단계가 없이 이념적 통합은 거의 가능하지 않은 듯 보인다. 다시 말해 우리가 우리들 삶에 있어서 하나님과의 관계로 인한 영향력에 열려져 있지 않다고 한다면, 그리고 우리가 얼마나 쉽게 세상 이론에 적응하는 것을 인식하지 못한다면, 우리는 통합에 있어서 진정한 과정을 중단해 버리고 진리의 근원으로부터 우리들 스스로를 닫아 버리게 되는 것이다. 이것이 통합에 있어서 가장 중대한 장애물이다.[14]

기독교에 대한 지성적 지식은 충분하지 않다. 개인 내적으로 성숙되어진 신앙이 돌봄에 있어서 가장 근본적인 영역이 된다. 이미 우리가 알고 있듯이 인간은 하나님의 말씀에 따라서 생각하고 살고 사랑하는 영이 중심이 된 존재이다. 따라서 돌봄은 영적인 통합을 필요로 한다. 성령은 모든 것을 가르치시고(요 14:26), 우리를 진리 가운데로 인도하신다(요 16:13). 그러기에 하나님의 종으로서 돌보는 사람은 일

---

nal of Psychology and Christianity 20, no.1(2001): 18.
13 Mark McMinn, *Psychology, Theology, and Spirituality in Christian Counseling* (Wheaton, IL.: Temple, 1996), 7-8.
14 J. D. Carter & B. Narramore, *The Integration of Psychology and Theology* (Grand Rapids, MI.: Zondervan, 1973).

반적이고 성경적인 진리를 포함해서 좀 더 분명하게 진리를 이해하고 인식하기 위해서 영성으로 충만한 사람이 되어야 한다.

하나님을 기쁘시게 하는 구체적인 돌봄의 사역은 짐을 서로 지는 것에 그치지 않는다. 돌봄을 받는 자가 하나님과의 적절한 관계 속에 들어오도록 하는 것이다. 그리고 이것은 지혜롭게 돌보고자 하는 사람 자신이 하나님과의 올바른 관계를 가진 영성을 소유하게 될 때 가능하다. Damarest는 영적으로 돕는 자(helper)에 대해서 이렇게 표현한다.

> 가장 중요한 조건으로 영적 헬퍼는 역동적인 믿음을 가져야 한다. 하나님과 깊은 관계를 가진 헬퍼가 다른 사람에게 새로운 생명을 나누어 줄 수 있다. 영혼을 인도하기 위해서는 지혜와 분별의 능력이 필요하지만, 하나님과의 깊은 관계가 없는 사람은 영혼을 절대로 인도할 수 없다.[15]

더 나아가 영성과 상담의 관계가 기독교 상담 내에 변형 심리학(transformational psychology)으로 체계화되고 있다.[16] 이들은 성경이나 기도와 같은 영적 자원을 활용한 영혼 돌봄과, 영성 형성의 접근방법으로 거론되고 있는 영적 지도(spiritual direction)에 대한 연구를 시도한다. 돌봄의 대상인 내담자가 영적인 존재이기 때문에, 영성을 인식하고, 영성 형성의 도구를 활용할 준비가 된 사람이 돌봄과 그 이상의

---

15 Bruce Damarest, *Satisfy Your Soul: Restoring the Heart of Christian Spirituality*, 김석원 역, 『영혼을 생기 나게 하는 영성』 (서울: 쉴만한 물가, 2004), 266.
16 John H. Coe & Todd W. Hall, "변형심리학", 김찬영 역, 『심리학과 기독교 어떤 관계인가』, 에릭 존슨 편 (서울: 부흥과 개혁사, 2012), 273-337.

치유를 가져오게 한다는 것이다.¹⁷ 이를 위한 상담적 방법론을 찾는 가운데 영혼 돌봄의 역사적 전통을 추적해서 재발견한 영적 지도가 연구되고 있다.

영적 지도는 "한 그리스도인이 다른 그리스도인을 돕는 것으로, 그 사람이 하나님과의 인격적 교제에 좀 더 주의를 기울이게 하고, 이러한 교제 가운데 인격적인 반응을 하나님께 보이며, 하나님과의 친밀함으로 자라가고 그 관계의 열매 속에서 살아가도록 하는 것이다."¹⁸ 기독상담학자인 Gary W. Moon과 David G. Benner는 영적 지도와 심리치료, 목회상담 간의 유사성과 상이성, 윤리적 측면 등을 분석하며, 상담의 초점이 내담자의 왜곡된 부분(abnormal)을 정상(normal)화 시키는 데 있는 것에 반해서, 영적 지도는 그 이상의 영적 성숙과 변화로 나아가게 하는 유용한 접근이 될 수 있다고 본다.¹⁹

그동안 기독교적 돌봄에 있어서 이러한 돌보는 사람의 신앙과 인격이 중요하다고 인식한다고 해도 그것이 그렇게 현실에 와 닿는 이야기는 아니었다. 실력 있고 인정받는 사람으로 유용하게 주변 이웃들을 섬기고 돌보며, 사람들에게 칭찬받는 것은 귀한 것이다. 하지만 자칫 그것이 하나님 보다도 사람에게 인정받는 것에 무게중심을 옮기게 한다. 세상을 기쁘게 하려는 것이 아니고 하나님을 기쁘시게 해

---

17 안경승, "복음주의 기독교상담의 과거, 현재, 그리고 미래", 한국복음주의 기독교상담학회, 「복음과 상담」제19권(2012): 188-216.
18 William A. Barry & William J. Connolly, *The Practice of Spiritual Direction* (San Francisco, CA.: Harper & Row, 1982), 8.
19 Gray W. Moon & David G. Benner, "Spiritual Direction and Christian Soul Care," in *Spiritual Direction and the Care of Souls*, eds., Gray W. Moon & David G. Benner (Downers Grove, IL.: InterVarsity Press, 2004), 22-23.

야 한다. 그리고 사람을 돕는 데 있어서 우리가 가진 진정한 능력은 하나님의 도우심에 달려있다. 주님의 사역에 있어서 필요한 것은 지적인 사람, 재능이 많은 사람이 아니고 깊이가 있는 사람이다.

Crabb은 이렇게 말한다.

> 효과적으로 상담할 수 있는 자격은 훈련과 학위에서 나오는 것이 아니라 지혜와 인격에서 나온다. 그리고 이 지혜와 인격은 그리스도인 공동체 안에서 개발할 수 있는 것이다. 그런데 그렇지 못하기 때문에 하는 수 없이 교육기관을 통해서 훈련받고 학위를 딴 상담자들을 의존하게 된 것이다. 그러나 이때에도 이 상담자들이 상담을 잘 할 수 있다면 그 이유는 기법과 진행절차에 대한 지식보다는 그들의 지혜와 인격에서 찾아야 한다.[20]

신앙에 근거한 인격을 말하는 것은 아니지만 이러한 점은 일반상담학에서도 중요하게 여기고 있다. 실제적인 상담사례들은 상담자의 인격 형성과 의미 있고 치유적인 상호 관계적 능력이 상담에 있어서 중요하다는 사실을 논증한다. Garfield는 상담자의 역할이 치유의 효과와 결과를 다루는 데 있어서 무시되어 왔었다고 지적하면서, 상담자의 개인적 자질은 상담결과에 지대한 영향을 준다는 것을 논증하고 있다.[21]

다음 질문은 "어떤 내용으로 영적인 훈련을 할 수 있겠는가"이다.

---

20 Larry Crabb, *Connection*, 이주엽 역, 『끊어진 관계 다시 잇기』 (서울: 요단, 2002), 359.
21 L. Garfield, "The Therapist as a Neglected Variable in Psychotherapy Research," *Clinical Psychology: Science and Practice* 4 (1997): 40-43.

중요한 것은 기독교인으로서 율법주의적이 아닌 기쁨으로 신자의 삶을 훈련하는 것이다. 그 중심에서 하나님과 동행하는 겸손한 발걸음이 필요하다. 기도, 묵상, 금식, 단순성, 복종, 봉사, 고백, 예배, 교제, 경건서적이 기본적인 영적 훈련이다. 이런 훈련들을 통해 우리는 영적으로 훈련되어질 뿐 아니라 우리의 삶 가운데서 하나님의 현존을 점점 더 체험하게 된다. 우리가 하나님의 영으로 더 채움을 받으면 받을수록, 그분은 우리를 통해 그분의 능력, 은사 그리고 열매들을 더욱 허락해 주신다. 영적으로 돌보는 사람이 하나님의 현존과 지혜로 충만할 때, 돌봄의 과정을 통해 내담자에게 이런 점들이 전달되게 될 것이다.[22]

일반적으로 영적 훈련과 관련해서 두 가지 점이 강조되고 있다. 하나님과의 만남이라는 측면과 사람과 더불어 함께 하는 훈련이다. Henri Nouwen은 이것을 홀로 함의 훈련과 공동체 훈련이라고 구분하였다.[23] 하나님과 함께 하는 연습에 있어서 성경과 기도를 통해 하나님과 대화하는 것이 중요하다. 성경을 통해 하나님은 말씀하시고, 성경은 우리로 하여금 진리를 분별(요 8:31, 32, 요 17:17)하게 한다. 성경에 대한 체계적이고 지속적인 연구가 필요하고, 성경의 교리에 대한 지식과 성경의 전체적인 내용과 구성에 대한 틀을 가지고 있어야 한다. 그리고 함께 하시는 하나님과 동행하며, 기도로 대화하는 것이다.

---

[22] 우리가 주지하듯 성경은 성령의 여러 가지 성격을 증거하고 있는데, 성령으로 충만한 사람에게 기대할 수 있는 성령의 은사들(exhortation, encouragement, wisdom, knowledge, discerning of spirit, mercy, and healing)이 상담 사역에서 있어서 중요한 자질과 능력이 됨을 보여준다.

[23] Henri J. M. Nouwen, "An Invitation to the Spiritual Life," *Leadership* 2, no.3(1981): 53-64.

예수님이 이 땅에 계실 때, 늘 하나님의 뜻을 우선순위에 두고 그것에 순종하는 것을 가장 중요한 삶의 목표로 설정하셨다. 그래서 아무리 분주한 가운데서 그 한 가지 하나님의 뜻을 분별하고 그것으로 그분의 마음을 채우기 위해서 하나님과의 만남을 놓치지 않으셨다. 예수님은 "먼저 그의 나라와 그의 의를 구하라 그러면 이 모든 것을 너희에게 더하시리라"(마 6:33)는 말씀을 친히 실천하시며, 이 원리가 우리에게 적용되기를 원하신다. 우리의 마음이 어디에 있느냐 하는 것이다. 우리가 걱정할 때 우리의 마음은 다른 곳에 가 있는 것이다. 예수님은 아버지의 나라에 우리 마음을 고정시키기를 원하시고 그 마음이 영으로 인도함 받고 우리의 생각, 말, 행동을 주관하기 원하신다. 이것은 훈련을 통해 내 안에 하나님을 위한 내적인 공간을 만드는 것이다. 하나님께서는 우리가 그분의 음성에 귀를 기울이지 않을 때라도 함께 계신다는 확신 속에서 훈련을 지속할 때, 하나님과 함께 하는 시간을 놓칠 수 없다는 것을 발견한다.

공동체는 우리 안에 하나님을 위한 공간을 마련하는 것이다. 이것은 비록 우리 하나 하나가 연약하고 허물 많지만 여전히 우리와 함께 하기 원하시는 하나님을 발견하고 우리 안에 계신 하나님의 영을 지속적으로 인식하는 것이다. 우리가 묵상의 시간을 통해 자신을 내어주는 하나님의 영을 인식하고 자신의 진정한 모습을 발견했다고 하면, 이제 우리는 이웃들에게 동일하게 대하라는 성령의 음성에 귀를 기울이게 된다. 자신을 내어주라는 것이다. 우정, 결혼, 가족, 신앙생활 그리고 일터 공동체는 삶을 함께 공유하라는 하나님의 부르심에 반응하며 훈련하는 곳이다.

Ernest Boyer는 같은 맥락에서 주변의 영성과 중심의 영성을 말하고 있다.[24] 하나님과의 개인적 만남을 주변의 영성이라고 표현했고, 가정을 중심으로 한 공동체에서의 훈련을 중심의 영성으로 표현했다. 주변이라는 표현이 중심보다 더 중요하지 않다는 의미를 가진 것은 아니다. 마치 수레바퀴가 온전한 기능을 하기 위해서 가운데 축과 바퀴 살과 테두리가 있어야 하듯, 분리할 수 없는 관계를 말하는 것이다.

하나님과 함께 하는 만남과 특별히 가정 내에서 해야 하는 훈련이 영적 훈련의 필수적인 요소라는 의미이다. Boyer는 수도원 운동을 연구하였다. 초기 기독교 수도사들이 광야의 척박한 환경 속에서 보여 준 헌신, 홀로함, 기도, 묵상의 삶에 도전을 받았다고 한다. 한편 그는 그런 수도적인 광야의 영성이 어떻게 결혼해서 아내가 있고 아이가 있으며 직업을 가진 사람들에게 가능할 것인가 하는 의구심을 갖게 되었다. 그가 의문시 했던 질문은 '광야에도 아이를 돌보는 장소가 있었는가?' 하는 것이었다.

그는 말하기를 광야에서의 수도원적 삶으로 지칭되는 영성은 주변의 영성이고, 사실 중심의 영성은 매일의 삶과 가정에서의 삶이라고 말한다. 가장자리의 영성을 추구하는 사람들은 하나님 앞에 단독자로 서서 하나님의 임재를 구하고 깊은 영적 체험을 갖게 된다. 중심의 영성을 추구하는 사람들은 가정과 삶의 분주함 속에서 하나님의 마음을 분별하고자 하며, 평범한 삶의 현장 속에서 하나님을 경험하고자 한다. 일상적인 삶을 살아가는 기독교인들이 몇 번은 수도원

---

[24] Ernest Boyer, *Finding God at Home: Family Life As a Spiritual Discipline* (New York: Harpercollins, 1988).

영성 훈련에 참여할 수 있지만, 그것으로 그칠 수밖에 없다. 결국 훈련은 내가 속한 가정에서 이뤄져야 한다고 본 것이다.

Parker J. Palmer 역시 두 요소를 강조하지만, 공동체 중에서도 일터를 강조한다.[25] 내가 종사하는 일의 현장이 훈련의 장이 되어야 한다는 것이다. 이것을 활동의 영성이라고 했고, 하나님과의 교제 현장을 묵상의 영성이라고 묘사했다. 그 강조점에 약간의 차이는 있지만, 공통적으로 이야기하는 것이 우리의 영성은 하나님과 사람과의 교제를 통해서 성장해 간다는 것을 알게 된다. 묵상적 영성은 자기의 영적 현주소가 어디인지 살펴보게 하고 가면과 허식과 욕심을 버리게 한다. 활동적 영성의 경우는 가족과 동료들과 함께 세상을 살아가는 현장에서 나 스스로를 만들어가는 것이다.

어떤 가정사역자는 오늘날의 사회가 역사상 거대한 기로에 놓여 있다고 했다. 특히 인간으로 살아가는 생존자체가 수백만의 가정이 보존되느냐 아니냐에 달려 있다고 말하고 있다. 지금 이 시대 가운데 가정을 지켜나가는 것이 마치 생존을 위협하는 전쟁터에서 나와 내 가족이 살아남기 위해 치열하게 싸우는 것과 같다고 진단하고 있는 것이다. 전쟁에 나가서 싸우는 군사는 훈련을 해야 하고, 훈련 그 자체는 결국 전쟁터에서 자기를 지키고자 하는 구성원들의 생존을 보호하는 힘이 되어 진다. 다시 말해 기독교 신자의 가정은 훈련해야 하고 그 훈련의 핵심에 영적 훈련이 자리 잡고 있다.

하나님께 대한 올바른 영성과 가정의 삶이 긴밀하게 연결 될 수

---

25 Parker J. Palmer, *The Active Life: A Spirituality of Work, Creativity, and Caring*(San Francisco, CA.: Jossey-Bass, 1999).

있도록 힘써야 한다. 영성과 매일의 삶은 종종 서로 관련이 없는 듯 취급되어 왔다. 영성은 단지 삶의 어떤 시간이나 일정한 부분을 떼어서 훈련해야 될 것이라는 생각을 해왔다. 이렇게 생각하는 데에는 몇 가지 이유가 있다. 하나는 거룩한 것과 세속적인 것을 나누고, 교회와 세상을 나누는 데서 기인한다. 영원한 것과 일시적인 것, 정적인 것과 활동적인 것을 구분하는 경향이다. 그런데 이 둘은 서로 구분된 것이 아니고 긴밀하게 관련되어 있다. 성도는 하나님과 만나는 시간을 통해서 영적인 양식을 공급받아야 한다. 반면에 하나님을 경외하는 것을 매일의 삶 속에서 적용할 수 있는 방법들을 찾아보아야 한다. 자기가 속한 가정과 일터를 직접적으로 영성과 연결시켜야 한다.

특히 가정 공동체 내의 훈련은 가장 호되고 어려운 과정 중의 하나이다. 가정은 자기의 약한 점과 실패를 드러내 주는 장소이다. 자기가 어떤 존재인가를 적나라하게 드러내주는 삶의 현장이 가정이다. 신앙의 실체가 드러나고 인격이 폭로되는 곳이다. 힘들지만 가정은 이런 연약한 모습을 품어주는 훈련장이 되어야 한다. 또한 서로가 서로를 품어주기에 힘들지 않고 넉넉할 수 있도록 각자가 정결함으로 자기를 돌아보아야 한다. 나는 모르지만 내 굴절된 행동과 성격 때문에 고통 받는 가족들은 없는지 정직하게 직시해야 할 것이다.

이런 의미에서 가정을 포함한 공동체는 홀로 함의 영적 훈련을 받은 한 개인의 영성이 드러나는 곳만이 아니고 영적 훈련 그 자체의 현장이다. 다른 영적 훈련보다 더 보상이 있고 변화를 가져오게 하는 훈련장이다. 영적인 훈련이 없는 가정은 전투에서 실패한다. 성도의 영적 전투의 적군은 전략적으로 전투계획을 세우고 끊임없이 가정을 깨뜨리고자 한다. 가정을 파괴하기 위해 남편을 공격하고 아내를 공격한다. 영적으로 부모를 무력화시키면 온 가족을 무력화 시킬 수 있기에 그렇다. 가정을 이끄는 남자의 리더십이 무력화 되고, 가정을 지탱하는 여자의 믿음이 무너졌을 때 입게 되는 피해는 실로 엄청나다.

가정은 공격받을 것을 예상해야 한다. 시험에 부딪힐 것을 예상해야 한다. 가정을 신실하게 인도하고자 할 때 저항에 부딪힐 것이다. 가정에서의 영적인 훈련에 무관심한 사람은 공격도 아픔도 없이 아무런 염려 없이 살아갈 수 있을지도 모른다. 그는 이미 무력화되었기 때문에 그렇다. 그러나 열심히 그리스도를 따라 살기를 진지하게 구하는 성도라면 그는 곧 공격이 있을 것을 예상해야 한다. 악한 영적 세력이 가정을 깨뜨리고 부모의 영향력을 뺏어간다. 그 전략 상 아내와 남편을 불화하게 해서 서로가 싸우는 데 정서적인 힘을 소진하게 한다. 지금도 적군은 우리가 가정에서 훈련 받는 것을 싫어하게 한다. 가정에서는 좀 편했으면 하는 우리 마음을 안식이 아닌 나태와 방종으로 이끌어 가는 것이다. 이를 잘 분별해서 우리 모두의 가정을 참된 훈련의 장으로 만들고 거기에 흔쾌하게 참여할 수 있는 우리 모두가 되어야 한다.

(1) 돌보는 사람의 지혜

앞에서 언급하였듯이 여호와 경외의 영성은 지혜를 위한 필수요건이다. 하나님과 깊은 관계를 맺어간다는 것은 하나님의 속성에 대해서 더 깊게 알아간다는 의미이다. 하나님은 자비와 은혜의 하나님이시고, "노하기를 더디하고 인자와 진실이 많은 하나님"(출 34:6-7)이시다. 그리고 공의와 분노의 하나님이시기도 하다. 하나님께서는

either ~ or 가 아니고 both ~ and 의 속성을 가지고 계신 분이다. 하나님에 대한 왜곡된 상은 결국은 왜곡된 신앙을 만들어 낼 수 있다.

지혜롭기 위해서 성경이 강조하는 하나님은 경외 받으실 분이라는 것이다. 여호와를 경외하는 것은 하나님의 영광, 광대하심, 능력, 피조물에 임하는 절대적인 통치와 권한에 대한 숨이 멈출 듯한 깨달음이다.[26] 이러한 깨달음 없이 우리 중에 누구도 전능하신 그분 앞에 온전히 고개를 숙일 수 없다. 경배는 그 거룩하신 분이 그분과의 관계 속에 살도록 우리를 불렀다는 경이로움에서 생긴다. 그분을 아바 아버지라고 부를 수 있는 자리에 초대했다는 경이로움에 반응하는 것이다. 우리가 지혜로운 돌보는 사람이 되고자 할 때, 올바르게 하나님을 두려워하는 것으로 시작해야만 한다.

여호와를 경외하는 영성은 지혜와 분별로 돌보는 일을 할 수 있도록 하는 토대와 능력이 된다.[27] 지혜는 여호와를 경외하는 개인에게 임하며, 분별 역시 지혜로운 사람에게 드러나는 특징이다. 이 지혜와 분별은 밀접한 관련성을 가진 난어이고, 두 가지 모두 지혜로운 돌봄에 적용이 가능한 주제이다. John W. Montgomery는 이렇게 말한다. "지혜로운 사람은 사람, 주변 상황, 또는 환경에 대한 이해와 분별에 있어서, 잘못된 것을 바로 잡는 방법, 그것의 한계 또는 어려움을 염두에 두며 그 가운데 가장 좋은 것을 찾을 수 있는 방법, 또는 그들을 공정하고 정확하게 평가하는 방법을 안다. 종종 지혜는 체험 또는 지

26　Kenneth Boa & Gail Burnett, *Pursuing Wisdom: A Biblical Approach From Proverbs* (Colorado Springs, CO.: Navpress, 1999), 35.
27　Richard J. Foster, *Prayer: Finding the Heart's True Home*(San Francisco, CA.: Harper, 1992), 252-253.

식 또는 배움의 확장을 의미하기도 한다. 요약하면 지혜는 단지 지식 또는 식별 또는 심지어 이해력과 구별되는 깊은 분별을 설명한다. 다시 말해 깊은 통찰 능력과 관련된다."[28]

지혜는 구별된 삶에 뿌리를 두고 있다. 마태복음 10장은 특별히 하나님을 의지하는 영성이 지혜와 어떻게 관련되어 있는지를 가르쳐 준다. 잃어버린 양에게 천국 복음을 전하러 가는 전도자는 그들의 기본적인 필요를 제공하시는 하나님을 온전히 신뢰해야 한다(10절). 이들이 "뱀과 같이 지혜롭고 비둘기 같이 순결"(마 10:16)해야 할 것을 말씀하고 있다. 이것 역시 성령을 전적으로 의지해야 가능하다는 것을 가르치고 있다(17-20절). 또한 복음을 선포하다가 위험에 처할 경우 그들을 보호하시는 예수님의 말씀을 붙들어야 한다(24-31절).

하나님께 대한 신뢰, 성령께 대한 의뢰, 말씀을 붙잡는 사역자가 지혜롭고 순결하게 될 수 있다는 소망을 주고 있다. 뱀처럼 지혜롭다는 말은 아담과 이브를 유혹하고 꾀던 뱀 못지않게 영리하게 처신하라는 의미를 함축한다.[29] 돌보는 사람은 순결해야 하고 반면에 순진하거나 어리석어서는 안된다. 내담자를 하나님께로 인도하려 할 때 영리해야 한다. 동시에 그 영리함은 하나님의 영을 상징하는 비둘기 같은 순결함 안에서 이루어져야 한다.

에베소서 5:15-18의 말씀 역시 성령 충만의 삶을 지혜와 관련해서 추적해 볼 수 있다. 성령 충만의 모습이 술 취하지 말라는 말씀과

---

[28] John W. Montgomery, "Wisdom as Gift: The Wisdom Concept in Relation to Biblical Messianism," *Interpretation* 16, no. 1(1962): 43-57.
[29] Dan B. Allender, *Leading with a Limp*, 김성녀 역, 『약함의 리더십』(서울: 복있는 사람, 2007), 283.

연결되어서 설명되고 있다(눅 1:15; 행 2:4, 13). 앞의 구절과 연결해서 읽어볼 때, 술 취하는 것은 어리석은 것과 비교되고 있고 성령 충만한 것은 지혜로운 것과 관련되어 있다.[30] 지혜는 기독교 상담자가 성령 충만으로 성숙했다는 것을 보여주는 한 모습이다(고전 2:6; 출 31:3-5; 35:31). 돌보는 사람이 하나님을 경외하는 영성으로 충만하게 될 때, 지혜로운 삶(엡 5:15-17), 감사의 예배(5:19-20), 하나님을 영화롭게 하는 것, 바르게 복종하는 관계(5:21-6:9)를 갖게 된다.

또한 지혜로운 돌보는 사람의 특징은 근본적으로 성격적 자질을 소유했다는 것이다. 지혜를 이야기하고 있는 성경의 가르침의 지대한 관심은 신실함으로 살아가는 성품의 형성이다.[31] Crenshaw는 지혜의 목적을 확증한다. "모든 지혜의 목적은 성품의 형성이다."[32] Michael V. Fox 역시 지혜문서인 잠언의 목적을 이렇게 요약한다. "도덕적 성품을 키우는 것이다. 언제나 교육의 가장 위대한 목적이다."[33] 통상적으로 지혜롭다는 것이 기민함이나 재간으로 오해될 수 있다. 그러나 지혜롭게 산다는 의미가 여러 상황에서 어떻게 해야 한다는 구체적 방향을 제시하는 것에 있지 않다. 성경의 일차적 관심도 여기에 있지 않다. 빚어져야만 하는 성품으로 성숙해 가는 것이 지혜로운 사람이다. 이 성격이 돌보는 사람이 경험하고 인도하게 될 많은 결정들 가운데서 그 사람을 인도하는 능력이 된다.

---

[30] Andreas J. Kostenberger, "What does it Mean to be Filled with the Spirit?: A Biblical Investigation," *Journal of the Evangelical Theological Society* 40, no. 2(1997): 232.
[31] William P. Brown, *Character in Crisis: A Fresh Approach to the Wisdom Literature of the Old Testament* (Grand Rapids, MI.: Eerdmans, 1996), viii, 19-21.
[32] Crenshaw, *Old Testament Wisdom*, 3.
[33] Michael V. Fox, *Anchor Bible: Proverbs* 1-9 (New York: Doubleday, 2000), 29, 348.

지혜의 성품은 거짓이 아닌 진실을 말하고(잠 14;25, 15:4), 교만이 아닌 겸손 가운데 살고(잠 18:12, 15:25), 게으르지 않고 부지런하며(잠 18:9), 탐욕 대신에 관대함을 보이는 것이다. 혀를 조절하는 능력, 매번 진실을 이야기하도록 선택하기, 험담을 피하기, 불공정한 비판 대신 격려하기 등의 자기 절제의 능력 역시 포함된다.

반면에 Koptak은 지혜의 성품이 진리라는 단어로 요약될 수 있다고 설명한다.[34] "인자와 진리가 네게서 떠나지 말게 하고 그것을 네 목에 매며 네 마음판에 새기라"(잠 3:3). 성경에서 이 단어는 진리(truth) 또는 성실(faithfulness)로 번역되는데 여러 내용들을 포함하고 있다. 계명에 순종(출 20:1-12; 마 5:19), 그리스도와 다른 믿음의 인물을 닮기(고전 4:16; 엡 5:1; 살전 1:6; 히 6:12; 13:7), 그리고 거룩하고 진실한 성격의 훈련(딤전 2:2, 4:8, 6:6, 11) 등이다. 무엇보다 성실한 사람들은 여호와를 두려워하고 그러기에 다른 사람들에게 영향을 끼칠 수 있는 자신들의 행동의 결과를 염두에 둔다(잠 14:8, 15, 15:28). 이웃과 좋은 관계를 유지하려고 하고, 그들에게 해가 아닌 유익을 주려고 한다. 신약적 언어로 보면, 그들은 사랑을 훈련하고자 한다.

영성 신학자인 Chan은 사랑, 믿음, 소망 같은 성품이 하나님을 향해 있는 신학적 덕이고, 지혜(prudence), 정의(justice), 용기(fortitude)와 절제(temperance)가 기본적인 덕으로 세상을 향해 있다고 말한다.[35] 그는 Augustine의 말을 인용해서 신학적 덕으로 기본적 덕이 성화된다고 설명한다.

---

[34] Paul E. Koptak, *The NIV Application Commentary: Proverbs* (Grand Rapids, MI.: Zondervan, 2003).46.
[35] Simon Chan, *Spiritual Theology*, 김병오역, 『영성신학』 (서울: IVP, 2002), 128.

절제는 사랑하는 대상에게 그 자체를 전적으로 주는 사랑이고, 용기는 사랑받는 대상을 위해서 모든 것을 기꺼이 견디는 사랑이며, 정의는 사랑하는 대상에게만 봉사하면서 그럼으로써 바르게 다스리는 사랑이고, 지혜는 그것을 방해하는 것과 그것에 도움을 주는 것을 현명하게 구별하는 사랑이다. 그 사랑의 대상은 그 누구도 아닌 최선의 선, 가장 높은 지혜, 완전한 조화가 되시는 오직 하나님 한 분이시다…지혜는 하나님께 향하도록 도움을 주는 것과 그 일을 방해하는 것을 올바르게 구별하는 사랑이다.[36]

지혜의 성품 역시 신학적으로 해석되지 않고 하나님 중심에서 흘러나오지 않으면 그리스도인의 삶과 거의 무관하게 되고, 기독교 영성도 그 의미를 잃게 된다. 성품과 도덕은 하나님이 주시는 은혜의 선물이다. 하나님을 경외하는 돌보는 사람이 소유한 성품은 상식적 능력을 훨씬 초월하는 하나님의 지혜를 덧입은 것이다. 하나님은 인간의 지혜, 기대, 생각을 역전시키신다. 하나님은 어리석은 자들과 약한 자들을 택하셔서 교만하기 쉬운 우리의 성향을 변화시키신다.

우리는 소경이 되어서 소경을 인도하는 왜곡된 시야를 가지고 있을 때가 많다. 두꺼운 렌즈를 통해 세상을 보아도 투명하게 세상을 보기가 어려운 어리석은 이들이다. 그러나 하나님을 경외하는 상담자는 세상에서는 어리석게 보일지라도 하나님의 감춰진 지혜를 소유하게 된다. 십자가 이야기에 뿌리를 둔 지혜이다(고전 1:18-31).

---

[36] Augustine, "On the Morals of the Catholic Church," in *A Select Library of the Nicene and Post-Nicene Fathers of the Christian Church*, vol. 4, ed., Philip Schaff(Grand Rapids, MI.: Eerdmans, 1956), 15: Chan, *Spiritual Theology*, 127에서 재인용.

(2) 돌보는 사람의 분별

분별(discernment, 고전 12:10; 히 5:14; 요일 4:1)은 돌봄의 현장에 적용되는 또 다른 능력이다. 미혹하는 영적 세력과 거짓된 가르침이 있는 이 세상에서 올바로 분별하는 일은 중요하다. 분별은 구약에 히브리어 bin, 신약에는 diakrino 로서 '구별하다' 혹은 '나눈다'라는 일차적 의미를 가지고 있다. 주로 판단하거나 결정을 내리는 것을 말할 때 사용되고 있다. 분별의 능력은 다양한 삶과 문제의 현장에서 사역하는 돌보는 사람에게 절대적으로 요구되는 주제이다.

첫째, 하나님의 뜻을 분별하는 영적 분별이 우선이다. 이것을 Allender는 분별의 과정에서 이루어지는 예언자적 단계라고 부르며 묵상 일기와 영적 독서(lectio divina)를 통해 구체화하기를 제안한다.[37] 영적 분별의 과정은 하나님의 관점에서 사실을 보려고 하기 때문에 시간이 필요하다.[38] 생각은 문화, 교육, 그리고 개인적인 경험의 한계 때문에 치우쳐져 있다. 누구도 모든 것을 객관적인 관점에서 바라볼 수 있는 사람은 없다. 자신의 지식과 경험의 제한된 눈을 통해 상황을 보는 것이다. 인간의 이성은 모든 사실(facts)을 다 알고 있지 않다. 또한 그 사실들을 올바르게 해석하고 있다고 장담할 수 없다.

과학적 추론 과정과 증명 결과가 하나님의 뜻의 일부를 확증하도록 도움을 준다. 그러나 순서가 잘못되었다. 하나님의 말씀과 뜻이 그 연구 결과를 입증하고 유효하게 하는 것이다.[39] 연구 결과는 그것

---

[37] Allender, *Leading with a Limp*, 262.
[38] Joseph F. Powers, ed., *Francis deSales: Finding God Wherever You are: Selected Spiritual Writings* (Hyde Park, NY.: New City, 1993), 59.
[39] Neil Anderson, *Walking in the Light*, 최기운 역, 『하나님의 뜻대로 인도 받는 삶』(서울: 베다니, 1996), 39.

이 무엇인가를 설명해줄 뿐이지만, 성경 말씀은 그것이 왜 그런지, 그것이 어떻게 되어야 하는지, 그리고 그것이 어떻게 될 것인지에 대해 설명해 준다.

어떻게 해야 한다고 하기 전에, 보다 더 근본적일 질문은 "무엇이 하나님의 뜻인가?"라는 것이다. 영적 분별은 하나님과 관계없이 이성으로 이해할 수 없다. 하나님의 말씀을 묵상하고 그것을 이해하는 데서 출발하고, 하나님의 관점에서 삶을 바라볼 때 드러난다. 돌봄 현장에서 분별이 진단이나 측정의 결과로 제한된다면, 하나님과 동행하는 돌보는 사람의 삶은 살아 있는 관계라기보다는 하나의 지적인 추구로 전락해 버리고 만다. 하나님께서 원하시는 관계에 대해서 성경은 이렇게 말한다.

> 너는 마음을 다하여 여호와를 의뢰하고 네 명철을 의지하지 말라 너는 범사에 그를 인정하라 그리하면 네 길을 지도하시리라 (잠 3:5-6).

더 나아가 우리에게는 성령님이 계신다. 성령께서 우리 안에서 주도권을 쥐고 인도하실 때, 진리를 알 수 있고 하나님의 관점에서 하나님의 말씀과 상황을 이해하게 된다. 성령께서 분별할 수 있도록 능력을 주시는 것이다(요16:8). 성령께서 우리 안에서 살아 움직이시고 말씀하시는 것이 자연스럽고 일반적인 삶의 형태가 되어야 할 것이다. 하나님의 뜻을 알고 행하고 있는지에 대한 여부는 하나님의 도우심을 구하는 것으로 결정된다.

지혜가 성품에서 출발하듯 분별 역시 성품의 질과 믿음의 깊이와 능력의 정도에 달린 일이다.[40] 날마다의 삶의 작은 선택에 충실한 사람은 어느 길을 택하든 삶에 풍성한 열매를 맺는 삶에 이를 수 있다. 많은 상황들의 실제 문제는 분별의 부족이 아니라 이미 알고 있는 내용에 반응하지 않으려는 태도이다.

성경은 다양한 상황에 대한 하나님의 뜻을 말하기 보다는, 오늘 그분의 뜻을 이루기 위해 해야 할 일이 무엇인지 제시한다. 여호와를 경외하는 것은 하나님의 제일 되심을 인정하고 매일의 평범한 사건들 속에서 그리스도를 따르려고 애쓰는 것이다. 영적인 분별은 상황 자체로 결정되지 않는다. 주어진 상황 속에서 하나님께 반응하는 방식을 통해 분별이 이루어진다. 중요한 분별들은 그 사람의 성품 다시 말해 삶의 방식, 습관, 확신, 방향과 관련된 것이다. 언제나 현 순간에 이미 분별하게 해 주신 그 뜻을 행할 수 있다.

둘째, 여호와를 경외하는 사람은 인간의 의사 전달법과 다르신 하나님의 음성을 듣는 법을 분별하게 된다. 하나님께서는 불과 지진과 바람을 통해 말씀하시지만, 세밀한 음성을 통해서도 말씀하신다(왕상 19:11-12). 어떤 사람들에게는 직접 말씀하시고, 어떤 사람들에게는 자연과 말씀을 통해 간접적으로 말씀하신다. 감화를 주시고 직관을 허락하시기도 한다.

시급하고 안타까운 삶의 현장에서 꿈과 환상을 통해서 메시지를 보내기도 하신다. 환상이 바울의 선교 사역의 방향을 바꿔 놓았다. 바울은 두 차례나 소아시아의 다른 지방으로 가서 선교 사역을 펼치

---

40 Gerald L. Sittser, *The Will of God as a Way of Life*, 윤종석 역, 『하나님의 계획』(서울: 성서유니온, 2002), 25.

고자 했지만 그때마다 길이 막혔다. 그때 바울은 마게도냐 사람 하나가 그를 오라고 부르는 환상을 보고 순종한다(행16:6-10). 하나님께서 분별하게 해 주신 대로 사는 삶이 더 힘든 여정이 되었지만, 그는 빌립보, 데살로니가, 고린도 등지에 교회를 세울 수 있었다.

하나님은 어제나, 오늘이나 내일이 동일하신 분이다. 그분을 제한할 수 없고 동일한 하나님이 지금 여기서 신비로운 방법으로 우리를 만나주실 수 있다. 그러나 계시가 완성된 현 시대 가운데 이런 직접적인 만남에만 의존할 수 없다. 또한 그런 만남이 의미하고 전달하는 바를 하나님의 말씀으로 조명해서 분별해야 한다. 더구나 직접적인 체험이 갖고 있는 강력한 영향력 때문에 이런 신비적 만남 외의 것은 외면하는 왜곡된 모습을 가질 수도 있다. 그래서 본의 아니게 잘못된 점장이식 돌봄이나 만남이 이뤄지기도 한다. 속 시원한 것이 있을지 몰라도 잘못된 것이다.

더 나아가 분별을 위한 중요한 요소 중의 하나는 공동체이다. 앞서 간 믿음의 사람들의 지혜와 내가 속해서 나를 아는 공동체의 건전한 도움이 있어야 잘 분별할 수 있다.[41] 미련한 자는 "지혜와 훈계를 멸시"(잠 1:7)하기 때문에 분별을 할 수 없게 된다. 지혜로운 자들은 "듣고 학식이 더"(잠 1:5)하라는 권고를 순종한다. 자신의 교만한 생각을 따르지 않도록 공동체 내의 건전한 분별력을 가진 사람의 조언을 구해야 한다.[42]

---

41 Marva J. Dawn, *Joy in Divine Wisdom*, 홍종락역, 『우물 밖에서 찾은 분별의 지혜』(서울: IVP, 2006), 139.
42 Thomas a Kempis, *The Imitation of Christ*, ed., Donald E. Demaray(Gand Rapids, MI.: Baker, 1982), 18.

공동체 내에서 이루어지는 분별의 내용은 영적 우정, 영적 인도, 영적 멘토링, 영적 지도라는 형태로 분류할 수 있다.[43] 영적 우정은 가장 비공식적이고 상호적인 방법으로, 두 명 이상의 신앙인들이 서로를 후원하고 격려하며, 기도해 주는 것이다. 영적 인도 역시 비공식적인 만남이다. 친구와 신앙생활에 관한 주제를 가지고 나누는 대화, 영적으로 도움이 되는 책을 추천하는 일, 편지, 산책을 하며 하는 상담 같은 것이다.

영적 멘토링은 멘토가 다른 신앙인에게 정기적으로 성숙을 돕기 위해 조언하고 훈련시키고 모범을 보여주는 보다 형식을 갖춘 방법이다. 영성 지도는 경험과 재능을 가진 영성 사역자가 그리스도께 복종하고 대화하며 성숙해 갈 수 있도록 이웃을 돕고 인도하는 것이다. 인생에 대한 하나님의 뜻을 찾으려는 분별은 참된 공동체에 속할 때 가능해 진다. 어려워 보이는 선택이 쉬워질 수 있고 복잡한 선택이 단순해질 수 있다. 공동체는 가르쳐 주고 확인해 주며 빛을 비춰준다. 우리는 신앙 공동체에 속해야 하고, 연약한 이웃들이 속할 공동체를 안내해 주어야 한다.

우리는 이웃의 필요를 채우고 치료를 돕는 복된 돌봄을 해야 한다. 그러나 기독교적 돌봄의 목적이 여기에 제한되는 것은 아니다. 이웃을 그리스도께 인도하고 그분 안에서 성숙시키는 것이다. 모든 이웃은 하나님의 형상을 회복해야 할 존재며, 이 일을 돕기 위해서 우리는 부름을 받았다. 한 발자국 더 나아갈 수 있도록 도우며, 쉬지 않고 나아가야 할 영적 성숙을 소망하게 한다.

---

[43] Damarest, *Satisfy Your Soul*, 250.

돕는 사람이 하나님과의 관계와 회복에 있어서 분명 한발 앞서 나가야 한다. 내가 도달한 곳 이상으로 이웃을 인도하기는 어렵다. 원상복귀가 아닌 영적 성숙으로 인도하려면 우리가 앞서가야 한다. 물론 우리 역시 죄인이기 때문에 실패한다. 또한 성숙하면 할수록 하나님의 거룩한 영광을 더 많이 이해하게 되고, 자신이 얼마나 거기서 멀리 떨어져 있는지도 보게 된다. 그럼에도 불구하고 기독교 사역의 모든 원리가 그러하듯, 우리의 영성은 돌봄의 자원이나 도구인 자기 자신의 위치를 확인하는 의미를 가진다.

하나님의 뜻을 분별하고 지혜롭게 이웃을 인도하는 능력은 우리에게 요구되는 귀중한 자원이다. 그리고 이것이 여호와를 경외하는 영성에서 시작되고, 그것이 우리를 세우고, 다시 분별로 이어지는 선순환이 있다는 것을 보게 된다. 우리가 경험하는 하나님을 좇아가는 삶이 예배와 기도에서 고백되듯이, 돌봄에서도 이것이 조금 더 분명해 졌으면 한다. 우리 힘으로 해결할 수 없음을 발견하고, 하나님의 은혜를 구하며 그 안에서 참된 소망을 새롭게 발견한다. 더 나아가 분별된 하나님의 뜻을 전달하고 적용하도록 돕기 위해서 필요로 하는 지혜까지도 하나님께서 우리에게 구체적으로 주시기를 소원한다.

2) 체험에 대한 전체적이고 특별한 이해

지혜는 단순히 특정한 지식이 축적된 것이기 보다는 인간의 삶에 대한 포괄적인 이해와 연관되어 있다. 지식이 지혜의 한 측면이 아니듯이, 지혜가 단지 지식의 한 측면이 아니라는 사실을 인식하는 것이 중요하다. 지혜자들은 자신들의 체험 속에서 그 본질이 무엇인지 그리고 그 체험이 자신의 전체적인 삶에 있어서 어떤 상호연관 관계를 가지고 있는지 분별하는 능력이 있었다. 이를 위해 지혜자들은 지금, 여기에 갇히고 닫힌 자기의 모습이 아니고 열려진 자세를 가지고 인생 전체의 눈으로 지금 현재의 자신을 보는 안목이 있었다. 또한 새로운 것과 오래된 것, 익숙한 것과 생소한 것 등에 대해서 계속적으로 인식하는, 생에 대한 포괄적 접근을 하고 있다는 것을 보게 된다.

이런 점은 성경의 지혜문서를 연구하는 신학자들에 의해서 '전체성'이 지혜를 주도하고 있다는 원리로 설명되고 있다. Zimmerli는 지혜신학이 창조신학이라고 결론지으면서, 지혜가 자기 현실의 본질에 관한 깊이 있는 관찰과 포괄적인 숙고에서 산출되는 것이라고 한다. 전체적인 안목을 알기 위해 창조의 질서를 추구하는 것이 하나님께서 인정한 지혜자들의 면면이었다는 것이다.[44] 또한 지혜문서에 대해서 Well은 다음과 같이 그 책들이 담고 있는 전인적 성격을 말하고 있다.

> 잠언은 '어떻게'라고 하는 것에 해답을 주는 교과서적 책으로서 건강한 삶을 위한 긍정적 충고를 주고 있다. 욥기는 하나님의 섭리에 대해 질문을 던지게 하는 난감한 고난의 현실 아래, 전통적 윤리라고 할 수 있는 인과론적 패러다임을 무너뜨리고 있다. 저자는 무고한 사람에게 임하는 듯 보이는 애매한 고통의 불가해적 혼란 가운데서 질서의 잔여물을 지키려는 씨름을 하고 있다. 전도서는 문자 그대로 '설교자'(Qoheleth)가 수정된 향락주의를 수용하면

---

[44] W. Zimmerli, "The Place and Limit of Wisdom in the Framework of Old Testament Theology," *Scottish Journal of Theology* no. 17 (1964): 148.

서 이 세상에서의 질서에 대한 소망을 포기하고 있다("헛되고 헛되며 헛되고 헛되니 모든 것이 헛되도다"). 다시 말해 이 책들은 비록 하나님에 대한 언급이 구체적으로 표현되고 있지는 않지만, 성품과 심리적 전인성을 위한 안내서가 되고 있다.[45]

성경의 지혜자들은 자신과 가족, 그리고 이웃에게 닥친 인생의 수수께끼 같은 고난과 아픔 가운데서, 그 형편에 함몰당하지 않았다. 오히려 그 형편에 대한, 더 나아가 그 문제를 풀어가기 위한 질서를 전체적인 안목을 가지고 분별하고자 하는 관찰과 묵상이 있었던 이들이었다. 그래서 그들은 저자거리에 나가 인생과 삶을 궁구하면서 이 땅에서 어떻게 온전한 질서대로 살아가는 가운데 지혜로운 인생을 채워갈 수 있을지를 깨닫고 또 사람들에게 전해 주고 있는 것을 볼 수 있다(잠 1:20). 특히 인생의 고난과 허무를 주제로 삼고 있는 욥기와 전도서는 원인과 결과라는 전통적인 도덕질서에 의문을 제기하며, 또 다른 차원에서 하나님의 이 땅을 향한 역설적 질서를 생각하게 한다. 다시 말해 단순히 이생의 원리를 가지고 해석할 수 없는 문제에 직면하게 되었을 때, 하나님의 시간과 하나님의 나라, 그리고 하나님의 섭리라는 전체적인 안목을 가지고 생각해야 할 것을 보여 주고 있다. 그 때 비로소 풀려지는 삶의 현실을 제기함으로써 지혜의 지평을 넓혀주고 있다.

이러한 시각은 지혜의 선생님이셨던 예수님의 모습에도 추적이

---

45 C. Richard Well, "Hebrew Wisdom as a Quest for Wholeness and Holiness," *Journal of Psychology and Christianity* 5, no. 1 (1996): 60.

되는 모습니다. 예수님은 당시 이스라엘의 지도자들이 이해하기 어려웠던 현실에 대한 독특한 시각을 가지셨던 지혜로운 지도자이셨다.[46] 그리고 그의 이런 통찰과 역량은 처음에는 미비하게 보였지만 12명의 제자들을 포함하여 세계를 변화시키는 엄청난 영향력을 끼치게 하였다. 예수님이 사십 일을 금식하시고 광야에서 겪으셨던 세 가지 종류의 유혹은 이런 점들을 상징적으로 표현해 주고 있다(마 4:1-11). 떡과 성전과 높은 산은 당시의 문제를 경제, 기존의 종교형식 그리고 정치적 개입을 통해 풀어갈 수 있다는 마귀의 유혹이었다. 그러나 전혀 다른 입장에서 현실을 인식하고 계셨던 주님은 그런 유혹들을 물리치시는 모습을 보여주고 있다.[47] 그분이 생각하시는 참다운 하나님의 백성들의 공동체는 정치의 새 판을 짜고 제도를 바꾸어서 이루어지는 것이 아니었고 경제가 부흥되어서 성취되는 것도 아니었다. 내용은 없고 형식만 남은 율법적 삶의 형태로도 이루어지는 것이 아니었다.

예수님의 진단은 현실이 기존의 방식으로 바뀔 수 없다는 것이었고 제시하시는 대안은 하나님 나라가 중심(Kingdom-centered)이 된 새로운 틀과 질서였다. 그래서 예수님은 하나님 나라라는 새 틀의 비전을 가지고 펼쳐 가시며 12명의 제자들을 중점적으로 훈련시켰다. 예수님은 하나님이 우리를 통해 소망을 갖고 계신 것이 무엇이고 하나님의 의도와 뜻이 무엇인지 보여주고 있는 하나님 나라의 삶과 구원

---

[46] 기독교적 믿음을 회사의 리더십에 통합하여 성공적 모델을 제시한 막스 디프리는 지도자의 첫 번째 책임이 현실을 올바르게 정의하는 것이라고 말한다. Max De Pree, *Leadership is an Art* (New York: Doubleday, 1989), 9.
[47] Donald B. Kyraybill, *The Upside-Down Kingdom* (Scottdale, PA.: Herald Press, 1978), 41.

에 대한 진리를 그의 비유와 이적, 그리고 십자가의 죽으심을 통해 전파하셨다. 시간이 지나가면서 그의 제자들을 통해 세상이 이해하지 못할 능력과 지혜가 드러나게 되었으며 하나님 나라의 오묘한 질서가 세상 속에 파고들게 된다.

하나님 나라의 질서를 세상 가운데서 구현하고(already), 더 나아가 소망하게 하는 것이(not yet) 예수님이 가지셨던 비전이자 전략이었다. 이런 새로운 안목과 하나님 나라라는 틀 안에서 하나님의 백성들을 인도하고자 하는 주님의 통찰은 듣는 자들에게 도전과 반응을 가져오게 했다.

이러한 큰 그림을 그리고 볼 줄 아는 시각은 고질적인 관행과 시스템에 매여 있을 수 있는 많은 신앙 공동체가 생각하고 점검해 보아야할 중요한 관점이다. 한 개인과 공동체가 만날 수 밖에 없는 전환기를 성공적으로 헤쳐 나가기 위해 우리는 예전에 중요하게 여기던 것들과 옛날에 써 오던 방법들, 사물을 보던 방식들을 포기해야 한다. 많은 사람들이 저버릴 필요가 있는 부석합한 것들을 포기히는 결단을 감당해 낼 마음이 없다. 때에 따라서 옛날 방식 그대로의 생각과 행동에 매달리는 쪽을 택하고, 그 결과로 위기를 극복해 내지 못하고 성장하지도 못한다. 잘못된 관행과 좌표를 떠나 관습을 깨고 하나님께서 의도하시는 질서를 세우는 것은 돌보는 사람이 봐야하고 도와야하는 내용이다.

(1) 큰 그림 그리기

지혜로운 사람은 삶을 큰 그림 속에서 보는 이들이다. 즉 체험에 근거한 실제적 지식이 있고, 그것을 커다란 전후관계와 배경 속에서 적용한다는 점이다. 그래서 한 순간이 아닌 큰 그림 속에서 그것을 다루는 능력이 있다. 공생애 기간을 통해 예수님은 자신에게 주어진 시와 때를 올바르게 분별하고 계셨음을 알게 된다. 예수님이 밀려오는 위협과 조롱 속에서도 하나님이 정하신 계획표에 맞게 자신을 조율할 수 있었던 것은 그분의 시간을 통찰하는 역사관과 종말론적 관점에 기인하고 있다.

예수님은 장차 임할 하나님의 종말론적 통치를 확신하는 가운데 현재의 사건과 곤경을 관조(觀照) 할 수 있는 능력과 새 하늘과 새 땅을 소망하게 하는 지혜를 가지고 있었다.[48] 또한 주님에게 있어서는 모든 것이 십자가에서 이루시는 대속의 죽음에 맞춰져 있었고 그래서 어떤 때는 단호하게 거절하기도 하시고 또 어떤 때는 시간보다는 사람을 중심으로 사역을 주도해 갈 수 있으셨다.

많은 경우 우리는 단순히 원인과 결과의 차원에서 이해할 수 없는 모호하고 불합리한 사건을 삶 속에서 경험하게 된다. 애매하게 오해 당하며 오히려 편법과 처세에 능한 사람들이 번성하는 듯한 세상의 모습도 지켜보게 된다. 도무지 바뀔 것 같이 보이지 않는 현실의 벽 앞에서 실망하기도 한다. 그러나 홍해가 앞을 가로막고 바로의 군대가 뒤를 쫓는 형편에서 하나님이 세운 모세는 백성들을 향해 "두려워 말라"라고 이야기할 수 있었다. 가나안이라는 약속의 땅을 반드시 소유하게 되리라는 생생한 그림 속에서 현재를 받아들이면서 보게되고 소망하게 되는 믿음이 있었다. 기독교적 돌봄은 약속을 믿는 믿음에

---

[48] Ben Witterington III., *Jesus the Sage: The Pilgrimage of Wisdom* (Minneapolis: Fortress Press, 1994), 201.

근거하고 있다. 바라는 것들의 실상을 확인하며 과거와 현재의 사건을 올바르게 해석할 수 있는 능력은 믿음을 가진 자 만이 가질 수 있는 특권이다. 더불어 이것은 돌보는 사람의 경험과 훈련을 뛰어넘는 확신의 자원이 된다.

물론 돌보는 사람에게 지식과 경험은 중요하다. 그러나 진정으로 지혜롭기 위해서는 가장 포괄적이라고 할 수 있는 영원의 눈을 뜨게 해주는 하나님께 대한 믿음을 소유할 필요성이 있다. 모든 것은 실제를 초월하는 믿음이라는 구심점을 필요로 한다. 돌보는 사람의 믿음은 헌신과 열정을 낳게 하고 원대한 안목으로 원리와 가치를 적용하게 하는 자산이 된다. 그래서 고난 가운데서도 남들이 보지 못하는 안목을 발견하며 그 속에 담겨져 있는 세상이 이해하지 못하는 역설적인 하나님의 질서를 소유하게 되는 것이다.

구체적으로 이 믿음은 과거와 현재와 미래에도 동일하신 주님을 믿는 믿음이다. 사방으로 우겨쌈을 당하는 상황에 처하게 될 때, 그 갑갑한 상황에서 벗어나 자신의 삶을 과거, 현재, 미래의 관점으로 보기가 어렵다. 그래서 그 상황이 다인 듯 생각하고 좌절하고 절망한다. 그러나 한 걸음 밖으로 나와서 자신의 상황을 큰 그림으로 가지고 지켜보게 될 때 문제는 새롭게 보인다. 이러한 통전적인 관점을 갖기 위해서는 긴박하고 긴장되고 두려운 상황에서 벗어나 자신을 볼 수 있는 여유가 필요하다.

이렇게 바라보게 되는 내 인생은 다르다. 지난 삶의 발자취를 돌아보면 신실하게 여기까지 이끌어 오셨던 하나님의 사랑을 발견한다. 지금보다 더한 어려운 상황에서도 나를 구하시고 이끌어 오셨던 하나님을 찾아낸다. 나는 넘어졌지만, 언제나 함께 하시며 동행하신 하나님이 지금 여기서도 함께 하심을 깨닫게 되는 것이다. 미래 역시 소망으로 열려진다. 그 하나님이 미래에도 나의 하나님이시다. 너무나 분명하게 하나님은 우리에게 소망을 허락하셨다. 이 소망은 세상 사람들이 말하는 막연한 바램이나 희망이 아니다. 한 번 말씀하신 것은 지키시고, 또 지키실 만한 능력도 있으신 하나님께서 말씀하신 것이다.

이 소망이 얼마나 분명한지 한 신앙인은 기독교의 소망에 대해서 이렇게 말한다. "소망은 미래의 기억이다." 전혀 어울릴 것 같지 않는 두 단어가 한 문장에 들어가 가 있다. 미래와 기억이다. 하나님의 소망은 반드시 성취되기 때문에 과거의 사건에 적용되는 기억이라는 말을 사용할 수 있다는 것이다.

(2) 같은 경험 다른 해석

더 나아가 돌보는 사람은 실패와 실수를 통해서 배워야 한다. 스포츠는 참여하는 사람들이나 보는 사람들에게 열정을 불러일으킨다. 그러나 경기가 끝나고 나면 어쩔 수 없이 드러나는 승자와 패자의 또 하나의 이야기가 만들어지게 된다. 승리를 감격스럽게 외치며 성공 신화를 쓰는 사람이 있는 반면에, 눈물을 머금고 쓸쓸하게 돌아서는 실패의 이야기도 있다. 이것을 지켜보며 기쁘기도 하고 안타깝기도 한다.

우리에게 기쁨을 안겨다주는 승리, 더 넓게는 성공은 누구나 좋아한다. 그래서 『성공하는 사람의 일곱 가지 습관』과도 같은 성공에 대한 서적들이 인기를 모은다. 성공을 주제로 하는 다양한 세미나도 있다. 그러나 실패에 관한 글을 쓰는 사람은 별로 없다. '이렇게 나는 실패했다', '나는 이래서 패했다', '그 사람은 이렇게 죄에 빠졌다'라고 드러내지 않는다. 사실 그런 제목의 책은 팔리지도 않기 때문에 출판 자체도 어려울 것이다.

그러나 현실은 실패와 실수가 있다. 동메달이래도 메달을 따는 사람보다는 따지 못하는 사람들이 훨씬 더 많다. 흔히들 인생을 운동경기에 비유하는데, 우리 인생에도 성공보다는 이런 저런 실수나 실패가 더 많이 다가온다. 현명하지 못한 투자로 인해 손해를 볼 때가 있다. 내 성질을 잘 다스리지 못해서 인간관계에서 어려움을 겪기도 한다. 가정의 위기를 경험하는 아픔을 겪기도 한다. 내가 나름대로 정한 목표를 이루지 못한 실패만이 아니고, 기대하는 것에 미치지 못하는 자신의 됨됨이를 보며 실망에 빠지기도 한다. 더구나 그리스도인으로 그리스도인답게 살아야 하는데 그러지 못한 모습과 실패감이 신자인 우리에게 밀려온다. 주일에 와서 회개를 하지만, 회개한 죄를 다시 저지르는 어리석은 자신을 볼 때 낙담이 된다.

이렇게 실패가 우리의 피할 수 없는 현실이고 수시로 다가오는 것이라면 준비할 수 있어야 한다. 오히려 그것을 잘 활용해야 한다. 그것이 지혜로운 것이다. 한 신앙인은 이렇게 말한다. "지혜로운 사람은 자신의 경험에서 배움을 얻고, 똑똑한 사람은 다른 사람의 경험에서 배운다." 우리가 과거의 연약한 실수나 실패를 바꿀 수는 없지만, 미래를 바꾸는 힘으로 만들어 갈 수 있다. 그런 의미에서 성경은 믿음의 선배들의 성공의 이야기만 적어 놓지 않았다. 그분들의 어떻게 보면 너무 솔직한 실패를 보여준다. 그들이 언제, 왜, 어떻게 실수했는지 증거한다. 다른 시대와 문화에 살고 있는 우리이지만 주의하여 보고 배우고 조심하도록 하기 위한 것이다.

반면에 어떤 사람들은 실패를 지나치게 두려워하고, 더 나아가서는 실패를 할 만한 일은 도전하지 않고 살아가는 안타까운 모습에 머물러 버린다. 부모들이 아이들에게 사실은 별로 유익이 안 되는 이런 이야기를 한다. "애들은 그저 입 다물고 있어야 돼." "무슨 일을 하든 처음부터 잘해야지." "해서 좋은 일이라면 잘 해야 돼." 이런 표현들은 더 열심히 노력해야 된다는 의미에서 한 것이지만, 결국 정반대의 결과를 가져오게 한다. 어떤 일을 잘해내기란 쉽지 않다고 생각한다. 그래서 많은 아이들이 시도조차 하지 않는 습관을 가지게 되는 것이다. 도전하고 또 넘어지고 다시 도전하지 않는다. 또는 완벽주의자가 된다. 이들은 용서하는 법이 없고 자신에게 지나치게 비판적이다. 다른 사람들에게도 융통성이 없고 완고하게 대한다.

우리가 처음부터 잘 할 수는 없다. 기꺼이 실수도 저지른다. 실제로 변화와 성장은 실패라는 꽤 중요한 재료가 있어야 한다는 것도 경험해야 한다. 이전에 인기 있던 수사 드라마 중에 "콜롬보 형사"가 있었다. 이 드라마의 주인공이었던 콜롬보 형사는 계속 질문한다. "그래도 저는 아직 이해가 안되는데요? …다시 한 번만 설명해 주실 수 있을까요? A가 이러했고, B는 저러저러 했다…그런데 어떻게 Z가 생길 수 있죠?" 이 형사의 엉뚱한 질문은 의미를 담고 있다. 변화로 나아가는 사람은 도움을 구하는 것을 주저하지 않는다. 다시 말해 자신이 답을 모른다는 것을 인정한다. 자신이 부족하기 때문에 밀려올 수 있는 수치를 극복하고 질문한다.

그리고 중요한 사실은 실패를 경험했을 때 자신이 결국은 해결책을 찾고 이겨낼 것이라는 믿음이 있다. 얼마나 많은 사람들이 "나를 싫다고 하면 어쩌지? 대답하지 못하면 어쩌지? 바보같이 보이면 어쩌지?" 한다. "무엇 무엇 하면 어쩌지?" 하는 질문들로 자기를 의심한다. 하나님께서 나의 실수함에도 불구하고 나를 믿어주시려는데, 오히려 자기 스스로가 자신을 의심한다.

우리가 실패라는 경험을 통해서 배워야 한다. 그 경험은 미래에 사용할 수 있는 창고에 쌓아둘 수 있다. 곡식을 추수하듯 우리의 약점을 거둬들일 수 있다. 물론 자신의 약점과 두려움과 연약한 모습을 보면서 직면하는 것이 고통스러운 일이다. 하지만 성경은 이렇게 권고한다.

> 그러므로 내가 그리스도를 위하여 약한 것들과 능욕과 궁핍과 박해와 곤고를 기뻐하노니 이는 내가 약한 그 때에 강함이라(고후 12:10).

우리가 오히려 겸손히 연약함을 인정하고 고백할 때, 질그릇 같은 우리 안에 보배 예수님께서 더 능력으로 역사하신다.

근래의 실증적 연구에 따르면 비슷한 성격의 체험을 한 사람들 중에 불과 10% 만이 그것을 통해서 오히려 성장할 수 있었다고 한다. 반대로 10%의 사람들은 그것으로 인해 스트레스를 받고 침체와 우울에 빠지게 되었다고 한다. 남은 80%의 사람들은 아무런 의미를 발견하지 못하고 그 경험을 흘려 보내 버리고 말았다. 지혜로운 사람은 체험을 반추해 보고, 앞으로 닥칠 삶을 준비한다. 지난 경험들 속에 우리가 후회할 것들이 많다. 후회하고 후회해야만 할 것들은 있다. 그러나 그저 후회에 멈춰버리면 의미가 없다. 자신을 자성하고 뒤돌아 볼 줄 아는 것은 중요하다.

그러나 이것 역시 뒤만 돌아보는 것으로 그치면 소용없다. 소금

기둥이 되어버린 롯의 아내와 같은 모습일 것이다. 많은 사람들이 후회는 하는데, 변화는 안된다. 자책은 하는데, 또 그 일과 습관을 반복하는 것을 보게 된다. 사람이 옛 것을 툴툴 털어버리고 활짝 미래를 여는 것처럼 보인다. 그런데 자기도 모르게 후회하게 되는 모습을 미래에도 반복한다. 시간이 지나가면 더 이상 후회도 없이 "내가 뭐 그렇지" 하며 사는 것을 보게 된다.

미래는 예측 가능하지 않은 새로운 세계이다. 그렇지만 많은 사람들이 살아오던 방식대로 또 살아간다. 그래서 미래가 열리지 않는다. 소망과 변화가 없다. 각본 없는 인생을 사는데도 불구하고 여전히 불행한, 실족한 각본을 또 반복하며 살아가는 것이다. 벗어나야 한다. 그 힘은 다른 해석이다. 또한 기독교인이 가진 특권이자 능력이 있다. 회개할 것을 회개하는 것이다. 회개는 과거를 충분히 인식하고 돌이키는 것이다. 더 나아가 미래에 그 행동에 있어 책임을 지고자 하는 하나님 앞에서의 결정이다. 후회가 회개와 같을 수는 없다.

회개는 변화로 나아가는 고통이다. 치유로 나아가기 위해 밝혀져야 했던 상처이다. 이 귀중한 능력이 평가절하되고, 사실 무시되는 세상에서 살고 있다. 간음을 하는 것도 실수이니까 괜찮다고 한다. 이웃들에게 상처 주는 말을 하고도 괜찮다고 한다. 물론 다 괜찮다. 회개하면 다 용납되는 것이다. 회개했으면 벗어날 수 있다. 혹 또 실수해도 다시 한번, 또 한 번 새 힘을 내고 회개로 나아가야 한다.

과거가 미래에 다시 반복되는 것은 불가능하다. 이것을 알아야 한다. 광야 길의 이스라엘 백성들이 실패했던 이유 중의 하나가 바로 과거에서 깨어나지 못한 것이다. 그들은 옛 정취에 빠져 있었다. 애굽에서의 험악한 실상은 다 잊고 그 시절을 그리워하고 있다. 이제 광야이다. 매일 먹는 만나이지만 맛있게 먹어야 한다.

새로운 상황에 초점을 모아야 한다. 과거가 아닌 미래에 마음을 돌려야 한다. 우리 앞에는 가나안이 있다. 거기에 마음을 기울여야 한다. 그런데 이것이 쉽지 않다. 내가 그동안 의지해 오던 것이 무엇인지 드러나는 시간들이다. 하나님보다 내가 해 온 사업이 더 의지의 대상이었다. 내가 모아 쌓아놓은 명성과 재물이 사실은 내 마음이 있던 곳이었다. 내가 의지하고 뿌리 내려 온 기반이 흔들릴 때, 우리는 하나님만을 의지해야 한다는 것을 절실하게 깨닫게 된다. 내가 기대 온 것들이 얼마나 흔들리기 쉬운 것들이었는지 알게 된다.

지혜로 돌보는 사람은 삶의 경험에 대한 이러한 특별한 해석의 능력 때문에, 남을 도울 수 있는 안목을 형성한 사람이다. 이웃의 삶의 아픔과 고통이 의미하는 바를 통찰하고, 벗어날 것은 벗어나고, 회개할 것은 회개하며, 하나님의 관점으로 해석하도록 돕고 미래를 향해서 용기 있게 전진해 갈 수 있도록 돕는 것이다.

3) 상호 교통할 수 있는 능력

지혜자들이 가지고 있는 또 다른 특질은 삶 속에서 다른 사람들과 교통하며, 공감하며, 의견과 성향의 차이에도 불구하고 다른 이들을 수용하는 능력을 가지고 있는 점이다. 자신을 내어주고 관계 맺는 능력은 지혜자가 가지고 있는 특징이기도 하고, 역으로 이 능력을 통해서 지혜를 얻게 되기도 한다. 관계 속에서 지혜를 발전시켜 간다는 의미이다. 지혜로운 사람들은 효과적으로 상호 작용하는 능력을 가지고 있다. 그들은 공감적이고 이해심이 있으며 유머감각이 있고 이기적이지 않다. 지혜자들은 공동체 내에서 자신의 위치에 맞게 행동하며, 자신을 다스리는 능력을 가지고 있다.

가깝고 친밀한 인간관계를 갖는다는 것은 삶에 있어서 매우 본질적인 것이다. 인간은 본래 혼자 있거나 자기중심적인 존재가 되도록 지음 받지 않았다. 우리는 다른 사람들과 사랑의 관계, 지적인 교류, 나눔, 감정적 친밀감을 갖도록 피조되었다.[49] 우리가 하나님의 형상으로 지음 받았다고 하는 것의 가장 중요한 특징 중의 하나가 다른 어떠한 피조물도 받지 못한 의사소통의 능력을 받았다는 것이다. 아담과 하와는 하나님의 말씀을 듣고, 이해하고, 그들의 삶에 적용할 수 있는 능력을 가진 존재로 창조되었다. 이러한 능력으로 인해 우리는 하나님을 알고 그분을 이해할 수 있을 뿐 아니라, 인간관계를 가질 수 있게 되었다.

그래서 근본적으로 의사소통을 하려는 우리의 마음은 강력하고 간절한 것이다. 1995년 프랑스 패션잡지 엘르의 편집장 장 도미니크 보비(Jean Dominique Bauby)라는 사람이 뇌간 뇌졸중으로 쓰러졌다. 뇌간 이하의 모든 신경이 죽고 그 위의 대뇌는 멀쩡하게 살아남은, 어떻게 보면 혼수상태보다도 더 고통스러운 상태에 처한 것이다. 숨을 쉴 수 있고 의식도 멀쩡하지만 몸을 움직일 수 없는 전신마비 상태가 된 것이다. 이것을 자물쇠 증후군(Locked-in syndrome) 이라고도 한다. 그는 침대에 누워 마음대로 움직이는 유일한 기관인 눈꺼풀을 이용해서 책을 저술했다. 눈꺼풀의 신호를 통해 비서에게 자기가 표현하

---

49 Gary Collins, *Biblical basis of Christian Counseling for People Helper*, 안보현 역, 『기독교 상담의 성격적 기초』(서울: 생명의 말씀사, 1996), 139-140.

고 싶은 의미를 전달했다. 대략 잡아도 무려 백만 번 이상 눈꺼풀을 움직여 *The Diving Bell and the Butterfly*라는 자서전을 완성했다. 그는 소통을 할 방법을 찾아 각고의 노력 끝에 세상 사람들과의 소통에 성공한 것이다. 인간이 가진 소통에 대한 욕구가 얼마나 강렬한 것인지를 알 수 있다.

지혜로운 사람들은 자신이 다른 사람들과 구별된 존재지만 서로 의존해 있고, 또한 상호 작용해야 하는 자신의 모습을 알고 있다. 내가 행하는 것이 다른 사람에게 영향을 주고 그들이 행하는 것이 나에게 영향을 준다. 예수님께서 하나님께 대한 사랑과 이웃에 대한 사랑을 동일하게 강조하시면서, 하나님의 본래 의도에 따라 살아가는 하나님의 백성 된 사람들의 모습이 누구와 어떤 관계를 맺으며 사느냐에 달려있다는 것을 보여주고 있다. 그러나 지혜가 없을 때, 이런 관계성이 얼마나 쉽게 왜곡되고 건강하지 못하게 발전하며, 문제를 양산하는지도 깨닫게 된다.

지혜로운 사람은 인간 관계적 문제를 해결하는 능력을 가지고 있었다. 솔로몬은 성경의 대표적인 지혜자였다(왕상 3:16-28, 10:1-3). 하나님께서 그에게 "내가 네게 무엇을 줄꼬 너는 구하라"(왕상 3:5)라고 하셨을 때, 부나 명예와 같은 것이 아닌 지혜를 구하였다. 하나님께서는 이를 기뻐하시고 다른 것들과 함께 지혜를 선물로 주셨다. 솔로몬의 선택은 지혜를 구했을 뿐만 아니라, 그 지혜를 갖고자 하는 목적이 다른 사람들을 올바르게 인도하는 것이었기에 하나님을 기쁘시게 한 것이다. Costa는 그의 책, *Working Wisdom*에서 이렇게 말한다:

지혜의 이런 관계지향적 모습이 번영의 시대 가운데 상담자로서의 솔로몬의 사역을 잘 감당하게 했다. 동정으로 두려움과 소외를 타파한다. 동정으로 갈등 가운데서도 이해를 끌어내는 기회가 활동하기 시작한다. 동정으로, 현재적 어려움의 압박을 넘어서 이해하는 공감이 실현된다.[50]

솔로몬이 지혜로운 재판장으로서 한 아이를 두고 다투는 두 여인 사이에 일어났던 갈등을 해결하는 방식은 지혜로운 문제 해결능력을 보여주고 있다. 솔로몬은 직면적인 접근을 하지 않고, 여인들의 입장에 서서 그들의 숨겨진 동기를 분별하였다. 어떻게 보면 뜻밖의 판결이었지만 역설적으로 인간 관계 상의 진실을 밝히고 문제를 해결하는 지혜가 드러난 사건이었다.

지혜는 한 개인에게 주어지는 귀한 선물이지만, 다른 이들에게 선을 행하고 그들을 인도하는 데 활용되어져야 하는 선물이다. Gangel의 주석에 따르면, 고린도전서 12:8에 등장하고 있는 성령의 은사인 지혜의 말씀은 다른 이들에게 하나님의 가치체계를 교통하는 것에 강조점이 있다.[51] 하나님과의 관계의 지평이 열리면서 서로 간의 관계의 깊이가 깊어지고 이를 통해 다른 사람을 돕는 것은 성경의 핵심적인 내용이다. 특별히 지혜자이신 예수님과 만났던 사람들은 수용, 동정, 공감, 존중, 그리고 솔직함을 경험했다. 예수님은 어떤 이들과

---

[50] John D. Costa, *Working Wisdom: The Ultimate Value in New Economy* (Toronto, Canada: Stoddart, 1995), 36.
[51] Kenneth O. Gangel, *Unwrap Your Spiritual Gifts* (Wheaton, IL.: Victor Books, 1988), 66.

관계를 맺든지 간에 그들에게 진실하였고 신뢰를 주고 영향을 끼치고 도전하였다.

관계는 영향력을 전달하는 통로이자 수단이다. 돌보는 사람이 어떤 경우에는 인도자로서 동기를 부여하고 진리로 결단하고 그 결단에 맞는 삶을 살도록 안내하고 영향력을 전달해야 한다. 이것은 관계를 형성해야 가능한 것이다. 점차 그 관심을 더해가고 있는 현대 리더십 이론 중의 하나가 관계중심의 리더십인데 여기서 "리더십은 사람들 간의 관계에 관한 것이다"라고 정의되고 있다.

> 즉 리더십은 목적, 즉 공통된 사명의 달성과 공동체의 양육이 있는 영향의 관계다…마지막 평가에서 리더십이 행해지고 있는지 결정하는 자는 언제나 따르는 자이다. 당신이 얼마나 많은 능력과 카리스마를 갖고 있다고 생각하는지, 당신의 비전이 얼마나 근사한지는 문제가 되지 않는다. 문제되는 것은 누군가가 당신의 영향을 받아들이기로 선택하여 그의 비전과 가치관, 태도나 행동을 변경시키는 것이다. 리더십은 목적이 있는 관계, 영향을 끼치는 관계이다.[52]

돌보는 사람은 효과적인 커뮤니케이션을 위해 수용하고 들을 수 있는 사람이 되어야 한다. 중고등학교 시절, 아침 조회 시간의 교장 선생님이나 선생님의 훈화는 귀한 것임에도 불구하고 그렇게 귀를

---

52 Walter C. Wright, *Relational Leadership*, 양혜정 역, 『관계를 통한 리더십』 (서울: 예수전도단, 2002), 41.

기울이는 학생들이 많지는 않았었다. 그 이유 중의 하나는 훈화가 자연스러운 흐름이 없는 일방통행이었기 때문이라고 생각한다. 사랑하는 학생들에게 인생을 사는 데 좋은 말을 해 주겠다는 사명감에 불타서 선생님은 말씀하셨다. 그러나 양 방향으로 오고감이 없는 일방적인 의사전달이 되기 쉬웠다. 이렇게 리듬감과 활력이 없는 나른하고 정체된 대화는 사람과 사람 사이의 소통을 가로막게 한다.

일방적이 아닌 양방적인 대화를 위해 듣는 것은 교통에 있어서 핵심요소이다. 적극적인 경청은 이웃의 필요와 관심을 표현할 수 있게 해준다. 마치 커뮤니케이션이 상호신뢰를 구축하는 심장과도 같다면 '듣는다'고 하는 것은 생명의 피와 같은 것이다. 사실들(facts)에 대해서만이 아니고 느끼는 것들(feelings)에 대해서도 들을 수 있는 사람은 불필요한 불신과 오해를 줄여주고 신뢰로 하나 되게 한다.[53]

지혜로운 이들은 인생의 역설, 모순, 변화를 이해하고 이것에 대해서 평가하고 교통할 수 있는 능력이 있었고 이에 따라 문제를 해결하고 조언하는 능력을 가지고 있었음을 보여주고 있다. 그런데 안타까운 사실은 이렇게 정치, 사회, 공동체 어디서나 사람들은 소통을 원하고 그것도 시원한 소통을 원하는데 그것이 점점 어려워지고 있다는 것이다. 이 시대는 관계를 통해 지혜를 나누기가 어려운 시대가 되고 있다. 그 만큼 지혜롭기 보다는 어리석어질 수 있는 시대가 되었다는 것이다. 현대 사회는 점점 개인주의화 되고 있다. 하지만 그럴수록 관계로 자라가도록 지음 받은 인간은 타인과 연결되고 싶은

---

53 Carlton J. Snow, "Rebuilding Trust in the Fractured Workplace," in *Faith in Leadership*, eds., R. Banks & K. Powell (San Francisco, CA.: Jossey-Bass Publishers, 2000), 43.

욕구 역시 무시하지 못한다. 하지만 관계는 단절되고 욕구는 채워지지 않고 내 안의 소외감은 더해간다.

그런데 사람들의 이런 관계 욕구를 채워주면서도 관계의 부담감을 줄일 수 있는 장이 생겨났다. 인터넷을 비롯한 가상공간에서 해소하는 것이다. 페이스북, 트위터, 블로그를 통한 익명의 사람들과의 만남은 관계의 욕구를 충족시켜 준다. 자신의 모습을 포장할 수도 있고, 자신의 분노를 표출할 수도 있고 긴밀한 만남을 지속할 수도 있다. 시공간을 뛰어 넘어 사람들을 만나며 그 교제권을 확대할 수도 있다.

그러나 그러한 순기능만 있는 것이 아니다. 한 밥상을 앞에 두고 식사를 나누는 가족들이 서로 대화하지 않는다. 스마트 폰을 만지작거리고 텔레비전에 관심이 쏠려있다. 이메일과 카톡으로 대화는 하지만, 인격과 인격이 만나서 관계를 맺지 않는다. 그렇게 할수록 현실에서 생기는 갈등은 더욱 깊어가고 만남 자체가 스트레스가 되며 이것이 악순환을 불러온다. 관계에 대한 뱃심이 형성되지 못해서 작은 상처에도 못견뎌하고 안전한 자신만의 세계로 물러나 버린다. 그래서 다시 상처 없이 교제할 수 있는 디지털 세계에 빠져들지만, 소외감은 더 깊어진다. 지식은 있을지 모르지만 지혜가 없는 사람을 양산하게 된다.

우리가 속해 있는 공동체가 소통이 가능한 곳이 되어야 한다. 무엇보다 영적으로 하나님과의 소통이 원활하게 이루어지고, 수평적으로 인간과의 관계에서 마음이 통하는 소통이 이루어질 수 있었으면 한다. 이를 통해 하나님의 사람들이 지혜로 자라갈 수 있고, 돌보는 사람은 지혜로 사람들을 돕고 돌볼 수 있는 것이다.

4) 인간의 한계를 인식하고 반응하는 능력

지혜자의 특질은 믿음, 수용, 또는 유머 등을 통해 인생의 한계를 다루는 능력이라고 볼 수 있다. 때때로 이런 한계에 대한 인식이 좌절과 절망을 가져올 수 도 있지만, 전체적으로 볼 때 지혜로운 이들은 그들의 한계를 수용하고 심지어 웃어넘길 수 있다. 이런 지혜자의 특질에 대한 이해는 철학자인 John Kekes 역시 동일하게 공감하는 부분이다:

> 지혜는 인간의 중요사, 보편적이고 피하기 힘든 한계들, 그리고 곧 만족한 삶을 살게 되리라는 가능성에 대한 해석적 지식이다.[54]

지혜로운 이들은 인생의 한계를 다루는 능력을 가지고 있기 때문에 다른 생각을 수용하는 면을 가지고 있다. 그들은 자신들이 알지 못하는 것이 무엇인지 알고 있고 의심과 모호함을 불안해하지 않는다. 그러면서도 전통적인 생각에 기꺼이 질문을 던진다. 그들은 다른 사람과 교통하는 가운데 관점을 바꿀 수 있다. 지혜로운 이들은 변화와 성장을 이해하고 있다.

Erikson과 여러 학자들에 의해서 연구되어지고 우리가 삶을 통해 직접 경험하게 되는 분명한 사실은 인생의 과정을 거쳐 가는 동안 일단의 한계들을 직면한다는 것이다. 이것들 중에는 예측이 어느 정도 가능한 위기와 스트레스가 있다. 이를테면 성장의 과정에서 한 단계

---

[54] John Kekes, "Wisdom," *American Philosophical Quarterly* 20, no. 3 (1983): 277.

에서 그 다음 단계로 지나갈 때 발생할 수 있는 발달상의 위기와 같은 것이다. 반면에 일부 스트레스는 그 성격상 예측에 한계가 있으며, 찾아올 시기와 장소를 미리 가늠할 수가 없다. 예를 들면, 아직 어릴 때 아이들의 부모가 세상을 떠난다거나, 화재나 다양한 천재, 인재로 인한 참화 등이 그렇다.

고통, 슬픔, 위기, 죽음의 순간은, 사람이 살면서 겪게 되는 삶의 불가피한 현실이다. 하지만 이 인간의 한계적 상황을 어떻게 수용하고 해석하느냐 하는 것이 지혜를 향한 발걸음을 걷게 하는 중요한 기회가 된다. 특별히 신앙인에게 있어서 이런 상실은 삶과 인생과 사건의 근원 되시는 하나님을 바라보게 하며, 약함 중에 강하게 하시는 그분의 손길을 경험하는 순간이 된다(히 11:34). 지혜는 우리에게 닥친 한계가 결국은 하나님의 손길에 의해서 우리를 내·외적으로 새롭게 변모시킨다는 것을 신뢰하면서 그것을 맞이하게 하는 능력이다.

(1) 고난이라는 한계

고난을 겪는 사람이 영적으로 정서적으로 그런 한계를 처리하는 방법은 그 고통의 원인에 대한 이해 만큼이나, 아니 어떤 의미에서는 그것보다 더 중요한 것이다. 고난의 문제는 오랜 시간 동안 우리의 질문이고 고민이었다. "전능하시고 선하신 하나님이 계신데, 어떻게 세상에 악이 존재하고 인간이 고통을 겪느냐?"는 신정론(theodicy)적 질문에 답을 해보려고 노력해 왔다.

고난에 대한 보편적인 한 가지 반응은 비탄에 빠지는 것이다. 비탄은 일시적인 부정, 분노, 좌절, 또는 침체로 발전하는 경향을 가지고 있다.[55] 누구도 그 과정에서 쉽게 빠져나올 수는 없다. 누구도 고난은 의미를 가졌다고 쉽게 말할 수 없다. 고난을 겪는 사람에게는 너무 가슴 아픈 시간이기 때문이다. 그럼에도 불구하고 비탄이 지나가면서, 그 사람은 거기에서 자유하고 앞으로 나아가야 한다. 이 때 한 개인의 믿음 체계와 가치관은 그로 하여금 위기와 상실을 인식하고 감당하는 방식에 영향을 주고, 동시에 상실과 비통의 경험은 믿음 체계와 가치관에 변화를 가져온다.[56] 목회상담가인 James G. Emerson은 이것을 창조적 삶의 능력이라고 표현하였다.[57] 이 능력이 인격을 성숙하게 만들고 지혜와 같은 특정한 미덕의 성취를 가능하게 한다.

위기와 하나님을 섬기는 것 사이의 관계를 극명하게 보여주는 성경의 예가 욥기를 통해 나타나 있다. 욥기는 욥이라는 인물을 통해서, 한계를 직면했지만 그 가운데서 지혜를 드러낸 한 사례를 담고 있다. 욥은 신앙의 사람이었고, 가정이나 당시 사회에서 존경받는 사람이었다. 그러나 그의 가정과 재산과 육신은 온통 만신창이가 되고 만다. 마치 암이나 AIDS에 걸리고, 파산의 고통과 사랑하는 가족을

---

[55] 비탄의 과정에 대한 연구가 John Bowlby에 의해서 이루어 졌다. Bowlby는 비탄을 세 가지 국면을 거쳐가는 과정으로 구분해서 설명한다. "첫째 국면은 이의를 제기하는 것이다. 그 사람은 자신이 잃어버린 것을 그리워하고 상실 그 이상의 분노를 경험한다. 그 사람은 비난 이나 죄의식 또는 두 가지 모두의 형태로 분노를 드러낸다. 두 번째 국면은 좌절의 시간이다. 그 사람은 그가 잃어버린 것을 다시 찾을 수 있다는 소망을 포기하고 잃어버린 것과 또는 사람과 상호 작용하게 되는 행동과 생각에 대해 점차 무감각해진다. 세 번째 국면은 분리의 과정이다." John Bowlby, "Process of Mourning," *International Journal of Psychoanalysis* no. 42 (1961): 317-340.

[56] R. Schmitt, "Suffering and Faith," *Journal of Religion and Health* no, 18 (1979): 263-275.

[57] James G. Emerson, *Suffering: Its Meaning and Ministry* (Nashville, TN.: Abingdon Press, 1986), 38-41.

잃었다고 할 만한 극도의 고난을 경험하고 있던 한 사람이었다.

욥기는 욥의 이러한 고난의 원인과 참상에 대해서는 간결하게 기술하고 있지만, 욥의 반응은 상당히 상세하게 기술하고 있다. 욥은 마음에 평화를 가질 수 없었다. 그는 밤에 누워서 새벽이 오기를 기다렸고 곤고하고 수고로운 밤이 계속되었다(욥 7:1-14). 그는 절망 중에 부르짖었다. "나의 눈이 다시 복된 것을 보지 못하리이다"(7:7). 그는 자기 삶에 어떤 의미도 발견하지 못하고 죽기를 소원했다(7:15-16). 자신이 이런 고난을 받을 이유가 없는 듯 생각되어 화를 내기도 했다(30:25-26). "내가 복을 바랐더니 화가 왔고 광명을 기다렸더니 흑암이 왔구나"(26절). 자신에 대해서 표현하기를 성경에서 비참과 황폐의 상징으로 등장하는 동물인 이리와 타조의 형제라고 하고 있다.

욥은 그의 동료들에게도 버림을 받았다고 느꼈다. 욥의 친구들은 인간에게 일어난 일이 그 사람의 행함의 열매라는 전통적인 입장을 대변한다. "의인은 복을 누리고 악인은 벌을 받을 것"이라는 인과응보(因果應報)적 관점이고, 전통적 지혜의 가르침 역시 강조하는 것이었다. 하나님의 질서에 부합한 삶을 사는 사람이 건강하고 행복하다는 것이다. 넘어지고 실패한 엘리 제사장에게 하나님은 "나를 존중히 여기는 자를 내가 존중히 여기고 나를 멸시하는 자를 내가 경멸하리라"(삼상 2:30)라고 말씀하셨다. 욥 역시 그렇게 살았고, 그것이 맞다는 것을 여러 해 동안 증명해 왔다. 당연히 고통을 겪으며 혼란이 찾아왔고, 하나님이 자신을 원수같이 취급하신다는 생각에 소망을 잃었다(19:10-11). 그는 무력했고 아무 도움도 없었고 두려웠다(23:15-17).

인습적이고 통상적이고 전통적인 지혜가 무너지는 것을 기이하게 여기고 어디에도 제대로 호소할 수 없는 경험이었다. 욥의 친구들은 그 지혜를 대처할 아무런 대안을 가지고 있지 않았다. 여전히 아무런 고민과 질문 없이 옛 지혜를 붙잡고 그 근거에서 욥을 판단하였다. 욥은 세 친구와 같지 않았다. 어쩌면 그가 고난을 인내할 수 있었던 이유 중의 하나는 믿어왔던 질서가 무너지는 것에 대한 고민과 질문을 가지고 하나님과 많은 시간을 씨름했다는 점이다. 이것이 의미가 있는 것이다. 하나님은 우리의 탄식과 질문을 받아 주시는 분이기 때문이다

William B. Brown은 욥이 귀한 것은 자신에게 정직했던 것과 자신의 지금 겪고 있는 고난을 새롭게 해석하는 눈이었다고 한다.[58] 다시 말해 욥은 그 때 당시의 사람들의 해석의 틀로 작용하던 인과응보적인 전통적 지혜의 관점을 도전하는 용기가 있었다는 점을 강조하고 있다. 고난을 겪는 우리에게 욥기는 아무리 터무니 없어 보이는 질문이라도, 그리고 아무리 강한 감정이라도 하나님께 말할 수 있다고 초대한다.

결국 하나님은 그 자신을 욥에게 보이셨고 그를 회복시키셨다. 하나님의 계획이 욥의 마음 속에서 역사하기 시작했고 시련을 통해 욥은 변했다.

첫째, 그는 그의 착각을 벗어버릴 수 있었다. 비록 여전히 하나님의 의도가 모호해 보였고 속 시원한 답을 주시는 것은 아니었다. 그

---

58 William P. Brown, *Charter In Crisis: A Fresh Approach to the Wisdom Literature of Old Testament* (Grand Rapids, MI.: Eerdmans, 1996), 112.

러나 참기 힘든 시련일지라도 그분은 영광 받으셔야 한다. 그의 명예와 육신과 재산이 모두 무너져 내린 후에, 욥은 자신이 불평할 수 없다고 하나님께 고백했다(40:3-5). 하나님의 섭리는 우리가 이해할 수 없고, 우리는 큰 바퀴의 아주 작은 톱니 정도에 불과한 나의 세계를 수용해야 한다. 충분히 납득되고 넉넉히 충족되는 삶이 이 땅에 사는 동안은 이뤄지지 않는다.

둘째, 욥은 통찰을 얻었다. "내가 주께 대하여 귀로 듣기만 하였삽더니 이제는 눈으로 눈을 뵈옵나이다. 그러므로 내가 스스로 한하고 티끌과 재 가운데서 회개하나이다"(42:5-6)라고 외쳤다. 욥은 그가 하나님을 섬기기는 했지만, 이제 하나님을 진정 하나님으로 알게 되었다.

마지막으로, 욥은 하나님과의 만남과 고난을 통해 지혜를 얻었다. 그는 무지와 무례함으로 말했던 것을 그쳤다(42:3). 그는 지혜와 하나님을 의지하는 자리를 올바르게 회복하게 된다(42:4). 이것이 무지한 말로 이치를 어둡게 했고(38:2), 정당하지 못한 말을 하던(42:7) 욥이 변화되는 모습이었다. 고난의 이면에 있는 목적, 즉 하나님의 신비로운 역설적 질서를 보는 눈이 생길 때 지혜를 소유하게 된다. 다시 말해 자신의 한계를 경험하며, 그 자리에 머물러 고착되는 인생이 아니라 그 자리에서 하나님을 경외하고 악을 떠나는 사람(28:28)이 지혜를 소유하게 된다는 사실을 지혜자인 욥의 모습을 통해 알게 된다.

시편 기자 역시 고통의 자리에서 "내 하나님이여 내 하나님이여 어찌 나를 버리셨나이까"(시 22편)라고 묻고 있다. 인간의 다양한 감정을 솔직히 기록하면서, 비극적인 고난 가운데 고통에 압도되어 무력함에 처하고 거대한 불의와 압제를 직면하고 사악한 세력에 의해서 공격당하고 무례한 적과 마주하며 하나님께 심령의 비탄함을 호소하고 있다.[59] 미움, 증오, 적의, 폭력, 보복, 복수가 시편의 핵심 주제이다. 시편은 인간경험을 편집하지 않고 하나님 앞에 모든 것을 가져오며, 인간감정의 여러 측면을 정직하게 표현하고 있다. 우리가 매번 이런 형태로 기도하게 되는 것은 아니지만, 가능한 감정적 표현이고 신앙적 소통 방식이라는 것을 알게 된다.[60]

시편 94편 역시 옛 믿음의 선배가 고난 중에 하나님 앞에 호소하는 내용이다. 악한 사람들이 하나님의 백성들을 힘들게 만들었다. 악인들은 자신들의 떵떵거림이 지속될 줄 알며 끊임없이 하나님의 자녀들을 괴롭혔다. 이 고통 가운데서 시편의 저자는 재판장이신 하나님께 이들의 죄악을 이야기한다. "하나님, 악인들이 힘없는 과부와 나그네를 상하게 하고 도움 없이 살 수 없는 고아들을 이용합니다. 의지할 곳 없는 이들을 무시하고 가슴에 못을 박으며 해를 끼칩니다. 심지어 죽이기까지 합니다"(시 94:6-10)라고 토로한다.

지금 이 시간에도 우리가 사는 이 땅 어느 한 구석에서 악한 이들에 의해서 자신의 청춘을 꽃 피워 보지도 못하고 구렁텅이 속에 빠지는 청소년들이 있다. 아니 무참한 총부리에 어린 아이들이 여러 발의 총알을 맞고 비명횡사하는 일들이 지구촌 어딘가에서 벌어지고 있다. 잘못된 일에 대해서 깨어 있어야 할 지도자가 그 죄를 합리화하며 조장하는 모습도 본다.

---

59 Lytta Basst, *Holy Anger: Jacob, Job, Jesus* (Grand Rapids, MI.: Eerdmans, 2007), 25.
60 Walter Brueggemann, *The Message of the Psalms* (Minneapolis, MN.: Augsburg, 1984), 71-72.

더구나 이러한 사람들이 망하고 잘 안되는 것이 원칙이고 법칙일 텐데, 이런 법칙이 성립이 안 될 때가 있다. 반칙을 쓰는데 잘 살아간 다. 그러니까 더욱 교만하고 부끄럽게 생각하지 않는 것이다. 시편 기자는 그러한 것이 화가 나고 가슴 아프며 속이 상한다. 그래서 하 나님께 탄원한다.

우리는 악한 사람의 악행에 대해서 분별하고 안타까워해야 한다. 무엇이 부끄러운 것인지 깨닫게 해야 한다. 어떤 사람은 이렇게 이야 기 한다. "악의 구조를 비판치 않고, 그 안에서 착하고 성실하게 살 아가면, '악의 평범성'이 형성되고, 이것이 우리와 우리 후손을 괴물 로 만듭니다." 또한 이렇게 세상의 악한 영향력에 대해서 안타까워하 는 사람이 하나님 앞에서 건강하게 살아갈 수 있다. 자신 안에 불법 과 악의 뿌리를 의식할 수 있는 가능성이 많다. 불의와 악함에 대해 서 탄식하고 탄원하고 있는 내가 하나님 앞에서 어떻게 살고 있는가 를 의식하기 때문이다.

고난 중에서도 이러한 생각으로 안타까워하고 있는 시편 기지의 고민이 귀하다. 생각의 방향이 올바르다. 18-19절은 이렇게 말한다. "여호와여 나의 발이 미끄러진다고 말할 때에 주의 인자하심이 나를 붙드셨사오며 내 속에 근심이 많을 때에 주의 위안이 내 영혼을 즐겁 게 하시나이다." 시편말씀의 배경이 되고 있는, 고대근동지역은 지역 적 특징 상 북부 일부지역을 제외하고 지중해 기후와 사막 기후이기 때문에, 빙판길의 위험을 염려할 곳은 아니다. 그러나 시편의 기자는 우리 발이 무엇인가에 의해서 미끄러질 수 있는 인생길을 걷고 있다 고 표현하고 있다. 삶에 닥친 위기나 아픔을 빗대어서 말한 것이다.

미끄러지고 넘어지는 일이 인생에 닥친다는 것이다. 18절에 발이 미끄러지는 때를 말하고 있고, 대구적으로 19절에는 내 속에 근심이 많은 때를 이야기 하고 있다. 개정판에서는 '근심'이라는 표현을 썼고, 개역한글 판에서는 근심 대신 '생각'이라는 단어로 번역했다. 종합해 보면 미끄러지는 때에 우리에게 근심되는 많은 생각이 찾아온다는 것이다. 흔히들 인생을 빙판길에 비유한다. 생각해 보면 그런 것 같다. 조심을 해도 어떤 때는 아차 하는 순간 미끄러지는 때가 있다. 간신히 균형을 잡기도 하고 그만 넘어지기도 한다.

우리가 열심히 걷고 뛰는 때에는 경황없이 지냈는데, 미끄러져서 넘어져 보면 마음에 이런 저런 복잡한 생각이 찾아오는 것을 경험한다. 건강에 적신호가 생기고 몸이 불편해지면 마음이 분주해진다. 여러 이유로 재산에 적잖은 손해가 나고 경제적인 어려움을 겪으면 생각이 많아진다. 사랑하는 사람의 배신으로 인한 아픔을 당하면 착잡한 생각이 밀려온다. 말 잘 듣던 자녀가 삐뚤어져 나가고, 의기소침해지고, 시행착오를 거듭하면 근심이 생긴다. 취업이나 결혼의 문제가 실타래처럼 엉키면서 머리가 터질 듯 고민이 된다.

바로 그러한 때에 찾아오는 많은 생각을 어떻게 추슬러야 하는지 살펴보아야 한다. 무엇보다 생각하고 고민하는 것은 우리의 특권 중의 하나라는 사실을 기억해야 한다. 생각이 많아지는 것 자체는 문제가 아니다. 하나님의 피조물인 인간에게 부여된 축복이자 능력 중의 하나는 생각하는 것이다. 생각하는 능력은 인간됨의 핵심을 구성하는 내용이고, 깊은 묵상과 고민은 인간만이 하는 것이다.

오히려 지금 세대의 문제 중의 하나는 생각하는 여유와 생각하는 시간을 갖지 못한다는 데 있다. 인간됨의 능력을 상실하고 있는 것이다. 그리고 생각이 없어지면서 그에 따른 크고 작은 부작용이 나타난다. 대형 범죄사건이 일어날 때 마다, 매스컴을 통해 흔치 않게 들려오는 이야기가 있다. 가해자가 "은둔형 외톨이였다", "고립된 사람, 혼자 있기 좋아하는 사람이었다" 등등이다.

일반적으로 이러한 사람들을 내향적인 사람들이라고 말한다. 예술 계통이나 과학과 학문 분야 등에서 뛰어난 업적을 남긴 사람들을 보면 이러한 내향적 사람들이 많이 있는 것을 보게 된다. 그러기에 우리가 다 인정하듯 혼자 있다고 나쁜 것은 아니다. 자기 만의 세계에서 살아간다고 문제가 되는 것은 아니다. 오히려 수많은 정보와 온갖 소리에 이리 끌리고 저리 흘러가는 현대인들에게 홀로 하는 시간은 필요하다.

그런데 그 혼자 하는 시간조차도 가만 놔두지 않고 수많은 소리와 소음이 무선, 유선망을 통해 찾아온다. 그리고 그 사람의 생각을 빼앗고 왜곡하면서 이상한 사람을 만들어 낸다. 사는 것 자체도 바쁠 뿐 아니라, 차 안에서 듣는 라디오, 계속 울려대는 전화, 메시지, TV, 잡지 등등 너무 많은 정보들이 우리가 감당하지 못할 정도로 홍수처럼 쏟아져 나온다. 그 결과 사람들은 생각하는 여유를 잃어버렸다.

또한 생각을 빼앗을 뿐 아니라 나의 가치관과 생각의 틀에 파고들어서 내가 아닌 나를 만들어 가기 시작한다. 사람들은 부인하지만, 아니 부인하고 싶지만, 우리는 본래 많은 시간을 같이 하는 것, 함께 하는 사람, 눈과 귀를 자극하는 것, 들려지는 목소리에 영향을 받을 수 밖에 없다. 사람을 만나서 대화하는 것보다, 작은 자판이지만 재빨리 두들기며 대화하는 것이 점점 더 편해진다. 어른들의 훈계나 권고를 듣는 것보다, 사이버 공간의 익명의 사람이 전해주는 칭찬의 말 한마디와 이모티콘이 익숙해진다.

권위를 가진 사람들, 부모님 선생님, 지도자들을 비판하는 문자나 댓글은 난무한데 그들의 지혜에 귀를 기울이고 배울 시간도, 만남도 없다. 경험을 많이 쌓은 어른들이 전해주는 귀한 통찰보다 클릭 몇 번만 하면 쏟아져 나오는 지식을 좋아한다.

지식의 넓이는 많아진 것 같은데 그 깊이는 얕다. 들을 마음이 준비되지 않기 때문에 어지간한 이야기에는 꿈쩍도 하지 않는다. 권고에 귀를 기울이지 않고, 인정하지도 변하려고도 하지 않는다. 지적과 비판을 못 견뎌하고 귀를 닫아버린다. 일반적으로 지식의 척도라고 이야기 되는 IQ가 지난 시기에 세대마다 9점씩 증가했지만, 지식의 양과 능력이 치솟던 그 동일한 그 기간에 온갖 종류의 악한 일들이 봇물처럼 터져 나왔다고 한다. 지식은 있는데 그 지식을 소화하고 바르게 적용하는 도덕과 삶은 없다.

나중에는 우리가 생각하는 여유를 빼앗길 뿐 아니라, 우리의 감정도 메말라 간다. 너무 많은 자극에 익숙해져서 어지간한 충격이나 장면에 우리의 감정은 움직이지 않는다. 둔감화 현상이 벌어지는 것이다. 사람들이 아파하고 고통당하고, 슬퍼해도 반응은 무덤덤하다. 이것은 갑자기가 아니고 차츰 차츰 무뎌지는 것이다. 무덤덤한 감정과 세상적 가치를 가진 정보는 이제 사람들을 아예 생각이 없는 사람으로 만들어 간다. 생각은 하게 되지만 재빨리, 순식간에 또 다른 지식과 자극이 우리의 생각을 잡아먹는다. 생각의 깊이가 깊어지기 어렵게 되었다.

이것이 반복되면서 힘든 생각과 고민을 하기가 어려워졌다. 생각은 많은 에너지를 필요로 하는 고된 작업일 것이다. 고민은 마음을 녹아내리는 아픔을 동반한다. 그것을 감당할 내성과 맷집이 약해진 것이다. 그러한 고민은 감당하기 어려우니까, 그러한 고민과 생각을 대체해 버리는 정보와 재미의 장으로 들어가 버린다. 현실을 회피하는 대체물이 많아지고 있고, 그에 빠져버리는 일이 점점 빈번해진다. 아픈 마음과 감정과 생각을 없애주는 자극과 즐거움이 어느 순간 우리 눈과 귀를 차지한다. 거기에 익숙해지다 보면 마치 중독에 빠진 사람처럼 빠져나오지 못한다. 감동도 없고 공감도 없고 열정도 없는 사람이 되어간다.

고난의 현장에서 생각하는 것은 중요하다. 넘어지지 않았으면 좋겠지만, 미끄러지는 어려움을 겪을 때 그 어려움이 축복이 되고, 새롭게 경험되는 지혜가 되기 위해서 생각이 깊어져야 한다. 그런 의미에서 삶에서 경험되는 고난은 하나님께서 우리에게 생각하라고 허락하시는 기회이다. 주어진 그 기회에 놓치지 말아야하는 핵심적인 내용은 지금 경험하는 사건 속에 숨겨진 하나님의 의도와 뜻을 생각하고, 고난 속에 숨겨진 하나님의 격려와 섭리를 찾아보는 것이다. 그러한 과정에서 "하나님, 역시 의지할 분은 주님 밖에 없습니다", "정말 하나님 말씀이 진리입니다" 하는 것이 우리 마음판에 새겨지고 지혜의 성품이 깊어진다.

또한 18절에 미끄러질 때 "주의 인자하심이 나를 붙드셨사오며, 내 속에 생각이 많을 때에 주의 위안이 내 영혼을 즐겁게 한다"라고 표현한다. 우리를 혼자 두지 않으시고 하나님께서 미끄러지는 때에 간섭하시고, 하나님께서 생각의 과정 가운데 함께 해 주신다는 것이다.

물론 모든 생각의 내용이 다 좋은 것은 아니다. 시편기자는 단순히 아픔 가운데 원망하고 불평하고 따지는 것으로 그치고 있지 않다. 악한 자들에게 피해를 입고, 애매하게 오해를 당하며 미끄러진 다음에 드는 생각들은 자칫 왜곡되고 뒤틀어진 생각이 되기 쉽다. 그 중에 대표적인 것들이 원망이다. 원한을 품는 것이다. 공포와 불안으로 얽히고 설킨 마음이다.

어떤 사람은 원망의 방향이 자신에게로 향해서, 자신을 원망하며 자책과 후회에 머문다. 어떤 사람은 원망의 방향이 밖으로 향한다. 원수가 많이 생기게 된다. 배우자도 자녀도 원수가 된다. 다른 사람을 원망하고 사회를 원망한다. 잘못된 생각의 방향으로 가는 것이다.

시편기자는 말한다. 11절 "여호와께서는 사람의 생각이 허무함을 아시느니라." 하나님은 사람의 생각을 아는 분이다. 생각하는 것은 우리의 능력이지만, 더 중요한 것은 생각이 건강해 지는 것이 필요하다. 악한 자에 대한 원망과 비판으로만 산다면 그 영혼이 병든 것이다. 시편기자는 강하게 호소하지만 결국 하나님의 정의로운 심판에 대한 전적인 신뢰가 있었기 때문에, 계속 원수 갚아달라는 말로 이 시편을 끝내지 않는다. 시편 94:12에서부터 다른 논조로 기도를 하고 있다. 하나님의 은혜와 하나님의 도우심에 대해서 이야기 한다. 비록 악의 고통을 받는 사람이 있다고 해도 하나님의 사람들은 주님의 평안과 위로를 받는다는 것이다. 이것은 시편기자가 고난 속에서 깊은 묵상으로 확신하고 삶으로 경험한 열매이다. 하나님의 위로와 도우심으로 나는 삶의 참된 행복을 발견한다는 것이다.

한 때 모 통신회사를 통해서 한참 방송을 탔던 "생각대로 하면 되고"라는 로고송이 있었다. 다양한 상황에서 여러 사람들이 나와서 결국은 생각대로 하면 된다고 말한다. 주관이 부족하고 우유부단한 사람에게는 상당히 격려가 되는 모토인 것으로 보인다. 용기를 필요로 하는 사람에게 자극이 될 수도 있다.

그러나 우려가 되는 것은 그러지 않아도 이 시대의 많은 사람이 자신의 생각을 절대화하며 살아간다는 것이다. 이런 사람들은 "요새 내 생각대로 되는 것이 하나도 없어"라고 말한다. 이 이야기의 이면에는 "내 뜻대로, 내 생각대로 되어야 한다" 또한 "모든 것은 내 생각대로 되어야 정상이다"라는 것이 은연 중에 깔려있는 것이다. 자신의 생각이 중심이고 다른 것은 그 주변을 맴돌아야 정상이라고 생각하는 사고방식이다.

그래서 자기도 모르게 자기 생각을 절대화하고 그것을 주장하게 되고 자연히 다른 사람과 대화하는 것이 어렵게 된다. 자기 생각대로 되어야 하고 자기 생각대로 안되는 것은 정상이 아니라고 속단하기 때문이다. 사람의 인지를 연구한 학자들은 우리가 처음 하는 생각은 대부분 부정적이고 회피적이고 특히 자기중심적이라고 보고하고 있다.

자기중심적인 사람은 대부분 자신만의 기준이 있는 듯 보인다. 그러나 그 기준을 잘 살펴보면 다 자신의 편협한 생각과 사시유익을 질대화 한 것이다. 특히 자신에게 좋은 것이 옳은 것이라는 생각을 한다. 이전 시대에는 기본적으로 옳고(right) 옳지 못한 것(wrong)이라는 가치의 기준이 있었다. 그런데 오늘 이 시대에는 그 기준이 좋은 것(good)과 나쁜 것(bad)으로 바뀌었다. 옳은 것이 옳은 것이 아니다. 나한테 좋은 것이 옳은 시대가 된 것이다. "내가 좋다는데 누가 뭐래!", "내가 싫다는데 왜 그래!"하는 사람이 늘어나고 있다. 사람들이 다 자기 소견과 생각에 따라 살아가는 것이다. 성격이 괄괄하면 이것이 노골적으로 표현되고, 반대 성격의 사람들은 마음으로 많은 것을 재단하고 정죄하고 냉소한다.

그리고 우리 생각의 습관이 얼마나 내가 몸 담은 이 세상의 가치와 문화에 영향을 받는지 모른다. 내가 가진 성공의 법칙이 엄연히 비성경적인 것인데, 나의 생각의 강한 틀이 된다. 그래서 위기나 고난 가운데 드는 생각이나 대처하는 방식은 이전 것을 고수한다. 하나님의 자녀인데 실제로는 하나님을 무시하고 스스로를 옳다고 생각하는 것이다.

신앙인들 역시 이러한 생각이 문제가 될 수 있다. 가끔 믿음의 깊이가 깊은 사람이라도 오류를 범할 수 있다. 아무리 우리의 지성이 하나님을 따라가려고 몸부림 쳐도 따라갈 수 없고, 하나님의 심오한 생각에 미칠 수 없다. 우리가 거룩한 생활을 하면서 거룩하게 생각해도 하나님의 거룩한 생각을 훤히 읽을 수 없다.

고난 중에 하나님께서 내 생각을 살피시고 어떻게 생각하실까 라는 관점에서 기도하고 하나님의 깊은 생각을 찾는 사람이 되어야 한다. 그래야 신앙생활을 하면서 하나님의 생각에 대한 깊은 사려를 마음 속에 담을 수 있다. 지금도 우리가 살아가는 삶은 믿기 힘든 아픔과 함께 형언할 수 없는 기쁨을 제공한다. 지혜는 이 굴곡진 시간 가운데 어느 것에 치우치지 않고 모두를 붙잡게 한다. 그것이 지혜의 신비이다.

(2) 죽음이라는 한계

인간이 반드시 직면하게 되는 심각한 또 하나의 실제적 한계가 있다. 죽음이다. 어떻게 보면 죽음은 어느 한계보다 예측 가능함에도 불구하고 가장 두려운 현실이다. 그러나 죽음이라는 한계 역시 또 다른 가능성을 향해서 문을 열게 한다. 죽음을 어떻게 이해하고 받아들이느냐에 따라서 지혜를 얻을 수 있다. 시편 기자는 "우리에게 우리 날 계수함을 가르치사 지혜의 마음을 얻게 하소서"(시 90:12)라고 했다. 그는 지혜를 갖기 위해서는 우리의 날을 계수하는, 즉 인간의 한계성에 대한 인식이 중요하다고 지적한다. 인생의 가장 큰 한계로 다가오는 죽음이 지금 여기서 우리가 사는 방식에 대한 지혜의 선생이 된다. 역으로 죽음에 대해서 부정하고, 직면을 회피하는 것은 어리석게 사는 것이 될 수 있다.

그런데 우리가 그렇게 죽음을 생각하고 사는 것 같지는 않다. 기독교인에게 있어서는 죽음이 꺼려할 만한 것이 아닌데, 생각하지 않는다. 죽음이 묵상되지 않으면 어리석어지는 것이 문제이다. 실제로 죽음이 이야기 되는 곳은 시각 폭력과 함께 자주 등장하는 텔레비전, 게임, 그리고 영화 등이다. 사람들은 오히려 일그러진 죽음의 모습에 매료되고 있다. 대중문화는 어떤 때는 미화하고, 어떤 때는 너무나 가볍게 취급하면서 두렵지만 풀고 싶은 죽음이 주는 답답함을 풀어내고 있다. 죽는 모습을 보는 것이 통쾌하고 재미까지 주고 있다. 죽음은 생각하지 않는데, 수없는 죽음을 시각으로 목도하는 현실에 처한다. 그래서 현대 문화는 죽음을 한없이 가벼운 것으로 만들어 버렸다. 특히 우리 자녀들은 어린 시절부터 가장 왜곡된 형태의 죽음에 노출되고 있고, 결국 죽음이 우리에게 가져다주는 지혜를 놓치고 있다.

삶에 대한 다양한 세속적 가치관 역시 죽음을 유희화하며 반응하는 데 일조를 하고 있다. 세상은 물질과 성공에 큰 가치를 두고 있다. 물질이 사람들의 가치관의 절대적 기준으로 자리 잡으며, 이에 따른 대가를 지불하고 있다. 사람에 대한 평가가 성공 여부에 의해서 이루어지고, 인간관계는 피상화된다. 무게 중심이 여기에서의 삶에 머물러 있는 한 죽음은 "육신의 정욕과 안목의 정욕과 이생의 자랑"(요일 2:16)에 마침표를 찍는 무섭고 불행한 사건이다.

사는 법의 지혜를 배우는 것은 죽는 법을 배우는 것과 밀접하게 연결되어 있다. 사는 법의 지혜를 배우려면 죽음의 의미가 깊어져야 한다. 우리에게 주어진 시간이 짧다는 것을 의식하고 그 주어진 시간을 효과적으로 활용하게 된다. 우리가 살펴 보았듯이 성경의 지혜자들은 삶의 의미 있는 질서를 구체화하는 데 관심을 가지고 있었다. 지혜자들은 삶의 질서 가운데 하나라고 수용하기에는 너무나 모호하게 다가오는 죽음의 현상에 대해서 의문을 제기했다. 전도서 기자는 이렇게 말한다.

> 심중에 이르기를 우매자의 당한 것을 나도 당하리니 내가 어찌하여 지혜가 더하였던고 이에 내가 심중에 이르기를 이것도 헛되도다. 지혜자나 우매자나 영원토록 기억함을 얻지 못하나니 후일에는 다 잊어버린지 오랠 것임이라 오호라 지혜자의 죽음이 우매자의 죽음과 일반이로다(전 2:15-16).

전도서 기자가 제기하는 역설적 질문은 "죽음이 정당하냐?"는 것이다.[61] 이 질문에 대한 지혜문서의 답은 어리석은 사람의 삶은 살아있다고는 하나 죽음보다 좋은 것이 아니라는 것을 알아야 한다는 것이다. 생과 죽음은 단지 생물학적인 현상이 아니다. 어리석은 사람은 살면서도 죽음을 경험하고, 비록 육체적으로 죽음을 맞이하기는 해

61　Peter L. Berger, *The Sacred Canopy* (Garden City, NY.: Doubleday, 1969), 43-44

도 하나님의 법을 따르는 지혜로운 사람은 죽음에서도 생명을 찾아 낸다.[62]

잠언은 생명과 죽음이 무엇보다 그 질(quality)에 달려 있다는 사실을 강조하고 있다. 잠언 3:2에서는 "그리하면 그것이 너로 장수하여 많은 해를 누리게 하며"라고 한다. 즉 그 사는 삶의 내용이 사실상 생명일 수도 있고, 죽음일 수도 있다는 사실을 말하고 있다. 생명과 죽음은 생물학적인 유지와 소멸이 기준이 아니고, 날과 시간에 의해서 평가될 수 있는 것이 아니다. 잠언 9:18에 보면 부정한 여인과 함께 하는 이는 이미 음부 깊은 곳에 있다고 한다.

산다고 사는 것이 아니고 죽는다고 죽는 것이 아니다. 지혜가 얻어져야 생명이 있는 것이다. "지혜는 그 얻은 자에게 생명 나무라 지혜를 가진 자는 복되도다"(잠 3:18). 지혜는 또한 "대저 나를 얻는 자는 생명을 얻고 여호와께 은총을 얻을 것임이니라 그러나 나를 잃는 자는 자기의 영혼을 해하는 자라 무릇 나를 미워하는 자는 사망을 사랑하느니라"(잠 8:35-36)라고 선포한다. 지혜에 의해서 인도되는 생은 단순히 존재의 연장이 아니고, 하나님으로부터 은혜를 누리는 삶이다(잠10;11, 12:28).

성경에서 인간의 한계는 피조물의 본질적인 측면이다. 그 한계를 수용하려고 하지 않았기 때문에 인간에게 죄가 찾아왔고(창 3:5, 22), 지혜롭게 죽음을 받아들이지 못하게 되었다. 지혜로운 사람은 자신의 한계를 인식하고 여호와를 경외하는 사람이다. 여호와를 경외하

---

62 John J. Collins, "The Root of Immortality: Death in the Context of Jewish Wisdom," *Harvard Theological Review* 71 (July-October 1978): 179-180.

는 사람은 지혜롭기 때문에 죽음이 주는 두려움과 불안에 무너지지 않는다. 시락은 이렇게 말한다.

> 죽음이 있다는 것을 두려워하지 말아라. 네 앞에 간 사람들과 네 뒤에 올 사람들이 있음을 생각하여라. 죽음은 모든 사람에게 내리신 주님의 선고다. 지극히 높으신 분의 뜻을 어찌 거역하려느냐. 십 년을 살든지 백 년을 살든지 천 년을 살든지, 저승에서는 네 수명의 장단이 문제가 되지 않는다(집회서 41:3-4).

그는 임박한 죽음의 불안 속에서도 초월적 삶을 말할 수 있었다.

지혜로운 사람의 특질을 연구한 실증적 연구는 인간의 한계와 지혜의 관련성에 대해서 논증하고 있다. Sternberg는 지혜로운 사람은 (1) 그들이 아는 것을 알고, (2) 그들이 알지 못하는 것을 알고, (3) 그들은 현재의 이해와 지식 그 자체가 한계가 있다는 것을 알 수 있다는 것을 알고, (4) 그들은 자신들에게 부여된 한계들을 알 수 없다는 것을 안다고 한다.[63] 지혜로운 사람들은 행하고 행하지 못하고, 할 수 있고 할 수 없는 지식의 중요성과 함께, 삶의 추구를 위한 지식의 잠재적 의미를 이해하고 있다.

역으로 한계를 인식하고 모호한 것을 편하게 수용할 줄 아는 사람은 지혜롭게 되는 것을 보게된다. 실증적 연구 자료에 따르면, 인생 후기의 발달 과정에 있어서 성숙은 단순히 생물학적인 나이의 요소

---

63 Robert J. Sternberg, "Wisdom: Relations to Intelligence and Creativity," in *Wisdom: Its Nature, Origins, and Development*, 152.

만이 아니고, 한계로 밀접하게 다가오는 죽음에 대한 개인의 깊은 인식에 의해서 이루어진다고 한다.[64] 죽음의 한계를 인식하고 준비하는 것은 이러한 발전적 단계에서 중요한 사명이 된다. 죽음의 불가피성을 인정하면서 사람은 자신의 삶을 검토하고 삶의 경험을 평가하게 된다. 만약 사람이 현재의 삶을 수용하면서 죽음의 불가피성을 받아들인다면 좌절보다 존중감을 느끼게 될 것이다. 반면에 죽음과의 직면에 의해서 발휘되는 이러한 창조적 힘이 아니고, "너무 늦었다"는 자탄과 함께 허무함을 수반하는 '우울'이 찾아올 수도 있다.[65]

Erik Erikson은 인생주기의 마지막 단계인 8단계에서 씨름하게 되는 발달과업인 통합 대 우울의 과정에서 자아 통합을 성취한 사람은 죽음에 대한 갈등과 불안을 줄이고 자신의 죽음을 받아들일 수 있게 된다고 한다. 그리고 자아통합을 성취하는 것이 지혜라는 인격과 밀접하게 관련되어 있다.[66] 이 지혜는 축적된 지식, 성숙한 판단, 포괄적인 이해를 포함하는 것으로 이전의 모든 단계가 구체화된 것이다. 더 나아가 이 지혜는 자신의 한계를 초월하는 것에 대한, 일명 궁극적 관심에 대한 숙고와 관련되어 있다.

에릭슨의 통합 대 우울의 과업과 그 맥락을 같이 하는 것이 Robert N. Butler의 인생 회고(life review)이다. 죽음을 앞둔 사람이 과거의 삶을 회고하는 과정을 가지며 인생의 의미를 찾아가는 것이다. Butler

---

64 Moshe Halevi Spero, "Death and the Life Review in Halakhah," *Journal of Religion and Health* 19 (winter 1980): 314.
65 Don S. Browning, "Preface to a Practical Theology of Aging," in *Toward a Theology of Aging*, ed., Seward Hiltner (New York: Human Science Press, 1975), 157-159.
66 Erik H. Erikson, *Childhood and Society*, 2nd ed. (New York: W.W. Norton & Co., 1963), 268-274,

는 인생 회고가 자연스럽게 생겨나고 인간의 보편적 정신 과정이 되는 것으로 보았다. 또한 죽음이 다가오는 것을 감당한다는 것이 역부족이고 무력하다는 것을 깨달으면서 유발된다고 설명한다.[67]

인생 회고 역시 지혜의 성취를 포함해서 인격의 재조직화를 향한 과정이 된다. 더 깊은 자기 인식과 궁극적으로 자기 초월을 향한 잠재적 힘이 된다. 조심할 것은 인생 회고가 지금까지 살아온 자신의 삶에 의미를 부여하고 과거의 갈등과 죄책감을 해결해야 하는 방향으로 가야 하는 것이다. 과거의 인생경험을 통합하고 수용하기보다는, 비참한 심정으로 실망과 분노에 빠질 수도 있고, 이것이 성격의 해체, 우울, 죄책, 과거에 대한 강박적인 반추로 이끌어질 수도 있다.

통합을 이룬 지혜로운 사람이 다가오는 죽음에 대해서도 의연하게 대처할 수 있다. 반면 통합을 이루지 못하게 되면 인생을 낭비했다는 느낌, 이제 모든 것이 다 끝났다는 절망감을 경험하며 죽음의 공포에서 벗어나지 못한 채 불안한 죽음을 맞게 된다.[68] 자신이 살아온 인생을 재평가하는 과정을 통해서 생의 통합을 촉진할 수 있다. 임박한 죽음에 앞서 인생의 의미를 깨닫게 해주는 회상 과정인 인생 회고를 통해서 인생을 좀 더 의미 있게 마무리할 수 있다.

기독교적 관점에서 볼 때, 죽음이 통찰되고 삶에 영향을 끼치기 위해서는 사람은 무엇보다 죽음 이후의 생에 대한 믿음을 소유해야 한다. 죽음과 그 이후의 삶에 대한 준비를 하면서 죽음은 생명에 영향을 미친다. 죽음을 조금 더 가깝게 느끼는 위기 상황에 처해 있는

---

[67] Robert N. Butler, "The Life Review: An Interpretation of Reminiscence in the Age," *Psychiatry* 26 (1963): 65-76.
[68] 정옥분, 『성인, 노인 심리학』(서울: 학지사, 2008), 591-592.

이웃을 돕기 위해서, 돌보는 사람이 기억해야 할 죽음과 관련된 실제적 지혜를 생각해 볼 수 있다.

첫째, 삶을 지혜롭게 채울 수 있다. 바울은 이렇게 말한다.

> 그런즉 너희가 어떻게 행할 것을 자세히 주의하여 지혜 없는 자 같이 말고 오직 지혜 있는 자 같이 하여 세월을 아끼라 때가 악하니라(엡 5:15-16).

Scott Peck은 말한다.

> 사는 법을 배우려면 우리는 죽음과 친숙해져야 한다. 왜냐하면 우리는 죽음을 우리 존재의 한계라고 생각하기 때문이다. 따라서 우리가 가진 시간이 짧다는 것을 의식하게 되어야 우리에게 주어진 시간을 최대한으로 활용하게 된다.[69]

또한 죽음에 대한 가장 현명한 대안은 가능한 한 빨리 죽음을 직시하는 것이라고 한다. 그렇게 할 때 정말로 단순한 진리를 깨달을 수 있다. 자신의 나르시시즘을 극복할 수 있고 죽음에 대한 두려움을 극복할 수 있기 때문이다.

Kübler-Ross 역시 사람들의 삶이 공허하고 무의미한 삶이 되는 것이 부분적으로 죽음에 대한 부정 때문이라고 통찰한다.[70] 사람들은

---

[69] Scott Peck, *The Unending Journey*, 김영범 역, 『끝나지 않은 여행』(서울: 열음사, 2003), 80-81.
[70] Elizabeth Kübler-Ross, *Death: The Final Stage of Growth* (Englewood Cliffs, NJ.:

영원히 살 것처럼 살아가면서 당연히 해야 할 일들을 미룬다. 반면에 침상에서 일어나는 매일 아침이 마지막이 될 수도 있다는 것을 충분히 이해하면, 하루하루가 진실로 자기 자신이 되고, 다른 사람에게로 가까이 다가가는 그런 시간으로 만들게 된다.

삶의 선생으로서의 죽음의 이해는 특히 전도서 기자가 강조한다. 전도서 기자는 삶에 의미를 준다고 여기는 즐거움, 풍부한 소비, 인기와 명예, 권력(전 1:12-2:23) 등을 추구해 보았다. 그러나 그 모든 것이 연기를 잡으려는 것과 같고 바람을 좇으려는 것과 같이 헛된 것이라고 고백한다. 그리고 이러한 덧없음을 알게 하고, 진정으로 사는 방식을 가르쳐 주는 것이 죽음이라고 선포한다.

> 초상집에 가는 것이 잔치집에 가는 것보다 나으니 모든 사람의 결국이 이와 같이 됨이라 산 자가 이것에 유심하리로다 슬픔이 웃음보다 나음은 얼굴에 근심함으로 마음이 좋게 됨이니라 지혜자의 마음은 초상집에 있으되 우매자의 마음은 연락하는 집에 있느니라(전 7:2-4).

전도서 12:1의 "너는 청년의 때 곧 곤고한 날이 이르기 전, 나는 아무 낙이 없다고 할 해가 가깝기 전에 너의 창조자를 기억하라"에 대한, 또 다른 번역은 "너의 청년의 때에…너의 무덤(또는 죽음)을 기억하라"이다.[71] 사람으로 하여금 사는 방식을 가르칠 수 있는 것은 자

Prentice-Hall, 1975), 164-165.
[71] Marcus J. Borg, "Death as the Teacher of Wisdom," *Christian Century*, February 1986, 205.

신의 죽음에 대한 묵상이다.

죽음은 "변화와 재탄생의 도구이자 생산성을 위한 동기로 이해" 될 수 있다. Moshe Halevi Spero는 이렇게 말한다.

> 죽음의 대한 직면이 삶에 가장 긍정적인 현실적 감각을 준다. 한 개인이라는 존재를 실제적이고 절대적이고 구체적으로 만든다. 죽음은 인간의 잠재력을 돕고, 다른 사람의 잠재력 역시 동일하게 이해하고 그를 개별화한다…자신에게 닥칠 죽음의 피할 수 없는 본질을 깨닫게 될 때, 다른 말로 죽음은 상대적이 아닌 절대적인 내 인생의 한 요소라는 나의 인식은 존재에 의미를 부여하고 주어진 삶을 양질의 시간으로 채우게 한다.[72]

우리가 본래 생각할 수 있는 능력, 즉 삶을 해석하고 거기에 의미를 부여하는 자로 창조되었다고 이야기 했다. 죽음 역시 생각하고 해석하고 거기에 의미를 부여할 수 있고, 해야만 한다. 특히 하나님의 말씀은 수수께끼라고만 하는 죽음에 대한 해석을 정확하게 도와주는 자원이다. 그 위에서 우리는 죽음에 대한 올바른 의미를 부여하고, 더 나아가 삶에 의미를 더할 수 있다.

이미 삶의 종반에 이른 사람들은 과거에 여러 가지 일들과 사건의 의미를 찾을 필요가 있다. 과거에 부족하지만 이루어왔던 여러 가지 성취와 더 나아가 실패에 대해서 의미를 찾고, 지금까지 어떤 일을 해왔는가에 대해서 의미를 찾는다. 인생의 의미를 찾는 일은 우리

---

[72] Spero, "Death and the Life Review in Halakhah," 314.

가 가치를 찾는 것과 밀접히 연관되어 있다. 가치 있는 것의 성취, 잠재력 계발, 이웃을 위했던 좋은 일, 사람을 사랑하는 것과 하나님을 사랑했던 것이 인생의 의미를 부여하는 것이 된다. 돌보는 사람은 과거의 경험에서 중요한 것이 무엇인가를 찾는 과정을 도와줄 수 있다. 또한 죽음과 고통에서 여러 가지 의미를 찾아 가는 것을 도와주는 동반자적 역할을 할 수 있다.

둘째, 기독교 신앙은 우리가 죽을 것이라는 것을 상기하게 하고, 더 나아가 그 이후의 죽음 너머의 삶을 말하고 있다. 예수님의 죽음과 부활 그리고 다시 오심에 대한 믿음은 하나님의 사람들이 이 생의 고난을 이겨내고 세상 너머의 삶을 반추하게 하는 능력이다. 초대교회 당시의 사람들은 로마 제국의 압제를 견뎌야 했던 이들이었다. 그들은 핍박 가운데서 복음의 새로운 강조점을 삶으로 체험하였다. 그들은 절망의 시기에 부활과 영원한 나라에 대한 좋은 소식을 진심으로 소망했고, 그 소망으로 고난과 더불어 죽음을 이겨낼 수 있었다.

Susan D. Bassett는 사람들의 죽음에 대한 반응을 연구하며, 죽음을 보는 두 가지 성향을 제시한다.[73] 하나는 죽음 그 자체가 마지막인 것으로 보는 것이다. 또 다른 하나는 죽음을 어느 곳을 가기 위한 과정으로 보는 것이다. 죽음 그 자체를 마지막으로 보았을 때에는 소망이 개입될 여지가 없었다. 죽음은 완전한 패배로 상징화 되고 적의와 두려움이 수반되었다. 목적에 이르는 과정으로 죽음을 보는 사람들에게 죽음은 의미를 부여하는 인생의 한 체험이다. 죽음으로 인한 상실

---

[73] Susan D. Bassett, "Death: Tragedy and Triumph," *Journal of Religion and Health* 14 (summer 1975): 100-105.

이 무서운 것으로 인식되지 않는다. 죽음은 극복해야 할 체험이고, 극복 후에는 성취가 찾아온다. 특히 이 두 번째 관점은 성경에서 말하는 죽음에 대한 개념과 유사하다.

> 죽음은 단지 영원한 삶을 위한 관문일 뿐 아니라 장차 올 세계는 이전보다 더 좋은 곳이다. 이전에는 죄 안에서 존재하는 것이었지만, 영원한 세계는 의 안에 존재한다.[74]

사도 바울은 "사망아 너의 이기는 것이 어디 있느냐 사망아 너의 쏘는 것이 어디 있느냐"(고전 15:55)라고 물으면서, 죽음을 넘어서는 승리를 외치고 있다. 그리스도께서 사셨기 때문에 죽음은 의미가 없다. 그것은 우리를 위한 승리이다. 그리스도 안에서 죽음이 극복되었다는 사실은 죽음에 관한 가장 깊고 소망스러운 교리이다. 기독교의 신앙은 우리로 하여금 삶을 누릴 수 있게 하며 영생의 희망을 가지고 죽음을 맞이할 수 있게 한다. 바울은 죽음이나 삶을 모두 수용하는 그의 준비된 삶을 이렇게 말했다.

> 이는 내가 사는 것이 그리스도니 죽는 것도 유익함이니라
> (빌 1:21).

바울은 삶에 매여 있는 것도 아니고 또한 그가 죽어가는 것에 무관심한 것도 아니었다. 그는 두 실제에 대한 마음의 자세가 열려 있

---

[74] Bassett, "Death: Tragedy and Triumph," 104.

었으며, 가장 적당한 때에 가장 적당한 것을 받아들일 용기가 있었던 것이다.[75]

셋째, 떠나보냄과 수용, 또는 유머를 통해 인생의 한계를 다루는 능력이 증진된다. 우리는 한계를 직면했을 때 내가 의지하던 것을 떠나 보내고 하나님께 맡기는 결단을 하며 오히려 강해진다. "내가 그리스도를 위하여 약한 것들과 능욕과 궁핍과 핍박과 곤란을 기뻐하노니 이는 내가 약할 그 때에 곧 강함이니라"(고후 12:10)고 하는 것이 기독교인의 고백이다. 오히려 상실 과정을 통해서 떠나보낼 것을 떠나보내면 하나님께서는 강하게 하신다.

Daryl S. Paulson은 사람들이 취할 수 있는 통제의 종류를 구분하면서 수용과 떠나보냄의 관계를 설명하고 있다.[76]

거의 없는 통제	지나친 통제
자신감 있는 통제	떠나 보내는 통제

사분면 중 하나인 "거의 없는 통제"는 삶에서 통제가 발휘되지 않는 것이다. 실수하려 하지 않고 결정과 선택으로 말미암는 결과를 직면하지 않는다. 죽음과 관련해서는 죽음의 순간까지 죽음을 애써 회피하고 덮어놓고 무시한다. 이러한 전략은 두려움을 감소시키지 못하고 오히려 사람을 취약하게 만든다. 죽음이란 심장박동이 멈추는 것에 불과하다고 선언해 버리고 외면하고 죽음을 부인한다. 하지만

---

[75] 장대숙, 『노인학의 이론과 적용』(서울: 한국장로교 출판사, 1998), 35.
[76] Daryl S. Paulson, "The Nearing Death Process and Pastoral Counseling," *Pastoral Psychology* 52 (March 2004):347-348.

더 멀리 떼어버리려고 할수록 두려움은 더 가까이 온다.

다른 쪽 극단은 과도한 통제이다. 어떤 사람은 모든 것을 통제하려 하지만 이것은 불가능하다. 강박적 성향을 가진 사람은 가능하지 않은 것에 대해서도 일단 통제하고 있다고 생각해야 마음을 놓는다. 환경, 일, 가족과 이웃의 관계, 그리고 죽음까지도 통제하려고 하지만, 정서적 에너지는 고갈되어 간다. 모든 것을 통제하려는 그리고 통제할 수 있다고 하는 오만함을 포기해야 죽음의 두려움을 벗어날 수 있다. 예수님은 이렇게 말씀하신다.

> 누구든지 생명을 구하려는 자는 생명을 잃을 것이요 누구든지 나를 위해 자기 생명을 잃는 자는 생명을 얻을 것이니라(눅 9:24).

자신감 있는 통제는 소망이 지금 현재의 삶을 주도하며, 역설적인 용기를 가지고 살아가는 모습이다. 자신의 삶을 돌아보며 지금 여기서 통제 가능한 것들에 대해서 적극적으로 대처해 가는 지혜를 소유한 사람의 모습이다. 소망은 "능히 닫을 사람이 없는 열린 문"(계 3:8)과 같은 미래에 대한 확신을 가지고 삶을 통제해 가는 것이다. 오히려 여기가 다가 아니라고 하는 사람이 장차 다가 올 미래를 생각하며 준비할 수 있다.

마지막으로 떠나보내는 통제는 수용 또는 가게 하는 통제이다. 죽음은 우리가 붙잡을 것을 붙잡게 하고 떠나보낼 것을 떠나보내게 하는 지혜를 허락한다. 전도서 기자는 인생은 "날 때가 있고 죽을 때가 있다"(전 3:2)고 언급한다. 다시 말해 "무엇이 좋은 것인지에 대한 결

정은 적절한 때를 분별하는 것"이라고 생각할 수 있다.[77]

고난과 죽음이라는 한계를 직면한 사람이 경험하는 극도의 고통과 불안을 극복할 수 있도록 하는 방법 중에 유머 감각을 키워주는 것이 제안된다.[78] 건전한 유머 감각은 두려움을 벗어날 수 있는 치료제가 되고 고통과 걱정을 적정 수준으로 낮출 수 있다. 어원상 영어의 유머(humor)는 라틴어의 '우모르'(humor)에서 나왔고 복수형은 '우모레스'(humores)이며, 그 의미는 몸에 흐르는 액체이다. 중세 의사들은 인간의 몸에 흐르는 체액을 우모레스라고 불렀다.

그들은 우모레스를 인간에게 가장 중요한 생명력의 본질로 보았으며, 이것이 흐르면서 사람에게 활력과 창의력을 일으킨다고 생각했다. 목회 상담학자인 Donald Capps는 유머에 대해서 이렇게 말한다.

> 유머는 자신의 유한성과 한계에 대한 수용이다. 동시에 유머는 상처받지 않는다는 승리의 단언이다. 유머는 우리로 하여금 매일의 삶의 한계를 그것을 무시하는 것으로가 아니라, 상처를 줄 수 있는 그 능력에 대해서 까딱하지 않도록 우리 스스로를 만들어서 감당하게 한다.[79]

유머의 부족은 삶에서 여유가 없고 모든 것을 너무나 심각하게 받아들일 때 생길 수 있는 결과이다.

---

77 James L. Crenshaw, "The Problem of Theodicy in Sirach: On Human Bondage," *Journal of Biblical Literature* 94 (1975): 53.
78 Deeken, *Care for Dying Patients*, 34.
79 Donald Capps, *Agent of Hope* (Minneapolis, MN.: Fortress, 1995), 158.

Dan Feaster는 유머가 목회적 돌봄에 유용하다고 역설한다. 그 자신이 유머를 통해 하나님을 체험하고 더 가까이 갈 수 있었고, 유머를 누리면서 하나님과 하나님의 창조물을 누리는 것을 배웠다고 말한다. 유머는 자신의 염려를 심각하게 더불어 심각하지 않게 동시적으로 이해하도록 도울 수 있다고 한다. 염려가 심각하다는 감각을 잃어버리지 않고, 그러나 심각성에 지나치게 빠지는 것으로부터 자유하게 하는 것을 유머가 촉진한다.[80]

이 밖에도 유머감각을 갖고 그것을 활용하고 나눌 수 있는 사람은 여러 유익을 얻는다.[81] 유머는 자신의 실패에 대해서 너무 심각하게 받아들이지 않도록 돕는다. 고난으로부터 회복과정에서 경험하는 또 다른 일면인 지루함과 지나친 진지함을 경감시켜 줄 수 있다. 자신의 자기패배적 모습과 관련해서 객관적 거리를 유지하고, 어떻게 스스로를 무너지게 할 수 있는지를 인식하도록 돕는다. 강렬한 불안과 침체된 생각과 감정으로부터 기분전환을 제공한다. 유머는 인간이 얼마나 연약한 존재인지를 보게 하며, 고착된 생각 패턴을 벗어나서, 다른 해석과 생각을 하게 하며 왜곡된 생각의 습관을 중단하게 한다. 유머는 기쁨과 행복감을 제공할 수 있고 긴장이완을 배우도록 돕는다.

---

80 Dan Feaster, "The Importance of Humor and Clowning in Spirituality and Pastoral Counseling," *Currents in Theology and Mission* 25, no. 5(1998): 380-387.
81 A. Ellis, "The Use of Rational Humorous Songs in Psychotherapy," in *Handbook of Humor and Psychotherapy: Advances in the Clinical Use of Humor*, eds., William Fry Jr. & Waleed A. Salameh (Sarasota: Professional Resource Exchange, 1987), 280-281.

5) 어리석지 않기

어떤 것을 아는 효과적인 방법 중에 하나가 그 반대되는 것을 이해하는 것이다. 지식은 상호 연관되어 있다. 인간을 알기 위해서는 자신만을 분석하고 해부하고 자성해서 알아지는 것이 아니다. 골방에 들어가 면벽을 하며 자성을 통해 나를 아는 부분도 있겠지만, 자신을 아는 것은 자신과는 다른 성(性)을 가진 사람을 알고, 하나님을 알 때 더 온전해 진다. 나는 너가 있을 때, 너는 나가 있을 때 서로를 이해하고 나를 아는 효력이 발생한다.

지혜로운 모습에 대한 이해 역시 동일한 측면이 있다. 지혜를 알기 위해 그 반대되는 모습이 무엇인지를 아는 것이다. 거기에는 '미련함 또는 어리석음'이 있고, 또한 '교만'이라는 모습이 있다. 성경의 잠언은 "근본적으로 한 사람을 다른 사람과 구별시켜주는 사고 과정과 행동에 근거해서 모든 인류를 두 그룹으로 범주화 한다: 지혜로운 사람과 어리석은 사람이다."[82]

(1) 어리석음

Adams는 잠언에 세 가지 종류의 어리석음이 나타나고 있다고 한다. 각각의 어리석음에 형용사를 붙여서 그 내용을 구체화하고 있다.[83] ewil은 '우둔한 어리석음'(stupid fool), kesil 은 '완고한 어리석음'

---

[82] Kenneth Boa & Gail Burnett, *Pursuing Wisdom: A Biblical Approach From Proverbs* (Colorado Springs, CO.: Navpress, 1999), 8.
[83] Jay E. Adams, *The Christian Counselor's Commentary: Proverbs*(Woodruff, SC.: Timeless Texts, 1997), 10.

(stubborn fool), 그리고 nabal은 '부끄러운 어리석음'(shameful fool)이다. 사람들은 어리석기 때문에 지혜를 무시하고, 지혜를 무시하기 때문에 어리석게 된다. 순환적으로 이 두 요소가 서로를 불러오게 한다.

성경 잠언은 대구(對句)적 문학 양식인 반의적 평행법(antithetical parallelism)과 비교 평행법(better-than parallelism)으로 지혜와 어리석음을 설명하고 있다. 구약의 시와 잠언은 대개 평행을 이루는 행으로 이루어진다. 평행법은 "한 시행(여기서 한 행이란 하나의 완전한 평행을 이루는 구절을 말한다)에서 어구들 사이에 나타나는 대응관계를 말한다."[84] 평행법은 '동일한 것을 두 번 말하는 것'이 아니다. 그 대신, 후반부는 전반부의 생각을 예리하고 강하게 만들어 준다.

반의적 평행법은 진리를 상반된 시각에서 평행적으로 설명하는 것으로 잠언 10-15장에 집중적으로 등장한다.

> 지혜로운 여인은 자기 집을 세우되 미련한 여인은 자기 손으로 그것을 허느니라 정직하게 행하는 자는 여호와를 경외하여도 패역하게 행하는 자는 여호와를 경멸하느니라 미련한 자는 교만하여 입으로 매를 자청하고 지혜로운 자의 입술은 자기를 보전하느니라 신실한 증인은 거짓말을 아니하여도 거짓 증인은 거짓말을 뱉느니라(잠 14:1-3, 5).

동일한 진리를 서로 상반된 시각에서 설명하면서, 지혜와 미련함

84　Tremper Longman III,, *How to Read Proverbs*, 전의우역, 『어떻게 잠언을 읽을 것인가?』(서울: IVP, 2005), 57-58.

가운데서 어떤 것을 선택해야 하는지를 제시하고 있다. 지혜는 가정을 세우고 언어생활에 있어서 절제가 있고 거짓말을 하지 않으며 여호와를 경외한다. 반면에 미련한 자는 가정을 허물고 교만한 마음으로 거짓과 자랑의 말을 하며 여호와를 멸시한다.

잠언은 지혜와 미련함을 설명하고 그 사이에서 어떤 선택을 해야 하는지 돕기 위해, 비교 평행법 역시 사용하고 있다.[85] 비교 평행법은 두 개의 상대적 가치를 비교해서 어떤 것이 '나은지'(better)를 선택하게 한다.

> 가산이 적어도 여호와를 경외하는 것이 크게 부하고 번뇌하는 것보다 나으니라 채소를 먹으며 서로 사랑하는 것이 살진 소를 먹으며 서로 미워하는 것 보다 나으니라(15:16-17).

물질적으로 풍요로운 삶과 좋은 관계 가운데 있는 삶이 비교된다. 재산이 넉넉하고 물질적으로 부요하게 사는 것 보다 하나님과 이웃들과 화평한 삶을 누리는 것이 낫다고 말한다. 17절은 좀 더 구체적으로 기름진 음식을 먹지만 서로 미움 가운데 있는 것보다 비록 먹는 것은 보잘 것 없지만 사랑의 관계를 갖는 것이 더 낫다고 말한다.

또한 잠언은 관계 속에서 대화하고 배우는 것의 중요성을 강조하며, 어리석은 사람은 그 부분에서 문제가 있음을 말한다. 어리석은 사람은 책망에 귀를 기울이지 않는 사람이다. 그러나 지혜로운 사람은 부모와 선생님의 책망에 수용적인 사람이다. 그들은 들을 귀를 가

---

[85] Longman III,, *How to Read Proverbs*, 59.

지고 있고 실수에 대한 지적을 받아들인다. 솔로몬은 지혜의 특징인 '듣는 마음'을 갖게 해달라고 하나님께 간구한다.

> 누가 주의 이 많은 백성을 재판할 수 있사오리이까 듣는 마음을 종에게 주사 주의 백성을 재판하여 선악을 분별하게 하옵소서 (왕상 3:9).

그런 마음은 하나님과 타인의 말에 열려 있다.

어리석은 사람들은 책망을 수용하지 않기 때문에 자신의 실수 또는 다른 사람의 실수로부터 배우지 못한다. 어리석은 사람은 방어적이고 실수를 받아들이는 것을 거부하는 사람이다.[86] 실수는 누구든 할 수 있다. 그러나 그것을 인정해야 반복되는 것을 막을 수 있다. 지혜로운 사람은 실수를 했을 때 그것이 무엇인지 알려고 하고 변화를 위한 단계를 밟는다.

> 훈계를 지키는 자는 생명 길로 행하여도 징계를 버리는 자는 그릇 가느니라(10:17).

지혜로운 사람은 통찰적 비평이 그들로 하여금 더 나은 삶을 살게 한다고 믿기 때문에 그것을 감사해 한다.

Richar Averbeck 상담심리학에 대한 성경신학적인 기초를 놓고자

---

[86] Tremper Longman III, *Proverbs*, *Baker Commentary on the Old Testament Wisdom and Psalms* (Grand Rapids, MI.: Baker Academic, 2006), 323.

하는 의도에서 두 가지를 강조한다. 종교개혁자 칼빈이 강조한 이중 지식(하나님에 대한 지식과 인간에 대한 지식)과 구속-성화-지혜와 이와 대조되는 창조-타락-어리석음에 대한 이해이다. 그는 진정한 지혜는 우리의 삶에 하나님과 사람의 지식을 가져오는 것이라고 통찰한다.[87] 창조-타락-어리석음의 구도를 설명하며 인간이 타락으로 말미암아 어리석음에 빠져 있기 때문에 더욱 구원과 성화와 지혜가 필요하다고 설명한다.

타락할 당시에 인간은 속임, 의심, 욕망, 불순종, 수치, 두려움에 빠지고 이 모든 것은 사람들을 허둥댐(scrambling)이라는 어리석은 상태에 이르게 했다(창 3:7-13). 다시 말해 자기 스스로가 타인, 하나님 그리고 세상을 감당해 보려고 필사적으로 노력하면서 나타나는 허둥댐이다. 여기에는 온전한 쉼이 없다. 허둥대는 인간의 삶은 혼란 가운데 다툼과 갈등이 심화된다.

같은 맥락에서 기독교 상담학자인 Lawrence Crabb은 인간이 하나님을 떠나 행복을 추구해보려고 애쓰는 것을 어리석음이라고 평가하다. 본래 아담은 하나님의 형상으로 피조되었고 그분과의 교제 속에서 모든 것을 누릴 수 있었다. 하지만 타락 이후 필요에 갈급한 사람이 되었다. "이성적 존재로 아담은 한 때 진정한 지식을 소유했다. 이제 그는 진정한 지식을 잃었고 어리석음과 그것을 교환했다".[88] 어리석음은 인간의 개인적 필요가 하나님을 떠나서 채워질 수 있다는 근

---

[87] Richard Averbeck, "Creation and Corruption, Redemption and Wisdom and Corruption, Redemption and Wisdom: A Biblical Theology Foundation for Counseling Psychology," *Journal of Psychology and Christianity* 25, no.2(2006): 111-126.

[88] Lawrence J. Crabb, *Institute of Biblical Counseling Training Manual* (Morrison, CO.: IBC, 1978), 16.

본적인 신념이다. 우리는 이제 어리석은 이성적 존재가 되었다. 어리석게도 자신이 추구하고 필요로 하는 것을 채우면 행복할 수 있다는 신념을 가지게 되었다.

Crabb은 "아이의 마음에는 미련한 것이 얽혔으나 징계하는 채찍이 이를 멀리 쫓아내리라"(잠 22:15)는 말씀을 이렇게 설명한다. 어리석음이 아이의 마음에 얽혀있지만, 훈계의 채찍이 그것을 멀리 보내게 한다. 어리석은 인간은 성장해 가면서 하나님을 떠난 행복을 추구하고자 잘못된 전략을 지속적으로 고안한다. 이것을 회복하려면 훈육(discipline)이 필요하다. 잠언에 따르면 부모는 두 가지 책임이 있다. 아이의 삶에서 어리석음을 물러가게 하고, 훈육을 통해 지혜를 불러오는 것이다.

근래에 이루어진 어리석음에 대한 인지심리학적 연구 역시 지혜를 좀 더 명확하게 설명하는 데 일조를 한다. 현명하다고 평가되던 사람들이 어리석어 질 수 있으며, 특별히 사고할 때 네 가지 오류를 자주 범한다고 분석한다.[89]

첫째, 자기중심적 오류이다. 이 오류는 자기를 중심으로 세상과 사람을 생각하기 시작할 때 일어난다. 다른 사람들은 자신의 목적을 달성하기 위한 과정 중에 이용되는 한 도구이다. 일반 심리학자들은 사람들이 자기중심적이 되는 이유를 자신의 약점을 보지 못하기 때문이라고 생각한다. 지혜는 무엇을 알고 무엇을 모르는지를 아는 것을 필요로 한다. 사람들은 종종 자신이 무엇을 모르는지를 알지 못하

---

[89] Robert J. Sternberg, *Wisdom, Intelligence, and Creativity Synthesized*, 김정희 역, 『지혜, 지능 그리고 창의성의 종합』(서울: 시그마프레스, 2004), 269-271.

면서 자기중심적인 생각에 빠져들게 된다.

성경의 인간관에 의하면 아담의 죄로 인해 타락한 이후로 갖게 되는 인간의 본성 중에 가장 대표적인 모습 중에 하나가 이기적이고 자기중심적인 모습이다. 사람들의 내면에서 즉각적으로 일어나고 본성적으로 대응하는 반응은 자기중심적인 마음에서 나오는 것들이다. 자신을 생각하고 자신의 이익을 구하는 것 자체가 나쁜 것이 아니지만, 자신만을 생각하고 타인을 대할 때 어떻게 하면 자신에게 유익이 될 것인지만 관심을 기울인다면 건강하지도 지혜롭지도 못한 모습이다.

둘째, 박식(博識)의 오류가 있다. 이전부터 정보와 지식은 엄청난 힘으로 세상을 주도하는 자원이었다. 다양하고 방대한 내용의 지식을 소유한 사람은 상당한 영향력을 미치게 되고, 강력한 힘은 정보를 얼마나 많이 가지고 있느냐에 달려 있었다. 이런 이유로 사람들은 지식과 정보를 가진 사람에 대해서 극도로 많은 지식을 갖고 있거나, 거의 모든 것을 알고 있는 사람으로 여기고 존경하거나 두려워하게 된다.

점차 그런 힘에 익숙해진 사람은 자신이 알고 있는 것 보다 훨씬 더 많이 알고 있다고 믿게 되고 더 나아가 자신이 실제로 모르는 것이 없다고 생각한다. 차츰 어리석은 결정과 선택을 하게 된다. 이것이 그 사람을 어리석게 하는 박식의 오류이다. 지금 시대는 각종 미디어와 SNS를 포함한 인터넷 문화 속의 다양한 소통 도구로 인해 정보의 공유가 활발해졌다. 정보화 시대가 되면 될수록 온갖 종류의 정보가 난무하고 그 정확성과 신속함이 더 큰 힘을 발휘하게 된다.

힘이 집중되면 될수록 어떤 지식이든 개인이 원하면 마음대로 접근할 수 있는 권한이 확대된다. 전화 한 통만 하면 힘 있는 지도자는 거의 모든 종류의 지식을 가질 수 있다. 그러나 자신이 알고 있는 것보다 훨씬 더 많이 알고 있다는 착각에 빠지기 때문에, 그 사람은 가장 어리석은 결정을 하게 되었다.

셋째, 전능(全能)의 오류는 한 사람이 행사하는 커다란 영향력으로부터 나온다. 어떤 제한된 영역이긴 해도 그 사람이 원하는 것은 무엇이든 거의 할 수 있다. 이것 역시 위험한 것이지만, 더 심각한 것은 여기에 머물지 않고 그 사람이 과잉일반화에 빠지게 되는 것이다. 자신의 강력한 힘이 모든 영역에 미친다고 믿는 것이다.

넷째, 불사신의 오류는 주변에 사람들을 거느리며, 자신이 완벽한 보호를 받고 있다는 환상에서 나온다. 특히 지도자는 언제든, 어디서든 즉시 나타나 자신을 보호해 줄 많은 친구들을 가지고 있다고 생각한다. 그래서 자신의 힘이나 권한이 한도 없이 이어질 것으로 착각한다. 사실 아첨하는 사람들로 둘러싸여 있는 경우가 대부분이고, 권력을 잃게 되면 한 때 친구같던 많은 사람들이 등을 돌리는 것을 경험하게 된다.

(2) 교만

또 다른 지혜의 반대적 모습은 교만이다. 에덴동산에서 아담과 하와가 실패한 이유 중에 하나가 "하나님과 같이 되어" 선악을 알게 될 것이라는 뱀의 유혹에 넘어진 것이었다. 타락은 피조물인 인간이 한계를 넘어서서 창조주 하나님과 같이 되려 했던 교만으로부터 시작된 것이다. 그러기에 타락한 인간의 대표적인 모습은 이기적이고 자기중심적인 교만이다. 교만은 자기 평가에 있어서 객관적이거나 현실적이지 못하고 과대평가하는 것이다. 자신을 있는 모습 그대로 인식하고 평가하지 못할 뿐 아니라, 다른 사람의 모습 역시 그대도 인식하고 수용하기가 어렵다. 교만과 밀접한 관계가 있는 성격의 형태는 자기애적 성격장애(narcissistic personality disorder)이다. 대표적인 특징은 자신에 대한 비현실적인 평가에 근거해서 과장됨(grandiosity), 타인이 자신을 인정하고 흠모할 것을 기대하는 것, 공감(empathy)적 능력의 부족이다.

잠언은 어리석은 사람에 대해서 "스스로 지혜롭게 여기는" 사람이라고 설명한다(3:7, 26:5). 어리석은 사람은 자기평가가 치우쳐져 있어서 자신의 생각에만 의존한다. 또한 스스로 잘났다고 생각하기 때문에 다른 사람의 충고를 수용하지 못하고 거만한 모습을 보인다.[90] 이들에 대해서 묘사하면서 잠언은 18번 정도 '거만'(mocker)이라는 표현을 사용하고 있다(잠 9:7, 8, 12, 13:1, 14:6, 15:12, 19:25, 20:1, 21:11, 24, 22:10, 24:9).

지혜로운 사람은 자신의 생각에만 의존하지 않을 뿐 아니라 타인의 조언에 귀를 기울인다.

> 의논이 없으면 경영이 무너지고 지략이 많으면 경영이 성립하느니라(잠 15:22).

자신의 실수에 대해서 인정하고 그것을 고쳐나갈 과정을 인내로

---

[90] Dave Bland, *Proverbs, Ecclesiastes Song of Solomon*(Joplin, MO.: College Press, 2002), 16.

밟아가면서, 교만한 어리석음에서 겸손한 지혜자의 모습으로 변모해 간다. 더 나아가 지혜로운 사람은 타인과의 관계에서 자신의 유익만을 구하지 않고 더불어 살아간다. 이 땅을 살아가면서 자신의 이익을 생각하지 않는 것은 불가능하다. 그러나 다른 사람을 대하면서 그 사람이 자신에게 어떻게 유익이 되는지에만 관심을 갖고 접근하는 것은 건강한 모습이 아니다.

현대 사회가 서구문명의 영향을 받으면서 단지 문명의 산물만이 아니고 그것을 가능하게 한 서구의 가치와 세계관도 수용하고 있다. 그 가운데는 인간의 권리와 자유를 존중하고 자율과 평등을 중요하게 여기는 긍정적인 면이 있는 것도 사실이다. 그러나 또 다른 이면에는 세속화, 물질주의적인 사상, 개인주의가 도사리고 있다. 이것 역시 전달되면서 자신의 이익과 권리만을 앞세우는 사람들이 늘어가고 있는 것도 사실이다. 관계의 단절이 심화되고 자기중심적인 생각과 삶을 사는 사람들이 만연하고 있다.

미국 대학생들을 대상으로 2006년에 실시된 연구에 따르면 예전보다 더 나르시스적, 즉 자기중심적인 것으로 나타났다.[91] 이 연구에 참여한 심리학자들은 이 같은 경향이 미국 사회에 해가 될 수 있다고 우려했다. 1982년과 2006년 사이 나르시스적 인성조사(NPI)라 불리는 평가지를 전국 대학생 1만 6475명에게 돌려 검사를 실시했다. 이 조사에는 '만약 내가 세상을 지배한다면 더 나은 세상이 될 것이다', '나는 내가 특별한 사람이라고 생각한다', '나는 내가 원하는 방식대로 내 삶을 살 수 있다' 등의 항목에 대한 응답을 요구했다.

---

91 http://www.ukopia.com/ukoEducation/?page_code=read&uid=32117

1982년 첫 검사가 실시된 이래 NPE 점수가 점진적으로 상승해 왔다. 1982년에는 검사 대상 대학생의 30%가 평균 점수 이상이었지만, 2006년에는 검사 대상자의 2/3가 평균 점수 이상을 차지했다. 연구자들은 이런 결과를 가져온 이유 중의 하나가 80년대부터 강조해 온 자신감 강조 교육이라고 말한다. 연구자 중의 하나인 Jean Twenge는 이렇게 설명한다. "우리가 그동안 반복해서 이야기해 온 '넌 특별하다'는 말을 중단할 필요가 있다." 그는 "아이들은 이미 충분히 자기중심적"이라고 말한다. 그렇다고 아이들의 자신감을 길러 주는 것이 중요하지 않다는 이야기는 아니다. 단지 이유 없이 무조건 "너만 잘났다"고 할 것이 아니라, 구체적으로 칭찬할 만한 것은 칭찬하고 잘못하는 것은 지적해 주어서 정말 확실한 자신감을 길러주는 것이 무엇보다 중요하다는 것이다.

어려서부터 계속 "너는 특별하다. 자신감을 가져라" 하는 이야기를 듣고 자란 아이들은 자칫 잘못하면 정작 자부심을 가질 일이 별로 없는 데도 그야말로 자기만 잘난 줄 아는 일종의 허영심만 커질 수도 있다. 자기중심적인 성격은 "불성실할 우려가 있고 감정적 따스함이 결여된 관계를 가지기 쉽고 과시하며 진실하지 못하고 과잉 통제적이고 폭력 행위를 할 우려가 있다. 또한 자신만만하고 자기주장이 강하며 권리의식이 강한 반면에, 동정심이 부족하고 비판에 공격적으로 반응하며 다른 사람을 돕는 것으로 자기를 드러내려는 성향을 가졌다. 타인과의 친밀한 관계를 붕괴시키고 결국 사회에 부정적 결과를 가져올 수 있다"고 주장한다.

바울은 말세가 되면 될수록 이런 자기중심적인 성향이 더 심화된다고 말하며, 이 같은 자들에게서 돌아서라고 말하고 있다.[92] "말세에 고통하는 때가 이르러 사람들이 자기를 사랑하며 돈을 사랑하며 자랑하며 교만하며 비방하며 부모를 거역하며 감사하지 아니하며 거룩하지 아니하며 무정하며 원통함을 풀지 아니하며 모함하며 절제하지 못하며 사나우며 선한 것을 좋아하지 아니하며 배신하며 조급하며 자만하며 쾌락을 사랑하기를 하나님 사랑하는 것보다 더하며 경건의 모양은 있으나 경건의 능력은 부인하니 이같은 자들에게서 네가 돌아서라"(딤후 3:2-5).

"고통하는 때"의 어원적 뜻은 '거칠고'(hard), '견디기 어려운'(difficult) 또는 '다루기 어려운, 격렬한, 위험스러운, 위협적인' 등을 암시하고 있다. 신약에서는 가다라의 두 귀신의 상태를 표현하면서 "저희는 심히 사나워 아무도 그 길로 지나갈 수 없다"(마 8:28)고 할 때 유일하게 사용된 단어였다. 다시 말해 말세의 날들은 견디기 어렵고 대항하기 어려운 고통스럽고 위험스러운 날들이 되리라는 것이다.[93] 이 시기를 살아가는 사람들이 자기를 사랑(lovers of self)하고 돈을 사랑하고 자랑하고 교만하고 사납고 사랑이 없다고 했다. 또 배반하고 우쭐대며 쾌락을 사랑하는 것이 하나님을 사랑하는 것보다 더하다고 종말의 시대상과 인간상을 묘사하고 있다.

---

92 구약에서부터 사용된 '말세'(last days)라는 표현을 사용하고 있다(사2:2). 또한 오순절에 베드로는 그의 설교에서 요엘2:28을 약간 수정해서 말세(in the last days)를 말하고 있다. 요엘서(2:28-32)나 사도행전(2:19-20)은 말세가 교회 시대의 시작과 함께 시작되고 "주의 크고 영화로운 날"에 마치는 것으로 묘사하고 있다. Walter L. Liefeld, *The NIV Application Commentary: 1 and 2 Timothy, Titus* (Grand Rapids, MI.: Zondervan, 1999), 269.

93 John Stott, *2 Timothy*, 김영배 역, 『디모데후서 강해: 복음을 지키라』 (서울: 엠마오, 1985), 105.

열거된 열아홉 개의 표현들 가운데 네 가지가 '사랑'과 연관된 것이다. 첫 구절에서 표현한 "자기를 사랑하는 것"에서 시작해서 마지막에는 "하나님을 사랑하지 않는 것"으로 끝나고 있다.[94] John Stott는 이 사람들에게 근본적으로 잘못된 것은 그들의 사랑이 잘못된 방향을 향하고 있는 것이라고 해석하고 있다.[95] 하나님을 사랑하는 것이 아니고 대신에 그들의 사랑의 방향이 자기를 사랑하고, 돈을 사랑하며, 그리고 쾌락을 사랑하는 것으로 향한 것이다. 특히 "자기를 사랑"함은 그 이후에 열거된 여러 죄악들의 출발점이 된다. 비사회적이며 반사회적인 행위는 불경건한 자기중심성의 불가피한 결과이기 때문이다.[96]

우리 사회가 이전보다 평균적인 교육수준도 높아졌고, 지성인도 많아졌다. 그러나 어리석은 행동이나 결정을 하는 것은 그렇게 쉽게 줄어들지 않는 것 같아 보인다. 오히려 본인이 배웠다고 하는 지식과 가지고 있는 권력 때문에 어리석은 선택을 하는 경우를 많이 보게 된다. 우리가 보았듯이 성경은 어리석음의 반대가 되는 것이 똑똑함이라기보다는 지혜로움이라고 말한다. 지금 우리가 사는 세상에 똑똑한 사람들은 많아지고 있지만, 그에 비례해서 지혜로운 사람들이 많아지는 것은 아니라는 것이다 지혜로운 사람들은 겸손하고, 자기가 다 안다고, 또 할 수 있다고 생각하지 않는다.

지혜로운 사람은 자신에게 드리워진 삶의 그림자를 통해 배우는

---

94 *The New Testament in Modern English* 에서는 "자기를 사랑하며"란 표현을 "철저히 자기중심적이며"라고 번역하고 있다. John B. Phillips, ed., *The New Testament in Modern English* (New York: Galahad Books, 1996).
95 Stott, *2 Timothy*, 107.
96 박윤선, 『성경주석: 바울서신』 (서울: 영음사, 1985), 640-641.

사람들이다. 배경에 차이가 있었다 뿐이지 성경의 역사를 통해 등장하는 다양한 인물들은 그들 각자에게 파도와 같이 밀려오는 다양한 사건들이 있었다. 어떤 경우에는 지혜롭게 헤쳐가기도 하고, 또는 좌초되는 모습을 보이기도 하였다. 그들의 삶의 발자취를 묵상하는 것은 우리에게 통찰력을 갖도록 해주고, 잘못된 생각의 습관을 분별하게 해준다. 더 나아가 나에게 닥친 그리고 닥칠지도 모르는 다양한 충격들을 능히 소화하는 심리적 내성을 강화시켜 준다.

발람은 독특한 능력을 소유한 선지자였다. 모압 왕 발락이 발람에 대해서 "그대가 복을 비는 자는 복을 받고 저주하는 자는 저주를 받을 줄을 내가 앎이니라"(민 22:6)라고 말하고 있다. 더불어 그는 장래를 보는 능력(vision)을 가지고 여러 민족의 미래를 예언할 수 있었다(민 24:17-24). 발람은 이런 특별한 능력으로 인해서 이방 국가의 지도자들에게 일종의 조언자의 역할을 하였다.

성경은 발락이 약속의 땅에 들어가려는 이스라엘을 저주하기 위해 발람을 초대하는 사건을 기록하고 있다. 처음에 발람은 사신이 하나님께서 말씀하시는 것만을 말할 수 있다고 선언하며 거절했다. 그러나 그렇게 능력이 있었던 사람이 결국 욕심으로 인해 이스라엘을 저주하기 위한 길을 떠나게 된다. 좋은 재능은 축복이지만 그것이 하나님을 경외하는 가운데 바르게 사용되지 않을 때 그 사람의 능력은 상실되고 만다.

한국말로 꿈이나 이상으로 번역되는 vision은 시각, 통찰력이라는 의미를 함께 담고 있다. 발람은 미래를 예측하며 현재를 분별하는 통찰을 소유했지만, 그것이 가장 필요로 하는 때에 그만 잃고 말았다. 오히려 동물인 나귀가 발람에게 그의 현재 모습을 깨닫게 해주고 있다. 하나님께서는 나귀가 분별하지 못했다면, 발람이 분명히 죽었을 것이라고 말씀하신다. 신약성경은 발람을 "바른 길을 떠나 미혹되어진" 사람의 한 예로 거명하고 있고, 그가 "자기의 불법을 인하여 책망을 받았다"고 증거하고 있다(벧후 2:15, 16). 그리고 한 때 특별한 능력을 가지고 여러 공동체에 영향력을 끼쳤던 발람은 자신이 저주하고자 했던 백성들의 손에 의해서 죽임을 당하고 만다.

통찰과 분별의 능력이 얼마나 쉽게 눈 앞에 보이는 미혹과 탐욕에 의해서 흐려지는지 모른다. 탐욕은 한계가 없다. 심리적으로 보면 탐욕은 단순히 욕심을 내는 정도가 아니고 자신을 위해서 타인의 형편이나 감정을 존중하지 않으면서 과도하게 어떤 목표들을 추구하는 성격을 가지고 있다. 어떤 경계선 안에 머무르지 않고 무엇인가 얻으려고 급급해 하는 것이다. 특히 탐욕에 잘 빠지는 사람은 이 세상에서 자기를 지켜줄 것이 없다고 생각한다. 그래서 감정적 기복이 많은 이들이다.

자신이 가진 것이 그리 많지 않다고 느낀다. 그래서 물질만이 아니고 시간, 에너지, 자원에 대해서 탐욕적이다. 자기 분야에서 아이디어 계발에 시간을 쏟아야 하기에 자신의 시간이나 주의를 다른 사람에게 쏟고 싶어 하지 않는다. 탐욕은 똑똑한 사람이든 믿음의 사람이든 누구에게나 계속해서 미혹의 손길로 다가 올 것이다. 우리는 선생님, 목회자, 선배, 믿음의 형제, 자매, 아니 나귀의 음성에라도 귀를 기울여서 온전히 탐욕을 이겨야 한다.

지혜롭게 돕고자 하는 사람의 모습이 어떠하고 어떠해야 할지 주로 돌봄과 관련된 특질에 초점을 두어서 정리했다. 이 밖에도 지혜롭게 살아가는 사람의 모습 중에 몇 가지를 추가적으로 첨언한다.[97] 지혜자는 지혜로운 조언을 받아들일 줄 아는 사람이다. 그는 스스로가 행하지 않는 것을 다른 사람들에게 요구하지 않는다. 잠언은 지혜자를 아버지의 상과 동일화 시키며 두 가지 측면에서 그리고 있다. 먼저 지혜를 배우고 그래서 통찰력 있는 말을 하는 지혜자이다. 또한 부모는 자신의 아들을 위해서 생명과 행복을 추구한다. 지식과 사랑의 조합은 지혜로운 사람을 특징지운다. 잠언 4:1-4은 이렇게 말한다.

> 아들들아 아비의 훈계를 들으며 명철을 얻기에 주의하라 내가 선한 도리를 너희에게 전하노니 내 법을 떠나지 말라 나도 내 아버지에게 아들이었으며 내 어머니 보기에 유약한 외아들이었노라 아버지가 내게 가르쳐 이르기를 내 말을 네 마음에 두라 내 명령을 지키라 그리하면 살리라(잠 4:1-4)

지혜자는 생명의 길을 걸어가고 인도하는 데 올곧은 사람이다. 지혜자는 돕고자 하는 사람에게 어떤 행동이 가져올 도덕적 결과에 대해서 냉철하게 경고한다(잠 2:18-19, 4:19, 5:1-6, 10:24). 지혜자는 죽음에서 그의 영혼을 구하기 위해 모든 노력을 기울인다. 그는 여호와 경외가 모든 지혜로운 말과 결국은 생명의 근원이 된다는 것을 분명히 하고 하나님의 권위를 가지고 말한다(잠 1:13-14, 9:10-12). 그는 신

---

[97] George M. Schwab, "The Proverbs and the Art of Persuasion," *The Journal of Biblical Counseling* 14, no.1(1995): 9.

실한 사람으로 내적인 모습과 외적인 모습이 일치하고 그것이 삶에 드러난다. 이를 위해서 아버지는 아들이 되어 해야 할 훈련을 수행한다(잠 1:2, 8, 4:1, 6:23, 13:1). 그가 상대방에게 제시하는 훈련은 이미 자신이 해왔던 것이다.

한편 일반 상담학에서도 지혜로운 상담자의 상을 그려보려는 시도가 있었다. 노안영은 지혜가 본질적으로 바람직한 삶의 방법을 찾는 것이라고 보며, 상담과 깊은 연관관계를 가지고 있다고 생각한다.[98] 지혜는 모든 상담적 접근 및 방법과 밀접한 관련을 가진 높은 수준의 광범위한 개념으로, 상담자는 기법에 대한 지식 만큼이나 다양한 사례에서 어떻게 지혜롭게 그것을 적용하는 것이 중요하다고 본다.

이런 의미에서 상담자는 상담에 관한 지식 이상의 지혜를 요구받는다고 주장한다. 상담자가 성장한다는 것은 상담자의 성숙과 인간적 특징과 자질을 포함해야 하고 이것은 지혜라는 관점에서 상담자의 능력을 연구해야 할 필요성을 확증한다. 노안영은 상담자의 지혜를 평가하기 위해 상담 장면에서 필요한 요소를 중심으로 지혜척도를 개발하였다. 지혜에 대한 9개의 하위척도는 '인성', '윤리적 책임감', '태도', '인지적 지식과 지적 기술', '경험에 근거한 지식', '훈련', '대인관계 스타일', '개인차에 대한 이해', '인간본성에 대한 이해'이다.

또한 지혜가 상담과정과 성과에 미치는 연구에서는 지혜로운 상담자가 사례개념화, 공감, 역전이 조절 등 상담 개입에서 더 높은 수행을 나타냈다. 또한, 상담자의 지혜는 상담자의 사례개념화와 역전

---

[98] No, "The Role of Wisdom in Counseling Psychology," 133-152.

이 조절에 직접적인 영향을 미쳤으며, 이는 관계형성, 작업동맹을 거쳐서 내담자의 상담 성과에 영향을 미쳤다.[99]

지혜라는 것이 실험실의 연구나 학문적인 결과로서 진술되고 전달되는 것에 한계가 있다. 하지만 하나님께서 약속하셨듯이 하나님을 경외하고 지혜를 구하며, 더 나아가 지혜로운 사람들을 관찰하고 그것을 생각하는 가운데 지혜로운 돌보는 사람으로 성장해 가는 우리가 될 수 있을 것으로 소망한다.

2. 돌봄현장의 지혜

이제 주어진 과제는 지혜에 근거해서 잘 돌보는 원리를 찾아보는 것이다. 사실 모든 건강한 돌봄에는 지혜적 자원과 도구가 내포되어 있어서 그 내용은 여러 가지로 구체화해서 볼 수 있다. 그 적용 분야도 단지 돌봄만이 아니고 교육, 경영, 리더십 등에 걸쳐서 확대해 볼 수 있다. 미국의 공교육에 있어 성품교육에 중점을 두었을 때 지혜와 미덕은 항상 등장하는 주된 목표 중의 하나였다. 전통적으로 학교는 부모와 지역공동체와 함께 성품과 지혜를 세워가는 것을 책임으로 여겼다. 영국의 현대 철학자 중의 하나인 Nicholas Maxwell은 *From Knowledge to Wisdom*에서 삶에서 그리고 자신과 타인에게 무엇이 가치 있는 것인지를 깨닫는 능력으로 지혜를 정의하고 교육이 지식의

---

[99] 이수림·조성호, "상담자발달과 지혜에 관한 연구: 상담자발달수준에 따른 상담자의 지혜 비교", 74-75.

습득보다는 지혜를 북돋우는 데 힘써야 한다고 말한다.[100] 그는 새로운 지식과 과학기술의 지식이 유익도 있지만, 지혜가 없다면 고통과 죽음을 야기하는 힘이 될 수 있다고 경고한다. 지혜는 자신을 통제하는 가르침을 받게 해서 긍정적인 목적을 위해서 지식을 적용하게 하는 것이다.

우리가 돌봄에 초점을 모아서 어떻게 지혜가 유용한 자원이 되는지 일부 살펴보지만 여기서 그치는 것은 아니다. 하나님의 지혜의 풍요로움을 생각해 볼 때 여전히 지혜는 이웃을 돕기 위한 풍성한 능력을 담고 있다. 지혜는 우리고 하여금 질서 있고 바르게 살게 하는 하나님의 선물이고 축복이기 때문이다.

1) 돌봄과 관련된 지혜 연구

돌봄이나 상담의 자원으로 성경을 활용하려고 했던 여러 가지 시도가 지속되어 왔다. 특히 하나님의 말씀과 세상을 통해 드러난 하나님의 지혜에 대한 깊은 확신에 근거한 연구는 돌봄과 상담을 위해서 본질적인 요소라고 생각한다. 크게 세 가지 구분이 가능하다.

첫째, 전도서와 욥기, 특히 시편을 중심으로 시련 가운데서 상처 입은 사람들을 위로하고 지탱하게 하는 자원을 찾아낸다. 돌봄의 현장에서 드러날 수밖에 없는 인생의 아픔과 고통에 대한 공감이 펼쳐지고, 위로, 격려, 고난에 대한 이해와 수용 등이 전개된다.

둘째, 잠언적 지혜를 돌봄에 적용하는 것이다. 주로 옳고 그름을

---

[100] Nicholas Maxwell, *From Knowledge to Wisdom* (London: Pentire Press, 1984), 66.

분별하는 데 초점을 모으고 의로운 보상, 진리의 수호, 직면과 용서를 통한 의와 회복을 세워가는 것을 주제로 삼는다. 의로운 하나님의 질서를 회복하고 왜곡된 것을 분별하면서 개인과 공동체의 회복과 치유를 추구한다. 신체적, 정서적, 사회적, 심리적, 영적인 영역을 포함한 모든 영역에서 하나님의 질서를 지향한다.

셋째, 예수님의 가르침과 삶, 서신서의 목양적 가르침이다. 지혜문서의 두 종류의 지혜적 성격(질서와 역질서)를 통합하고 성도들이 소망 가운데 견디고 이겨내도록 인도한다. 무엇보다 그리스도를 통해 약속된 구속과 현재적이고 궁극적인 회복을 나누게 된다.

(1) 시편모델

시편모델은 1950년 대 이후 서구 교계에 로저스의 내담자 중심 상담이 들어오면서 목회적 돌봄의 중심적인 모델로 자리 잡았다. 시편을 중심으로 성경 내에서 다양한 정서와 감정을 표현하는 말씀에 기초해서 인간의 감정과 경험을 강조한다. 시편에는 깊은 낙심, 좌절, 당황, 분노, 절망 등의 감정이 녹아 있다. 물론 이와 함께 행복, 기쁨, 안도, 감사의 마음도 표현하고 있다. 시편을 통해 돌보는 사람은 내담자의 감정을 탐색할 수 있다.

Donald Capps은 이런 흐름 속에서 상담에 시편을 적용한 초기 목회상담학자들인 Seward Hiltner Carroll Wise, Wayne Oates의 접근을 살펴본다. Hiltner 같은 경우 시편 23편을 통해 돌보는 목자상을 그려볼 수 있다고 분석했다. 목자사역의 기본 원칙이 두 가지가 있다. 관심과 수용을 소통하는 것과 명료화와 판단을 돕는 것이다. 첫 번째 원칙은 내담자에게 부정적 감정을 표현하도록 허용하고 그것을 수용하는 것이다. 두 번째 원칙은 내담자가 고통스런 감정을 명료화하도록 도와서, 그 아픔을 하나님의 판단에 내어 드리도록 하는 것이다.

Capps는 이들의 공헌이 있지만 한계를 지적하며 조금 더 기독교 상담에 있어서 성경적 접근을 제안한다. 그는 기독교 상담의 목표, 방법, 상담자와 내담자 사이의 관계 등 모든 영역에서 성경적 관점이 개입되어야 함을 강조한다. 그는 1950년 이후 목회상담이나 교회 내 돌봄이 세속적 심리치료와 심리과학으로 인해 지나치게 주도되어 왔다고 지적한다. 결국 신앙공동체는 현대과학의 흐름에 굴복했고 개인주의와 치료적 문화에 대한 대안을 제대로 마련하지 못했다고 분석한다.

그는 특별히 지혜요소를 틀로 삼아서 시편의 활용과 애도상담, 잠언의 활용과 혼전상담, 비유의 활용과 결혼상담을 제안한다.[101] 시편의 애가의 기본적 의도는 회복시키려는 것이며, 고통받고 있는 사람들에게 힘을 주려는 것이다. 시편의 애가가 비참함, 상처, 고통의 상황을 다루는 데 있어서 효과적인 이유가 있다. 그러한 비참함, 상처, 고통을 이해하고 경험하는 것에 대한 일련의 형식을 제공한다는 사실이다. 그 형식은 그 실체가 무엇인지를 설명해줄 뿐 아니라 기대되는 것과 주장하는 바를 명백하게 표현하는 것이다.

이러한 탄식시가 표현하는 슬픔 과정을 몇 가지 단계로 구분해 볼 수 있고, 이것을 일반적으로 죽음을 맞이한 사람이 겪는 수용의 과정을 이야기하는 Elisabeth Kübler-Ross의 구조와 비교해 볼 수 있다.[102]

---

[101] Donald Capps, *Biblical Approaches to Counseling* (Eugene, OR.: Wipf & Stock, 2003), 47-205.
[102] Capps, *Biblical Approaches to Counseling*, 75; Elizabeth Ku bler-Ross, *On Death and*

탄식시(Psalm of Lament)	Kübler-Ross
하나님께 호소(Address to God)	부정(Denial and Isolation)
불평(Complaint)/ 불평	분노(Anger)
신뢰의 고백(Confession of Trust)	타협(Bargaining)
간구(Petition)	우울(Depression)
확신의 고백(Words of Assurance)	수용(Acceptance)
찬양의 선포(ow to Praise)	

분명한 차이점은 Kübler-Ross가 우울에서 수용으로 전환되는 반면 탄식시는 간구와 확신 그리고 찬양으로 바뀌어 진다는 것이다. 청원에서 자신감과 찬양으로 바뀐다. Kübler-Ross는 죽음을 받아들이는 인간 심리의 과정을 묘사하고 방향을 제시하면서 일종의 종교인으로 돌보는 사람을 위한 이론적 발판을 마련해 주고 있다. 실제로 친구나 가족의 함께 해주는 힘과 지지로 슬픔을 겪는 사람은 우울에서 수용으로 발전할 수 있을 것이다. 고난에 대한 심리학적인 대안은 인간의 내면에 숨어 있는 현실에 대한 부인을 드러내고 불안을 소망으로 바꾸어 주는 무언가를 기대하도록 요청한다. 그래서 모든 인간이 의식 또는 무의식 중에 두려움을 없애기 위해 끊임없이 무엇인가를 만들어 낸다.

Ernest Becker에 따르면 이 난국을 벗어가는 방법은 긍정적 투사

Dying (New York: MacMillan, 1969). 반면에 사망학 분야의 학자인 Edwin S. Shneidman은 인간이 일련의 단계를 거쳐 죽음에 이른다는 주장을 거부하였다. 그는 인간의 감정과 정서 및 욕구가 다양하고, 사용되는 심리적 방어기제도 광범위하기 때문에 죽어가는 모습은 다양할 수밖에 없다고 주장한다. Edwin S. Shneidman, *Deaths of Man* (New York: Jason Aronson, 1983); .

(positive transference) 또는 생의 확대된 환상(life enhancing illusion)이다.[103] 그러나 이러한 것은 신앙의 역할을 한시적으로 해 줄지 모르지만 대안이 되지 못한다. 개인적 불멸에 대한 소망이나 신앙은 우주적 힘에 대한 초월적 의지에 달려 있는 것이 아니고, 예수 그리스도의 역사적 부활사건에 근거를 두고 있다. 하나님의 형상으로 창조된 인간은 육신의 한계 내에서 살다가, 첫 열매가 되신 예수님의 죽으심과 부활을 믿는 믿음으로 죽음을 넘어선 영원한 삶을 살게 되는 것이다. 시편의 탄식시는 분명하게 단순한 수용으로 끝나고 있지 않다. 생명을 주시고 현재의 고난에도 든든한 보호자가 되시는 하나님께 대한 신앙을 고백하고 그분을 찬양하며 그가 처한 난국을 벗어나고 있다.

(2) 잠언모델

잠언을 가지고 상담의 모델을 구성한다거나 상담적 접근방법을 구체화하는 작업은 많지 않았다. 기독교 상담의 잠언모델은 1970년대 초반에 비로소 등장한다. 이것은 시편모델이 너무 수동적이고 지나치게 중립적이며 비지시적이라는 데 문제를 느끼고 발전된 것이다. 가장 대표적인 학자는 권면적 상담학을 주창한 Adams이고, 지속적으로 기독교 상담자들이 잠언을 인용해서 자신의 상담이론을 보완하거나 증명하려는 노력이 기울여졌다. Adams는 그의 책 *Competent to Counseling* 에서 잠언이 직접적인 상담의 책으로 삶의 다양한 문제를 해결하고 헤쳐 나아가는 데 도움이 되는 간결한 진술로 구성되어

---

103 Ernest Becker, *The Denial of Death* (New York: Simon & Schuster, 1973), 1-7.

있다고 설명한다.[104] 잠언을 어리석고 교만한 죄인의 삶을 경계하고, 하나님의 언약 백성들이 하나님의 지혜로 자라가게 하려는 의도로 저술되었다고 한다. 삶의 축소판을 그려주고 그 가운데 있는 문제를 직시하며, 어른 된 이들이 언약의 젊은이들에게 권면한다. 이들 삶의 실제적인 주제와 문제에 대해서 성경적으로 반응하도록 안내하는 조언의 책이다.

또한 Adams는 당시 교계에서도 보편적인 지지를 받았던 로저스의 비지식적인 내담자 중심요법에 반하는 목회상담의 지시적 접근을 설명하며 그 실제적 예로 잠언을 들고 있다. "잠언에서 추천하는 상담의 모델은 분명히 권면적(nouthetic)"이다.[105] 잠언은 하나님의 지혜가 언어적 수단으로 전달될 필요성이 있다는 사실을 확증한다. 하나님의 자녀들의 유익을 위해서 교훈, 책망, 징계, 훈육으로 하나님의 명령을 구체화하고 변화를 격려해야 한다고 강조한다.

The Use of the Scriptures in Counseling 에서는 피상담자에게 잠언을 과제로 추천해서 10장부터 읽게 하면 유익할 것이라고 한다. 잠언을 읽게 하는 것이 매일의 삶에서 성경을 접하고 묵상하는 틀을 잡게 하는 가장 좋은 방법이라고 권장한다. "자신이 붙잡아야 할 필요가 있는 말씀을 구체적으로 만날 때 까지 잠언의 간결한 말씀을 천천히 읽을 수 있다." 연구 역시 필요하고 그 의미를 충실히 이해해서 그것을 어떻게 적용할 것인지를 생각하고 실천해야 한다. 반복해서 말씀을 살펴보고 다른 각도에서도 생각해 봐야 한다. 그리고 잠언이 적용되

---

104 Jay E. Adams, *Competent to Counseling* (Nutley, NJ.: Presbyterian & Reformed, 1970), 98.
105 Adams, *Competent to Counseling*, 99.

는 삶의 영역에 대해서 상세하게 기술할 수 있다.[106]

또한 그는 잠언은 진리로 마음을 꿰뚫는다는 의미에서 일종의 망치와 같은 역할을 한다고 비유한다. 돌보는 사람은 잠언 말씀으로 피상담자의 마음에 진리로 다가가서, 심령을 파고들어 설득하기 위해서 사용할 수 있다. 상담자는 잠언의 구절을 자기의 것으로 숙지해야 하고 적절한 시점에 사용해야 한다.

> 나는 예비상담의 과정 중에 피상담자가 여전히 예수님을 구세주로 영접하는 것을 거절하는 때에도 잠언을 활용한다. 가능한 한 자주 상담회기의 종결부에 잠언을 읽는다.[107]

반면에 Capps는 Adams가 잠언에 대한 정확한 이해 위에 긍정적인 기여를 하였지만, 몇 가지 놓친 점이 있다고 평가한다. 잠언이 행동 변화에만 토대를 두고 있는 것이 아니고 내면의 경험에 관심을 가지고 있고 인간의 정서에도 깊은 이해를 가지고 있다고 본다(잠 13:12). 또한 상호관계성에 대한 잠언의 강조점을 놓치지 않아야 한다고 본다. 훈육과 책망을 하지만(잠 29:15-17), 상대에 대한 깊은 사랑과 헌신이 전제된 것이라고 해석한다. 그러면서 돌봄을 위해 잠언의 지혜는 지시적 책망이나 훈계 보다는 상담, 특별히 결혼을 앞둔 커플을 위한 도덕적 가르침을 제공한다고 본다.

---

[106] Jay E. Adams, *The Use of the Scriptures in Counseling* (Grand Rapids, MI.: Baker, 1984), 21-22.
[107] Jay E. Adams, *Ready to Restore: The Layman's Guide to Christian Counseling* (Phillipsburg, NJ.: Presbyterian & Reformed, 1981), 22.

하나님의 창조질서는 공동체 질서 내지 도덕 질서로 설명되기도 한다. 돌봄을 행하면서 이러한 도덕적 질서를 이해하고 이에 대한 견고한 입장을 개입시킬 수 있다. 이는 우리가 오직 믿음과 은혜로 구원받은 천국백성이 되었지만, 하나님 백성답게 살아가는 도덕의 발달과 윤리적 요소를 무시할 수 없고 책임 있게 살아가야 한다는 것을 가르쳐 준다. 특히 부부가 확고한 도덕적 기반 위에 결혼관계를 만들어 갈 때, 하나님의 풍성한 은혜와 보상이 주어진다는 것을 확인하는 것이다. 하나님의 도덕적 원리를 지키는 부부는 건강, 존경, 풍요, 안전과 장수의 축복 아래 살아가는 것이다. 실제 혼전상담에 있어서 도덕 발달 이론, 도덕적 특질, 그리고 미덕과 관련된 이해를 도모한다.

목회상담학자인 이관직 역시 목회상담과 잠언의 유사성을 제안한다.[108] 목회상담자가 내담자에게 하나님의 말씀을 가르치고 그 안의 자질을 발견하게 하는 점, 직언으로 성숙을 유도하는 점, 왜곡된 사고의 교정, 무질서의 질서화, 균형과 통합을 통해 삶의 전인격적인 영역에서 전인성의 회복을 시향하는 점, 훈련을 통해 제자화를 추구하는 점 등이 언급된다. 또한 상담의 목적과 관련해서 목회상담이 하나님의 형상을 회복하게 한다는 의미에서 잠언 역시 하나님의 속성 중의 하나인 의와 공평을 행하는 것에 기여한다고 본다.

(3) 예수님모델

예수님이 어떻게 사람들을 만나고 치유하셨는지를 연구하고 이것

---

[108] 이관직, "잠언과 목회상담과의 관계: 잠언 1:1-7을 중심으로", 「신학지남」 제257권 (1998): 222.

을 우리의 돌봄과 관련시켜 보려는 시도가 있어왔다. 이에 대한 다양한 접근 방법을 개관한 후에 James R. Beck은 이렇게 말한다.

> 1세기에 예수님께서 이 땅에서 행하셨던 모든 일들이 오늘날 기독교 상담자들이 하는 일과 정확하게 일치하기 때문에 예수님께서 기독교 상담자들에게 본이 될 수 있는 것은 아니다. 예수님께서 기독교 상담자들에게 본이 될 수 있는 이유는 상담이 하나님의 지혜를 하나님의 백성과 함께 나누는 것이라는 성경적인 관점 때문이다. 예수님께서는 지상 사역 동안에 그분의 가르침을 통해 사람들에게 하나님의 지혜를 나누셨다. 기독교 상담자는 하나님의 말씀과 하나님의 세계에서 발견한 진리들을 내담자들과 함께 나눔으로써 예수님처럼 행할 수 있다.[109]

솔로몬은 하나님으로부터 지혜를 받은 자였지만, 우상숭배에 떨어지고 어리석게 되어 버렸다. 그러나 좋은 소식은 "솔로몬 보다 더 큰"(마 12:42) 이가 오셨다는 것이다. 하나님께서 계시의 정점에 태초에 하나님께 함께 하셨던 지혜 되신 예수 그리스도를 이 땅에 보내주셨다. 그분 안에서 하나님의 의도와 마음은 드러나게 되었고 특별히 그분의 가르침과 치유 사역은 이 점을 분명하게 보여주는 것이었다. 예수님은 공생애의 기간 동안 비유와 격언의 말씀으로 지혜의 가르침을 주시며 사람들의 심령과 육체를 치유하셨다. 그분의 가르침

---

[109] James R. Beck, *Jesus & Personality Theory*, 서진희 역, 『예수님과 성격이론』(서울: 국제제자훈련원, 2006), 19.

과 치유는 사람들을 놀라게 했고(막 6:2), 더 나아가 지혜의 가르침과 치유가 통합된 그분의 돌봄은 생의 고통과 아픔 속에 신음하던 사람들을 변화시키는 기적을 가져오게 했다.

더 나아가 우리가 그리스도를 통해서 하나님의 은혜를 경험하고 새로운 마음이 조성되어 가면, 지혜로운 삶에 대한 열심을 진정으로 품게 된다. 그리고 하나님께서 지혜를 구하는 모든 이에게 이 지혜를 주시고 회복의 은혜를 허락하신다. 복음서를 중심으로 예수님께 붙여진 세 가지 칭호를 살펴보면서 예수님의 지혜와 치유의 관계를 추적해 본다.

첫째, 이사야 9:1-9에서 이사야는 장차 오실 메시아를 기묘자라, 모사라, 전능하신 하나님이라, 영존하시는 아버지라, 평강의 왕이라고 묘사 했다. 그리고 이 예언은 예수님을 통해 완성되었다. 이스라엘의 죄는 민족에 흑암을 가져오게 했지만, 택한 백성에게 신실하신 하나님께서는 한 사람을 보내어 그 어두움을 몰아내 주셨다. 그분이 예수 그리스도이셨다(6절).

> 고난의 흑암 가운데서, 사람들은 평강과 은혜의 빛을, 죽음의 흑암 가운데서 생명의 빛을, 그리고 무지의 흑암 가운데서 지식의 빛을, 죄의 흑암 가운데서 구원의 빛을 보았다. 그들의 현 주소가 완전히 뒤바뀌는 역사를 체험하게 되었다.[110]

---

[110] Edward J. Young, *The NICE on the Old Testament* (Grand Rapid, MI.: Yardman), 325.

특별히 그분의 이름이 기묘자라 모사(wonderful counselor)라고 칭해지고 있다. Edward J. Young은 기묘라는 단어에 대해서 이렇게 설명한다.

> 이런 표현이 주어졌다는 것은 선지자의 강조점이 메시아에게 임한 하나님의 지혜에 있다는 것을 알려주는 것이다…이 단어의 어원이 시편 78:12에 사용되고 있고 우리에게 그 의미를 되새겨주게 한다. 즉 애굽 땅에서 행하셨던 기이한 일을 묘사하면서 이 단어가 쓰여지고 있다.[111]

이사야는 또한 모략(counsel)의 역할에 대해서도 강조하고 있다. 11:2에서 장차 메시아에게 "여호와의 신 곧 지혜와 총명의 신이요 모략(counsel)과 재능의 신이요 지식과 여호와를 경외하는 신이" 강림하실 것을 말하고 있다. 16:3에서는 "모략을 베푸는 것"(Give us counsel)이 피난처가 필요한 사람들에게 안전과 화목을 가져오게 하는 것으로 묘사하고 있다.

여기서 표현되어진 돌봄적 의미를 함축하고 있는 모략이라는 단어는 '조언하다. 충고하다. 의도하다. 고안하다, 계획하다'라는 뜻을 가지고 있다. 다시 말해 성경이 말하고 있는 돌봄은 그 성격에 있어서 교훈을 주고 조언과 충고를 주는 의미를 포함하고 있다고 하겠다. 예수님은 위대한 모사로서 우리의 어두움을 몰아내고 온전함을 회복케 하는 지혜의 가르침을 주시는 분이다. Jack Boghosian은 이러한 사

---

[111] Young, *The NICE on the Old Testament*, 333.

람들의 심리적이고 영적인 문제를 치유하시고 회복시키시는 예수님의 모습과 가르침을 우리가 놓치고 있는 것이 '비극'이라고 표현하고 있다.[112]

둘째, 사람들은 예수님을 "다윗의 아들"(Son of David)이라고 불렀다. 주목할 만한 사실은 예수님께서 다윗의 아들이라고 불렸던 신약성경의 현장에는 치유 사역이 동반되고 있다는 사실이다. 특별히 마태복음을 기록한 마태는 사람들의 병과 연약한 것을 고치실 것이라는 이사야의 예언(사 25:5-6, 29:18-19, 53:4)이 예수님을 통하여 성취되었다는 사실을 분명하게 증거하는 데 중점을 두고 있다. 신약학자 Dennis C. Duling은 이렇게 언급한다. "마태는 θεραπεύω(치유한다)라는 동사를 선호했으며, 그에게 있어서 예수님은 치유적 예수님이셨고 치유하시는 메시야의 사역을 소개하는 데 힘썼다."[113]

또한 마태복음은 고통을 호소하는 사람들을 향한 예수님의 자비로우시고 긍휼이 풍성하신 치유적 속성을 강하게 부각시키고 있다. "불쌍히 여기사"(to have compassion)라고 표현된 다섯 구절 중에 네 곳에서(마 9:36, 14:14, 15:32, 17:20, 20:34), 그리고 우리 번역에 "불쌍히 여기소서"(to have mercy)라고 기록된 여덟 구절 중에서 다섯 곳에서(마 9:27, 12:23, 15:22, 20:30, 31) 치유의 사건이 일어나고 있다.[114] 우리를

---

112 Jack Boghosian, "The Biblical Basis of Strategic Approaches in Pastoral Counseling," *Journal of Psychology and Theology* 11, no. 2(1983): 106.
113 Dennis C. Duling, "The Therapeutic Son of David: An Element in Matthew's Christological Apologetic," *New Testament Studies* 24(1978): 388-99.
114 Dennis C. Duling, "Matthew's Plurisignificant 'Son of David' in Social Science Perspective: Kinship, Kingship, Magic, and Miracle," *Biblical Theology Bulletin* 22 (1992): 112.

긍휼히 여기는 예수님의 마음이 치유의 사역을 통해 표현되고 있다는 사실이다.

Charles F. Melchert는 예수님의 치유가 다음과 같은 성격이 있다고 한다. 첫째, 예수님은 사람들의 육체 뿐만이 아니라 사회적, 공동체적, 그리고 그 개인의 욕구 안에 내재된 영적인 차원의 문제까지 다루고 있다. 둘째, 예수님은 그 필요의 본질이 무엇이든지 간에 필요에 응답해 주는 분이셨다.[115] 예수님은 "나는 의사가 아니고 메시아니까 당신은 의사에게 가야합니다"라고 말씀하시지 않으셨다. 그들의 필요가 무엇이든 채워주시기 위해서 접근하셨다

더 나아가 마태복음에는 거의 모든 치유 사건에서 "주"(Lord) 또는 "다윗의 아들"(Son of David)이라는 칭호가 등장하고 있다. 고침을 받고자 간절히 원했던 사람들은 "주" 그리고 "다윗의 아들"이라고 외치며 예수님께 자비를 호소하고 있다. 실제로 예수님은 육신적으로는 다윗의 후손이었고, 당시에 다윗의 아들이라는 칭호는 메시아를 지칭하는 의미를 가지고 있었다. 메시아는 구약의 예언(특별히 삼하 12:11-16)에 근거해서, 다윗 가문에서 나올 것으로 기대되었다. Ben Witherington은 이렇게 정리하고 있다.

> 마태는 예수님에 대해서 다음의 세 가지 점을 중점적으로 강조하였다. "(1) 예수님이 역사적으로 다윗의 아들이었던 솔로몬 보다 위대한 메시아로 오신 다윗의 자손 되심, (2) 지혜, (3) 초기 지혜

---

[115] Charles F. Melchert, *Wise Teaching: Biblical Wisdom and Educational Ministry*, 송남순·김도일 역, 『지혜를 위한 교육』(서울: 한국장로교출판사, 2002), 38-385.

문서에 묘사된 지혜와 아버지와의 관계와 같이 친밀한 관계를 유지하는 아버지 되신 하나님의 아들되심."[116]

지혜와 돌봄의 관점에서 주목할 사실은 역사적으로 다윗의 아들은 지혜의 대표자인 솔로몬이었다는 사실이다. 그리고 예수님은 다윗의 아들 솔로몬의 지혜 그 이상의 지혜가 인격화 되신 분이다. 그분은 지혜로운 비유와 말씀으로 가르치셨고 이것이 사람들의 심령과 육신을 회복시키는 역사를 가져오게 한다.

셋째, 복음서에만 56번 정도 "선생"이라는 단어가 등장하고 대부분의 경우 예수님께 붙여진 호칭이었다. 선생님으로서 예수님의 지혜의 가르침은 사람들이 물어오는 질문에 대하여 적절한 시간에 적절한 단어를 사용하여 말씀하신 응답으로 되어 있다. 또한 예수님의 사역의 대부분이 치유와 가르침이었기 때문에 예수님을 표현하게 될 때 "굉장한 영향력을 행사한 한 선생"[117]이라고 표현하는 것이 자연스러웠다. 예수님은 26번 환자들을 치료하고 귀신 쫓는 이적을 행하셨고, 27번 비유를 통해 말씀하셨다.

예수님의 치유와 지혜의 가르침 사이의 연관 관계를 찾아 볼 때,

첫째, 예수님은 치유로 가르칠 대상인 군중들을 끌어 들였고,

둘째, 치유 사건은 하나님의 강력한 다스리심을 보여 줄 뿐 만 아니라, 그분의 가르침에 담겨 있는 중심적인 주제를 더 확고히 하는

---

[116] Ben Witherington, III., *Jesus the Sage: The Pilgrimage of Wisdom* (Minneapolis: Fortress Press, 1994), 350.
[117] Witherington, III., *Jesus the Sage*, 325.

교육적(pedagogy) 목적이 있었다.[118]

셋째, 예수님은 가르치는 현장에서만이 아니고, 치유현장에서도 치유를 받은 사람들이 온전해지기를 기대했다. 또한 치유 사건에서만이 아니고 가르치는 현장에서도 가르침 받는 사람들의 문제를 치유해 주기 원하셨다. 학습자에게 성숙할 것과 온전할 것과 자비로울 것을 요구하셨고 하나님을 닮아 가기를 원했다(마 5:43-48; 눅 6:27-36). 더 나아가 자신이 가르친 사람들이 더욱 하나님처럼 되기를 바라셨다. 제자들을 직접 치료자로 내보내는 데 있어서 예수님은 그들이 하나님의 긍휼하심으로 사역하고 그 마음을 표현하기를 기대하셨다.[119]

넷째, 예수님은 사람들의 마음과 육체를 돌보셨다. 예수님은 사회적으로 소외된 사람들, 즉 혈루병 여인, 문둥병자들, 소경들, 거지들, 중풍병자들, 귀신들린 자들과 같은 사람들의 병을 치유하셨고 이들이 가족과 공동체 안으로 다시 들어갈 수 있게 하셨다. 이런 의미에서 Walter Wink는 독자와 학습자들이 복음서 말씀을 접하면서 "내 안에 치유가 필요한 것이 무엇인가"라는 질문을 하면서 읽을 수 있다고 통찰하고 있다. 또한 예수님의 가르침은 모든 면에서 우리에게 영향력을 행사하고, 우리의 필요에 따라 각기 다른 방식으로 우리를 사로잡는다고 말하고 있다.[120]

구약성경에서 선지자들은 소경이 눈을 뜨고 앉은뱅이가 일어나

---

[118] John P. Meier, *A Marginal Jew: Rethinking the Historical Jesus* (New York: Doubleday, 1994), 1043-1044.
[119] Melchert, *Wise Teaching*, 385.
[120] Walter Wink, *Transforming Bible Study* (Nashville: Abingdon, 1989), 161: Melchert, *Wise Teaching*, 386에서 재인용.

는 회복의 날을 소망하였다. 바로 예수님의 사역은 이방인을 포함한 온 인류에게 하나님의 나라와 복음을 선포하고 완성하는 것과 함께, 구약의 예언이 성취되는 치유의 사건을 포함한 것이었다. 생명과 온전함과 질서의 근원이자 부여자 되시는 하나님의 속성이 역동적으로 예수님의 가르침과 치유 사역을 통해 드러나게 되었다.

구약의 율법이 예수님을 통해 완성되었고 실제로 약한 자를 세우시고 병든 자를 고치시는 참 구원자가 나타나게 되었다. 하나님의 속성과, 생명, 건강, 온전함의 하나님 되심이 예수님의 사역을 통해 확증되었다. 구약의 말씀이 부정한 것을 금하는 것을 통해 하나님의 속성을 드러냈다면, 예수님은 죽음과 온갖 부정한 것을 이기시는 하나님의 능력과 지혜를 나타내 주고 있다. 그분의 치유 사역은 율법의 가르침과 조화를 이루며 펼쳐지고 있다는 것을 발견하게 된다.

거룩하신 하나님이 또한 은혜로우신 하나님이시고, 악하고 부정한 것을 앞에 둘 수 없는 그분이 생명과 구원으로 그것을 바꾸시는 분이라는 것을 예수님의 치유와 가르침이 증거하고 있다. 예수님의 사역을 통해 그분의 치유를 통한 가르침과, 가르침을 통한 치유가 밀접하게 연결되어 있다는 사실을 발견하게 된다. 이런 예수님을 모델로 삼게 될 때, 기독교적 돌봄사역은 인간을 괴롭히고 약하게 하는 영육의 문제들에 대한 치유와 함께 지혜로운 가르침이 함께 해야 한다는 점을 발견하게 된다.

현대 기독교상담에서는 예수님의 가르침의 내용과 형식 중에 비유를 활용한 비유모델이 제안된다. 간접적인 접근이라는 특징을 가지고 있고, 주된 초점은 변화는 감정이나 행동이 아닌 인식의 재구조화에 달려있다고 보는 것이다. 이에 대한 구체적인 내용은 돌봄적 요소에서 살펴본다.

2) 돌봄과 관련된 지혜요소

성경은 사람을 돕고 문제를 풀어가는 것이 지혜의 문제라고 본다. 바울은 하나님의 사람들 가운데 지혜가 부족한 것이 공동체의 문제를 풀어가는 데 걸림돌이라고 한다.

> 너희 가운데 그 형제간의 일을 판단할 만한 지혜 있는 자가 이같이 하나도 없느냐(고전 6:5).

이 말씀 이전에 구약에서 모세는 장인 이드로의 권면을 받고 출애굽한 이스라엘 공동체의 문제를 해결하기 위해 대안으로 지혜로운 자를 세운다.

> 그런즉 나 홀로 어찌 능히 너희의 괴로운 일과 너희의 힘겨운 일과 너희의 다투는 일을 담당할 수 있으랴 너희의 각 지파에서 지혜와 지식이 있는 인정 받는 자들을 택하라 내가 그들을 세워 너희 수령을 삼으리라 한즉(신 1:12-13).

야고보 역시 공동체 내에서 개인과 공동체 자체가 건강하게 유지되기 위해서 지혜가 필요함을 말하고 있다(약 3:13-18). 우리 역시 효과적인 돌보는 사람이 되기 위해서 하나님의 지혜를 구하고 채워야 한다.

영적인 성장과 회복을 위해 지혜를 구하는 것은 역사를 통해서도 반복적으로 행해지고 강조된 것이다. 지금 우리는 돌봄의 사역에서 지혜를 놓치고 있다. Robert L. Wilkin은 이렇게 말한다.

> 지혜의 무시는 이해하기 어렵다. 지혜자의 모습은 유대 공동체의 삶에 중심적 역할을 담당했다…그리고 기독교가 유다이즘 또는 그리스 로마의 철학적 흐름 같이 지혜를 말하고 있지 않지만, 초기 기독교의 발전에서 지혜의 위치는 인식된 것보다 더 중요하다. 최근의 신약연구는 초기 기독교의 이해를 위해서 지혜의 중요성을 부각하고 있지만, 단지 당시의 이해를 위해서만 중요한 것이 아니다.[121]

6세기 초대 교부 중의 하나인 그레고리 대제는 여전히 유효한 고전적인 돌봄의 모델을 보여준다. 그는 삶의 경험과 성경의 지혜를 고민했던 사람이었고, 삶의 문제를 성경의 지혜로 풀어가려고 한 사람이었다. 목양을 하려는 사람은 하나님의 말씀에 대한 지혜로 풍성해야만 하고, 지혜가 마음에 심겨져야 한다고 통찰한다.

> 영혼을 인도하는 것이 예술 중의 예술인데, 아직 적절하지 못한 사람이 목회적 책임을 담당하는 것이 얼마나 경솔한 것인가! 마음의 상처가 육체의 내적 상처보다 더 숨겨져 있다는 것을 깨닫지

---

[121] Robert L. Wilkin, *Aspects of Wisdom in Judaism and Early Christianity* (Notre Dame, IN.: University of Notre Dame Press, 1975), xv, xvi.

못하는 것이 아닌가?[122]

Thomas Aquinas는 모든 덕의 아버지와 같은 것이 지혜라고 생각했다.

Capps가 목회상담에 지혜적 요소를 적용한 이후에, 목회적 돌봄과 성경의 지혜를 연결시킨 연구가 메노나이트 교단의 목회상담자인 Daniel S. Schipani에 의해서 시도되었다.[123] 그는 성경에 기초한 목회적 돌봄의 재구성의 필요성을 공감하며, 특별히 지혜가 이런 역할을 할 수 있다고 설명한다. 목회적 돌봄과 상담을 위한 신학적 기초로 성경적 지혜에 대한 필요성을 분명히 하며, 하나님의 지혜의 틀 위에서 목회적 돌봄을 재구성한다. 그가 중요하게 여긴 것은 여섯 가지이다.

첫째, 목회적으로 보고, 실행하고 가르쳐야 한다. 목회 돌봄자는 스스로를 돌보는 현자(sage)로 인식해야 한다. 이것은 다음의 세 가지 측면에서 성숙해 가는 것이다.

(a) 살아계신 하나님의 관점으로 보고 아는 것,

(b) 그리스도의 성품과 같이 마음과 성격이 성숙해지는 것,

(c) 성령의 부르심과 인도에 따라 살아가는 것이다.

또한 돌보는 사람은 이중언어(성경과 심리학적 관점)를 능숙하게 활

---

[122] Johannes Quasten & Joseph C. Plumpe, eds., *Ancient Christian Writers* 11: *Gregory the Great: Pastoral Care*, trans. Henry Davis (New York: Newman Press, 1978), 21: Ted VanderEnde, "Developing A Course in Pastoral Care and Counseling at Winebrenner Theological Seminary: Pastoral Care from a Wisdom Perspective"(D. Min., Trinity Evangelical Divinity School, 1991), 5-6에서 재인용.

[123] Daniel S. Schipani, *The Way of Wisdom in Pastoral Counseling* (Elkhart, IN.: Institute of Mennonit Studies, 2003).

용할 수 있어야 한다.

둘째, 교회의 정황에서 실행되어야 한다. 우선적으로 목회적 돌봄은 공동체의 모판에서 이뤄지도록 노력해야 한다. 이것은 신앙공동체가 하나님의 통치와 하나님의 지혜의 계시적 현현과 실제를 드러내 주는 현장이고, 거기서 돌보는 사람이나 돌봄을 받는 사람이나 성숙해가기 때문이다. 그래서 돌봄의 사람은 이 세상 속에서 하나님의 의도와 지혜에 부합하는 신앙공동체의 형성과 변혁에 동참하게 된다.

셋째, 하나님의 지혜인 예수 그리스도가 중심이 되어야 한다. 돌보는 사람은 참된 인간화, 즉 인간됨에 대한 그리스도의 비전에 의해서 인도되어야 한다. 이것은 예수님께 대한 믿음 안에서 신실함과 성장이 실현되는 제자화라고 할 수 있다. 이를 위해 목회적 돌봄자는 자신의 변화를 위해서 노력해야 하고 그리스도 안에서 성숙한 성품을 형성해야 한다.

넷째, 성경에 근거를 두어야 한다. 목회적 돌봄은 성경적으로 제시되는 지혜 구조와 관점으로 이뤄져야 한다. 목회상담자는 내담자의 아픔과 상황을 조명하고 설명하는 성경의 말씀에 기초해서 가르침, 이야기, 시, 권면, 다른 성경적 도구들을 활용할 수 있어야 한다. 또한 지혜로운 분별, 지혜로운 결정, 지혜로운 사람을 목적으로 해서 독특한 해석학적 상담과정을 구성한다. 돌보는 사람은 영성이 자라가고 성경에 근거해서 보고 인식하고 사랑하고 성장하고 살아가고 일하는 가운데 자신이 성장해야 한다.

다섯째, 성령에 의해서 인도된 재창조적 과정을 성취해야 한다. 목회상담자는 하나님의 세 가지 측면의 일하심에 참여하도록 해야 한다.

ⓐ 인도, 양육, 지지,

ⓑ 자유케함, 화목하게 함, 치유함,

ⓒ 새롭게 함과 힘을 부여함.

또한 돌보는 사람은 가르침, 설교, 멘토링, 영적 안내와 같은 사역과 밀접하고 연계해서 섬기고 가르치고 돌봐야 한다.

여섯째, 하나님의 통치를 바라본다. 목회적 돌봄은 분별, 안내, 성장과 관련된 지혜와 함께, 화목, 치유, 자유, 온전함의 궁극적인 정황이 하나님의 통치 아래 있어야 한다는 확신 가운데 실행되어야 한다. 돌보는 사람은 교회와 사회의 문화적, 사회적 정황을 분별하고 하나님의 공의와 화평이 이 땅에 실현되도록 노력해야 한다. 그 자신은 하나님의 통치 아래 살아가는 윤리적 대사가 된다.

⑴ 돌봄의 목표

첫째, 성경의 지혜자는 인생이 겪는 아픔을 치유하는 것을 중요한 목표로 삼고 있다. 비참한 마음, 아픈 마음, 고통과 허무, 잊기 힘든 상처, 가족 간의 갈등, 영적인 파산, 침체된 상태, 알콜 의존, 게으르고 감정이 조절되지 않는 것 등 이런 것들이 무엇인지 알고 있고 이를 위한 돌봄 역시 간과하지 않는다.

둘째, 조금 더 적극적인 목표는 온전함, 거룩함, 건강에 대한 추구이다. 지혜자는 하나님의 창조질서와 도덕 질서가 붕괴되면서 밀어닥친 파괴, 분리, 질병, 병을 인식하지만, 거기서 머물지 않는다. 병리만이 아니고 온전함, 거룩성, 건강과도 같은 긍정적인 부분을 소망한다.[124] 지혜로운 돌보는 사람이 된다는 것은 회복의 가능성을 바라보고 온전하고 풍성한 모습을 목표로 삼는 것이다. 특별히 하나님의 지혜 되시는 그리스도로 말미암아 생명을 가진 사람은 그 생명이 풍성해질 소망이 생겼다는 것이다. David Atkinson은 건강, 거룩함, 온전함을 웰빙(wellbeing)을 뜻하는 성경적 단어인 샬롬(Shalom)이라는 말로 표현했다.

> 샬롬은 개인적 그리고 집합적 국면을 가지고 있다; 그는 신체적, 정서적, 관계적 그리고 영적인 웰빙을 모두 포함한다.[125]

지혜는 샬롬을 목적으로 삼는다.

셋째, 지혜의 관점에서 보는 돌봄의 목표는 명확하게 정의된 옳고 그름의 기준과 분별을 가진 생각의 틀을 갖는 것, 이를 기반으로 온전한 마음의 구조를 형성하는 것, 그 마음이 주도하여 의롭고 바른 길을 가는 것, 다양한 인생 경험을 건강하게 해석하도록 하는 것이 중요한 지혜적 돌봄의 핵심적 목표이다. 신약시대에는 같은 내용이 조금 더 명료하고 단순하게 표현된다. 즉 돌봄의 초점은 하나님 앞에 죄인으로 서는 것이고, 회복의 은혜가 지혜자 그리스도를 통해 제공되는 것이다. 이러한 돌봄적 목적을 추구하는 두 가지 이유가 있다.

(a) 두 길: 지혜로운 돌봄과 어리석은 돌봄의 결과는 각각 생명과

---

[124] Robert A. Coughenour, "The Sage and the Pastoral Counselor," *Reformed Review* 55 no 2 (winter 2001-2002): 152.
[125] David Atkinson, *The Message of Proverbs* (Downers Grove, IL.: InterVarsity Press, 1996), 126

죽음이다. 내담자가 귀를 기울이지 않으면 안되는 지혜와 어리석음이라는 두 길이 있다. 어리석은 돌봄은 힘, 보화, 우정, 옷, 여인을 제공하며 사람을 현혹한다. 지혜는 법, 가르침, 명령, 권고를 제공한다. 어리석은 길은 가난, 종, 후회, 죽음으로 인도하는 반면에 지혜의 길은 부, 왕권, 즐거움, 생명으로 인도한다.

지혜의 길은 인간의 제일되는 목적이고(잠 4:7-9), 그것은 생명의 모든 것이 흘러나오는 하나님의 상담의 형태로 인간에게 온다(잠 1:28, 33, 2:1-22). 돌보는 사람은 이 하나님의 상담의 중재자가 되어서 생명의 길 되는 하나님의 지혜의 말씀을 사람들에게 전달해 주는 것이다. 비록 지혜의 길은 눈에 보이지 않고, 어리석은 길은 넓고 좋아 보이기도 한다. 그러나 생명을 얻는 유일한 방법은 지혜의 길이라는 믿음이 관건이다. 이 믿음을 지키고 북돋아 주어서 생명과 지혜의 길로 가게 하는 것이 돌봄의 목표이다.

(b) 마음: 지혜로운 돌봄의 목표는 마음이다. 지혜문서에 마음이라는 단어는 여러 번 등장하고 있다. 잠언에서 마음(*leb*)는 정신(mind), 감정(emotions), 의지(will) 그리고 행동(behavior)의 근원이고, 그 중에서도 이성적 요소가 주도적 역할을 하는 것으로 보인다.[126] 다시 말해 인간의 내적인 생명을 묘사하기 위해 사용된 단어이고 내적인 상태를 반영해 주는 핵심단어이다(19:8, 20:5, 27:19). 또한 마음은 도덕적 기능을 수행할 능력과, 계획을 짜고 선택과 통제가 이뤄지는 내적 존재의 중앙부라고 할 수 있다.[127]

---

[126] Schwab, "The Proverbs and the Art of Persuasion, 8.
[127] David E. Garland, *The NIV Application Commentary: Mark* (Grand Rapids, MI.: Zondervan, 1996), 483.

어리석은 사람은 지혜로운 마음이 없어서(*lack of a heart*) 그것 때문에 죽고(잠 10:21), 헛된 것을 따르게(잠 11:12, 12:11) 된다. 이것이 인간의 마음의 실체이다. 마음은 굽었고(잠 12:8), 근심하며 번뇌로 차 있고(12:25), 상하고(13:12), 교만하고(16:5), 완악(28:14)할 수 있다. 반면에 마음은 지혜로운 돌봄을 통해 즐겁고(15:13) 지혜롭고(16:21), 생명의 근원(4:23)이 될 수 있다.

우리는 모든 측면에서 마음으로 여호와를 신뢰해야만 한다(3:5, 23:17). 교만한 마음(16:5, 18:12, 21:4)과 완악한 마음도(28:14)을 피해야 하고, 지혜로운 조언을 무시하면 안된다(5:12, 10:8). 우리는 명철(2:2), 지혜(2:10), 조언(3:1, 4:4)에 마음을 열어야 한다. 다시 말해 마음은 본래 가야하는 곳으로 향하게 하시는 하나님께 열려 있어야 한다(21:1). 지혜로운 조언을 듣는 사람은 마음을 지혜로, 즉 주께로 돌리는 것이다. 이러한 마음의 전환이 이뤄지면서 그 사람은 가르침을 받을 수 있고 지혜롭게 된다(3:1-12).

게다가 그 사람은 조언을 받기도 하고 이제 주기도 한다. 받는 것은 자연스럽게 그것을 나누는 사람으로 성장하게 한다. 이 방법은 귀로부터(4:20) 마음으로(4:21-23) 들어와서, 입과(4:24) 눈과 발로(4:25-27) 나가게 되는 것이다. 귀는 조언을 받는 기관이고 입은 그것을 내어놓는 기관이다. 눈과 발은 삶의 방향을 묘사하는 것으로 그 사람의 방향이 지혜로운 길에 고정된다. 그 사람의 지혜는 말과 행동으로 드러난다.

신약시대 역시 우리가 마음을 새롭게 함으로 변화에 이르러야 한다는 점을 명확하게 한다. 성령은 우리의 영(spirit)이 거룩해지기를 원하는데 그 영이 주도하는 중요한 인간의 핵심적 요소는 마음이다. 예수님은 "네 마음을 다하고 목숨을 다하고 힘을 다하여 주 너의 하나님을 사랑하라 하신 것이요"(막 12:30)라고 하시면서 마음으로 하나님을 사랑해야 할 것을 말씀하셨다. 바울 역시 "오직 심령(the spirit of your mind)으로 새롭게 되어 하나님을 따라 의와 진리의 거룩함으로 지으심을 받은 새 사람을 입으라"(엡 4:23-4)고 영이 주도하는 마음이 거룩을 이루어 가는 힘이 된다는 것을 말하고 있다.

Lloyd John Ogilvie는 "하나님의 영은 인간에게 있어서 사고 기능을 하는 대뇌의 피층으로 임재하시고자 하며, 우리의 생각을 통제하길 원하신다. 두뇌는 우리의 정서와 신경조식의 기능과 생체 조직 전반에 관한 것뿐만 아니라 우리의 지각과 기억과 상상력과 의지의 중앙통제기관이다…더 나아가 뇌의 사고적 기능은 하나님의 뜻을 분별하고 행하기 위한 중앙통제기관이다"라고 언급하면서 마음의 중요성에 대해서 강조하고 있다.[128]

마음은 중앙통제센터로서 역할을 하면서 우리의 지, 정, 의의 모든 영역을 통합하는 능력을 가지고 있다. 그래서 하나님의 영이 주도하기를 원하시는 중요한 부분이다. 바울은 로마서 12:2을 통해 생활 방식의 변화의 원리를 세 단계로 설명하고 있다.

첫째, 불경건한 사회에서 통용되는 생각의 유형을 거부한다.

둘째, 자신의 지성을 하나님께서 변화시키도록 내어드린다.

셋째, 생각과 느낌과 행동에서 그분의 방법을 시험하고 입증하기 시작한다. 그리고 이것이 자신의 삶의 방식이 되도록 한다.[129]

---

[128] Lloyd John Ogilvie, *The Greatest Counselor in the World*, 한재희 역, 『세상에서 가장 위대한 상담자』 (서울: 이레서원, 2001), 76.

[129] Norm Wakefield, *Who Gives A R.I.P. about Sin?* 임혜진 역, 『누가 죄를 상관 없다 하는가?』 (서울: 한국기독학생회출판부, 2004), 160.

마음의 변화를 이해하는 데 있어서 기억해야 하는 두 가지 점이 있다. 변화의 장애물로 작용하는 죄에 대한 이해와 변화의 근원으로 제시되는 지혜로운 성경 활용의 중요성이다. 사실 죄는 마음의 변화만이 아니고 모든 면에서 우리의 변화를 가로막는 부인할 수 없는 인간 존재의 또 다른 측면이다. 예수님은 사람을 정말 더럽게 하는 것이 그 사람의 마음에서 나오는 것이라고 말씀하고 있다.

> 곧 사람의 마음에서 나오는 것은 악한 생각 곧 음란과 도적질과 살인과 간음과 탐욕과 악독과 속임과 음탕과 흘기는 눈과 훼방과 교만과 광패니 이 모든 악한 것이 다 속에서 나와서 사람을 더럽게 하느니라(막 7:21-23).

정신과 의사인 M. Scott Peck은 『거짓의 사람들』이라는 책에서 치료를 받아야 하는 사람들이 받지 않는 첫 번째 이유로 이들이 그것을 원하는 마음이 없다는 점을 시적하고 있다.[130] 사실 싱딤헌징의 역설적인 현실은 상담을 흔쾌히 받으려 하고 또 그것을 통해 유익을 얻을 수 있는 사람은 바로 가장 건강한 사람이라는 것이다. 반면에 왜곡이 심하면 심할수록 상담의 필요성도 느끼지 않고 아예 상담 자체가 불가능한 것을 보게 된다. 그래서 일부 전문가들은 어떤 사람의 특정 병리 현상을 놓고 '치료 불가'라는 진단을 내리는 경우가 있다.

그런데 펙이 자신의 임상경험과 연구를 통해 제시하는 중요한 사

---

[130] M. Scott Peck, *People of the Lie*, 윤종석 역, 『거짓의 사람들』 (서울: 비전과 리더십, 2007).

실은 이런 상담을 완강히 저항하는 사람들 가운데는 반드시 악으로 점철된 사람들이 있다는 것이다. 악한 사람들의 핵심적인 결함은 부인(否認)이고 특히 자신의 죄에 대한 인정을 거부하는 마음이 있다는 점을 지적하고 있다. 죄는 이렇게 사람을 어리석고 교만하게 만든다. 그래서 돌봄의 자원과 돌봄의 손길이 있는데도 거부한다.

죄로 인한 문제는 적어도 세 가지 요소가 관련되어 있다. 죄성, 죄로 인한 선택, 죄의 결과이다. 죄성은 죄를 향한 한 개인의 성향으로서 타락으로 인해서 모든 인간에게 분명히 존재하는 것이다. 우리는 죄를 지어서 죄인이 아니라 죄성을 소유한 죄인이기 때문에 죄를 지을 수 밖에 없다. 죄로 인한 선택은 온전한 삶을 위한 하나님의 가르침과, 더 나아가 창조주 하나님에게서 떠나가려는 인간의 생각과 행동이다. 이런 죄로 인한 선택은 언제나 결과를 초래하는데, 비참한 죄의 결과가 인간에게 더해진다.

예를 들면, 과거의 성적 학대의 고통으로 어려움을 겪는 피상담자는 세상의 왜곡됨과 인간의 죄성을 깊게 체험한 이들이다. 그는 그런 아픔 속에서 자신의 고통을 경감해 보고자 일시적 위로를 주는 잘못된 선택을 하게 된다. 결과적으로 가해자의 죄와 자신의 왜곡된 선택으로 인한 죄의 현실을 경험하며 매일 살아가야 한다. 이런 세 가지 요소가 우리 삶의 각 영역에서 계속적으로 영향을 끼치고 있음에도 불구하고 이에 대한 실체가 구체적으로 드러나고 있지 않다. 부인할 수 없는 돌봄 현장의 현실은 죄로 말미암은 습관과 생각과 행동이 있다는 사실이다. 우리는 그 영향력을 인식해야 한다.

바울은 로마서 8장에서 특별히 우리 생각이 두 근원 중 하나의 지배를 받는다고 지적하고 있다. 하나가 우리 마음의 주도권을 쥐고자 하는 죄의 세력이다. 죄가 생각을 지배하면, 죄를 짓는 감정과 행동이 나타난다. 또 다른 하나는 하나님의 영으로써 그분이 생각을 다스리시면, 우리는 생명과 평안의 삶을 경험하게 된다.

마음에 영향을 주는 죄의 작용에 대해서 Norm Wakefield는 우리의 전쟁이 지성(생각)에 대한 것이라고 하면서, 죄가 그 적수로 작용한다고 말하고 있다.

> 우리 지성을 지배하는 자가 감정을 지배할 것이며, 그에 따라 행동을 유발하기 때문이다. 그리스도를 알기 전, 죄는 내 지성에 침투해 생각을 형성하는 우선적인 기회를 잡았다는 점에서 우위를 점령했다…죄는 아주 미비한 자극만으로도 곧바로 행동을 건너뛰게 하는 생각의 유형을 만들어 놓았다. 우리는 누군가의 말이나 눈짓이 우리 안에 어떤 반응을 불러일으킬 때 '단추 누르기'라는 표현을 쓴다. 내 반응은 번개처럼 빨라서 그것에 대해 생각할 틈조차 없을 정도이다. 그것이 바로 죄가 작동하는 방식이다.[131]

우리는 이러한 고질적이 습관에 의해서 깊게 영향을 받은 옛생각을 분별하고, 지금도 여전히 생각의 뿌리를 이루고 있는 죄가 만들어 낸 생각을 드러내야 한다. 또한 이런 생각으로 말미암아 드러나는 감정과 행동의 유형을 알아내서, 하나님의 영이 생각을 인도하고 감정과 행동을 지키시도록 해야 한다.

바울이 말하듯이 마음을 새롭게 해서 변화를 받는다면, 하나님의

---

[131] Wakefield, *Who Gives A R.I.P. about Sin?* 60.

뜻을 지혜롭게 분별하는 것이 다음의 목표가 된다. 이를 위해서 성경만큼 중요한 것은 없다. 성경을 통해서 우리는 세상 속에서의 하나님의 뜻과 그분의 목적을 좀 더 완전하게 이해할 수 있게 된다. 하나님의 말씀을 알지 못하면, 하나님의 마음도 알 수 없다. 마음이 새롭게 되는 것은 성경을 통해서이다. 성경을 통해서 마음을 형성했다고 하는 것은 자신과 자신이 속한 세상을 바르게 이해하고 대처할 수 있는 능력을 갖춘 사람이라는 것이다. 시편 기자 역시 "내가 주께 범죄치 아니하려 하여 주의 말씀을 내 마음에 두었나이다"(시 119:11)라고 하면서, 죄를 이기는 능력으로 말씀을 마음에 두는 것의 중요성을 고백하고 있다.

결국 지혜는 이 땅에서 우리가 살아가면서 연약함을 치유하고 건강하고 온전한 하나님의 자녀다운 모습이 성숙해 가는 것을 목표로 삼는다. 그래서 성경의 지혜는 방법론보다는 어떤 사람이 되는가(how to be)에 관심을 기울인다. 다시 말해, 초점은 성품에 있고 목록, 규칙 그리고 규범에 있지 않다.[132] "우리가 무엇을 하는가?"가 아니라 "우리는 어떤 사람이 되어가는가"라는 것이다.

(2) 돌봄의 관계

성경의 지혜문서의 구조에 구체화된 수사와 통찰은 근본적으로 관계적이다. 즉 지혜가 소망하는 모든 회복의 목표는 관계의 정황에

---

[132] Dave Bland, "Conversation as a Resource for Character Formation in Proverbs," in *And the Word Became Flesh: Studies in History, Communication and Scripture in Memory of Michael W. Casey*, eds., Thomas H. Olbright & David Fleer(Eugene, OR.: Wipt and Stock Publishers, 2009), 146-147.

서 성취된다. 하나님과의 관계가 깊어지고, 타인과의 관계가 형성되면서 회복은 이뤄진다. 하나님과의 관계는 지혜자가 가장 강조하는 여호와 경외의 신앙을 말한다. 이것이 없이 진정한 지혜와 회복은 이뤄질 수 없다는 것을 의미한다. 우리의 돌봄 역시 이 점을 지향해야 한다. 돌봄을 통해 그 사람이 하나님과의 관계에로 들어갈 수 있도록 돕는 것이다. 자신이 아닌 하나님께 초점을 맞춘 삶을 살게 한다는 것이다.

또한 지혜가 발견되고 관찰되고 구현되는 현장은 사람과 사람이 만나서 관계가 일어나는 곳이다. 우리는 서로간의 대화를 통해 우리가 누구인지, 문제가 무엇인지, 대안이 어떤 것인지 이해한다. 잠언에 지혜가 처음 소개되었을 때, 지혜는 길거리, 광장, 시끄러운 길목, 성문 어귀와 성중에 거했다(1:20-33). 지혜는 분주하고 변화한 삶의 현실 속에 거한다. 거기서 만나게 되는 다양한 관계에서 발견된다. 하나님과의 관계(잠 1:7), 부모(1:8, 13:1). 배우자(5:18, 18:22, 31:10-31), 지혜로운 사람(20:18, 27:17)과 관계가 맺어지면서 그 사람은 지혜를 얻고 성장을 위한 자원을 얻는다.

지혜는 누구와 어떤 만남을 갖느냐를 중요하게 여긴다. 반대로 어리석은 사람은 스스로 지혜롭게 여기며, 자신의 판단에 의존한다. 지혜롭게 성장하기 위해서는 자신의 인식이나 평가에 머무르지 않고 만남을 통한 외적인 조언에 귀를 기울여야 한다. 지혜의 선생들은 삶의 당혹함에 처한 제자들에게 즉석의 대답을 주지 않는다. 그들과 대화를 하고 관계를 맺는 가운데, 결정을 돕고, 행동을 취하고 질서를 창조했다. 지혜로워지고 그로 말미암는 생명과 풍성함의 축복을 누리려면 공동체의 통찰을 구해야 한다.

관계가 항상 좋은 결과를 가져오는 것은 아니다. 관계가 우상이 되기도 하고 갈등과 아픔을 초래하기도 한다. 하지만 건설적인 갈등은 관계에 있어서 불가피한 현실이고 이것을 잘 극복하면 오히려 건강한 직면이 가능한 관계를 갖게 한다. 잠언 27:14-19은 두 사람 사이의 파괴적인 그리고 건설적인 만남을 묘사하고 있다.

> 이른 아침에 큰 소리로 자기 이웃을 축복하면 도리어 저주 같이 여기게 되리라 다투는 여자는 비 오는 날에 이어 떨어지는 물방울이라 그를 제어하기가 바람을 제어하는 것 같고 오른손으로 기름을 움키는 것 같으니라 철이 철을 날카롭게 하는 것 같이 사람이 그의 친구의 얼굴을 빛나게 하느니라 무화과나무를 지키는 자는 그 과실을 먹고 자기 주인에게 시중드는 자는 영화를 얻느니라 물에 비치면 얼굴이 서로 같은 것 같이 사람의 마음도 서로 비치느니라(잠 27:14-19).

이웃과의 만남이 해로운 결과를 초래하는 경우가 있다. 이른 아침에 큰 목소리로 이웃을 축복하는 사람의 경우를 예로 들고 있다. 그 축복이 저주가 된 이유는 그 사람이 이른 아침에 큰 소리로 축복한 것이다. 추측할 수 있는 것은 큰 소리라는 것은 남들에게 보여주기 위한 것일 수 있다. 또한 이른 아침이라는 적절하지 못한 시간이 문제가 될 수도 있다. 이웃에게 축복을 전달했지만, 문제는 적절한 시점도 아니었고 말이나 행동의 적절함도 부족했다. 오히려 듣는 사람에게 분별없는 무례한 태도로 다가가게 되었다. 그러한 둔감한 태도는 역기능적인 관계를 만들어 낸다.

15절과 16절은 이웃간의 관계만이 아니고 가족간의 만남에도 좋지 않은 대화 패턴이 있다는 것을 보여준다. 그것은 다투기 좋아하는 배우자의 모습이다. 여기서 그려지는 그림은 단지 물이 새는 그릇에 그치는 것이 아니고 물이 새는 지붕이다. 토닥거리는 부부의 문제가 아니라 온 가정에 영향을 끼치는 다툼이라는 것을 알게 된다. 이러한 만남은 건강한 관계의 장애물이 된다. 그러나 이 패턴과 위기를 극복하는 법을 배운다면, 이웃과 가족과의 관계를 통해 지혜가 소유되고 새로운 통찰이 얻어지면 질서와 성장은 따라온다. 회복은 갈등이나 어려움을 포함해서 두 사람 사이의 관계로 인해서 형성되고 정련된다.

17-19절은 건강한 관계를 묘사하고 있다. "철이 철을 날카롭게 한다"고 한다. 크고 작은 칼이나 농기구를 날카롭게 하기 위해 철을 사용하는 어떤 사람을 그리고 있다. 철을 날카롭게 하는 철의 비유는 성숙을 위해 요구되는 깎고 두들기고 구부리는 것에 적용된다. 철이 철을 날카롭게 하듯이 한 친구가 또 다른 친구를 난련시킨다. 이 원리는 집 안에서 배우자 사이의 관계에서, 일터에서 동료 사이, 또는 친구와 친구 사이의 관계에서 작용한다. 상대방이 성장하도록 도전하고 그들이 지혜로 자라가도록 격려한다.

그 과정은 듣는 것, 생각하는 것, 반추하는 것, 나누는 것과 같은 관계의 정황 속에서 마음을 정련해가는 것이다. 우리가 다른 이들과 씨름하는 문제와 고통받는 상처를 가지고 상호작용 속에서 생각을 정리하게 될 때 마음은 날카롭게 된다. 19절은 타인과의 관계와 사려 깊은 내면의 통찰을 통해 자기에 대해서 더 잘 이해하게 된다고 정리하고 있다.[133] 관계를 통해 서로에게 유익이 되고 자기에 대해서도 더 잘 이해하게 된다는 것이다. Marva J. Dawn는 이렇게 말한다.

> 모든 사소한 결정을 내릴 때, 일상적인 관계를 이어나갈 때 다른 사람들과 언쟁을 벌일 때 우리가 속한 공동체를 인식하는 것이 얼마나 중요한지를 알아야 한다. 게다가 그리스도인에게는 동서고금의 신앙 공동체 전체의 조명을 받을 수 있는 추가 혜택이 있다. 과거의 신앙 공동체의 지혜가 담긴 성경 말씀을 깊이 알아 충실히 따르고, 현재의 신앙 공동체와 긴밀한 교제를 나누며 살아가려 애쓴다면 더욱 큰 도움을 받을 수 있을 것이다. 전체 기독교 공동체와 긴밀한 관련을 맺고 있을 때 도덕성과 경건한 미덕이 가장 잘 자람을 깨달아야 한다…앞서 간 사람들의 지혜와 우리를 잘 아는 공동체의 건전한 감각의 도움이 있어야만 진정한 자신이 될 방법을 잘 분별할 수 있다는 것이다.[134]

단순히 공동체 내에 있다고 지혜롭게 되는 것은 아니다. 태도, 정서, 행동은 마음이 주도될 때 변화된다. 이를 위해서는 주고 받는 대화로 시작된 만남이 생각하고 분별하는 것을 촉발시킬 때 마음이 작용하기 시작하는 것이다. 지혜는 쉽게 얻어지지 않는다. "미련한 자는 무지하거늘 손에 값을 가지고 지혜를 사려 함은 어찜인고"(잠 17:16)라고 신랄하게 지적하듯 지혜에 이르는 쉬운 길은 없다. 지혜는

---

[133] Bland, "Conversation as a Resource for Character Formation in Proverbs," 150.
[134] Marva J. Dawn, *Joy in Divine Wisdom*, 홍종락 역, 『우물 밖에서 찾은 분별의 지혜』(서울: 한국기독교학생회, 2007), 138-139.

기법이 아니고 관점을 단지 받아들이는 것이 아니다. 관계 속에서 비평적 생각이 발전하고 재사고가 요구되는 과정이다.

(3) 돌보는 사람의 역할

지혜와 돌봄의 실제적 연결점을 찾아보는 또 다른 영역은 돌보는 사람의 역할이다. 돌보는 사람의 역할에 대해서 현대 상담기법은 각 이론의 접근 방법에 따라서 강조점이 틀려진다. 지혜자 예수님의 경우 상황과 대상에 따라 통합적으로 적절하게 펼치고 있다. David Carlson은 그의 예수님의 관계 맺는 스타일에 대한 연구에서 예수님의 이러한 통합적 접근을 잘 설명하고 있다.[135] 예수님은 니고데모, 사마리아 여인, 베데스다 못가의 병자에게 매우 다른 방식으로 접근하신다. 각 개인의 특정한 필요를 채우는 것을 의도하시면서, 그분이 말씀하시고자 하는 것을 효과적으로 전달하는 것이었다.

지체가 높은 바리새인, 니고데모에게는 예수님이 그의 정중한 인사말을 미처 다 풀어놓기도 전에, 그의 진짜 질문이 무엇인가를 예상하고 말씀하신다. 분위기는 예수님의 답변과 표현이 거의 퉁명스럽다고 해도 과언이 아니었다(요 3:3). 예수님은 니고데모에게 아주 단순하게 단도직입적으로 요구한다. 신앙의 내용에 있어서 타인에게 매우 많은 것을 요구하던 바리새인에게 예수님은 그가 거듭나지 않으면 아무 의미가 없다고 말씀하신다.

예수님의 모습은 사마리아 여인을 만나게 될 때에는 완전히 달라

---

[135] David Carlson, "Jesus' Style of Relating: The Search for a Biblical View of Counseling," *Journal of Psychology and Theology* 4(1976): 181-192.

진다. 평생 동안 무언가를 갈망했으나 결코 만족하지 못한 채 결혼과 성에서 그러한 충족을 찾았던 여인과 대화를 나누셨다. 예수님은 그녀의 가장 큰 욕구가 충족 받고 싶은 욕구라는 것을 알았으며, 그것을 채워주실 수 있었다(요 4:13-14), 그녀에게 물을 달라고 하심으로 예수님이 모든 사회적 인습으로부터 자유롭다는 것을 보여주시며, 부드럽게 그녀가 말을 할 수 있도록 유도한다. 예수님의 관심은 학적인 논쟁이 아니었다. 그분은 값 싼 은혜를 제시하고 있지 않고 그분이 줄 수 없는 것을 주겠다고 하지도 않으신다. 왜냐하면 죄를 고백하기 전에는 성령의 생수를 받을 수 있는 길이 없기 때문이다. 그러나 예수님은 정죄하기 위해서가 아니고 생명을 주기 위해서(요 3:17) 거기 계셨고 그 여인에게 충만한 생명은 흘러가게 된다(요 4:26).

베데스다 못가에 있던 병자와 예수님과의 만남은 예수님의 만남의 방식에 대한 또 다른 모습을 보여준다. 예수님은 이 사람의 필요를 즉시 해결할 수도 있었다. 그러나 그 사람의 가장 깊숙한 곳의 생각을 파악할 만큼 충분한 시간을 지체한 후에 그의 필요를 채우신다. 그 사람은 오랫동안 육체적인 질병으로 고생하면서 정신적 태도마저도 온전하지 않았다. 다른 사람들이 도움을 주러 오지 않은 것에 대해서 비난하며 원망에 가득차서 못 가에 누워 있었다(요 5:7). 그 사람은 자신의 병에 안주하면서 자기 연민으로 그것을 감추고 있었던 듯하다. 왜냐하면 예수님은 "네가 낫고자 하느냐"(5:6)라는 통찰력 있는 질문을 던지고 계시기 때문이다.

도움을 구하러 오는 사람들은 그들의 문제로부터 자유로워지고 싶어 하지만, 다른 한편으로는 그 문제를 해결해 줄 수 있는 실제적 단계들을 피하는 것을 보게 된다. 사실은 거기에 안주하고 어떤 사람은 자기학대의 은근한 즐거움에 빠져든다. 연못 가의 병자에게 필요한 것은 육체의 치유만이 아니고 마음의 태도가 건강하게 되는 것이었고, 예수님은 바로 그것을 주고자 하셨다.

지혜가 돌봄의 과정을 통해 적용되고 내담자의 통찰과 인식의 변화에 기여하기 위해서 돌보는 사람이 취할 수 있는 세 가지 역할을 예수님을 모델로 삼아 생각한다.[136]

첫째, 대표적 역할이다. 돌봄의 관계에서 대표적 역할은 하나님의 지혜에 대한 이해와 자원을 근거로 메시지를 전달하는 전달자로서의 돌보는 사람의 모습에 초점을 맞추는 것이다. 전통적으로 교회의 사역자들은 설교와 성례를 통해 이 역할을 담당해 왔다. 돌보는 관계에서 내담자가 자신의 구체적인 문제와 상황을 또 다른 관점에서 보게 하며, 하나님의 지혜의 대표자가 되어서 지혜의 가르침을 전달하는 대언적 기능을 수행하는 것이다.

둘째, 반영적 스타일은 객관적이고 당위적 진리를 전달하지 않고 적극적 경청과 참여를 통해 내담자의 현실에 힘께 참여히다. 돌봄에 있어서 수용과 감정이입은 단지 메시지를 통해서 지혜를 전달하는 것이 아니고 태도와 마음으로 지혜를 드러내는 것이다. 전통적 지혜는 입법자와 심판관이라는 상당히 제한된 하나님의 상을 갖게 했다. 욥의 세 친구나 예수님의 돌아온 탕자 비유에 나오는 형은 이러한 입장을 대변한다.[137] 예수님의 성육화 된 삶과 그분의 비유와 격언은 심

---

[136] Peter L. VanKatwyk, "What to Communicate: A New Chapter in Pastoral Care and Counseling?" *Journal of Pastoral Care* 54, no 3 (fall 2000): 243-247.

[137] Ronald E. Hopson & Gene Rice, "The Book of Job as a Resource for Counseling," *The Journal of Pastoral Care & Counseling* 62, no. 1-2 (2008): 87-98.

판관이 아니고 필요를 채우시는 은혜롭고 긍휼하신 하나님을 보도록 초대한다(마 6:26-29; 눅 12:6-7).

예수님은 "오늘 있다가 내일 아궁이에 던지우는 들풀도 하나님이 이렇게 입히시거든 하물며 너희일까보냐 믿음이 적은 자들아"(마 6:30)라고 하시며, 인생의 무상함을 인식하는 가운데, 은혜롭고 풍성한 모든 인생의 자원인 하나님을 보라고 초대한다. 또한 예수님은 하나님을 이렇게 그린다.

> 이같이 한즉 하늘에 계신 너희 아버지의 아들이 되리니 이는 하나님이 그 해를 악인과 선인에게 비취게 하시며 비를 의로운 자와 불의한 자에게 내리우심이니라(마 5:45).

이러한 반영적 역할은 그것 자체의 유익만이 아니고, 사람들의 마음에 새로운 것이 들어올 수 있도록 준비시켜 준다.

Paul Wachtel은 치유적 소통을 이렇게 정의한다.

> 훈련 프로그램들은 주로 치료자의 듣는 기술의 발전을 강조해 왔다. 그들은 치료자가 환자 또는 내담자의 세계 속으로 들어가는 감정이입적 능력을 개발하도록 가르친다(물론 당연히 그래야 한다)…암묵적 또는 명백한 가정은 우리가 진정으로 이해하게 된다면 무엇을 말해야 할 것은 좀 더 쉽게 분명해진다는 것이다.[138]

---

[138] Paul Wachtel, *Therapeutic Communication: Principles and Effective Practice* (New York: Guilford Press, 1993), 1.

셋째, 재건적 역할은 혁신적 지혜자로서 돌보자의 사람의 역할을 드러내는 것이다. 인간은 의미를 만들고 거기에 해석과 재해석을 부여할 수 있는 창조물이다. 이 과정을 도와주면서, 내담자는 자신의 경직된 해석의 틀을 벗어나게 된다. 우선 내담자가 풀어놓은 문자적 이야기와 그 내면의 은유적 이야기를 분별하고 진단한다.[139] 그리고 그 이야기에 대한 재해석을 도와주며 변화를 유도한다.

Peter L. VanKatwyk는 재해석적 소통의 기술을 소개하고 있는데, 예수님의 접근 방법과 유사성이 있는 것을 알 수 있다.

(1) 의미와 해석을 탐색하기 위해서 이야기, 상, 은유를 활용,
(2) 주도적 주제 외에도 이야기가 담고 있는 주제에 대한 강조와 힘의 부여,
(3) 주의를 집중하고 새롭게 구성할 영역을 찾기,
(4) 호기심, 모호함, 신비함을 인정하는 가운데 철학적 그리고 신학적 문의에 대해서 생각하기,
(5) 비전통적인 또는 반대적 관점을 찾고 체험하고 역할 연기와 브레인스토밍,
(6) 변화의 방법으로 재구성, 재명명, 유머 그리고 역설을 활용하기.[140]

언급한 세 가지 역할을 표를 통해 비교해서 구분해 볼 수 있다.[141]

---

[139] Capps, *Biblical Approaches to Pastoral Counseling*, 181.
[140] VanKatwyk, "What to Communicate," 247-248.
[141] VanKatwyk, "What to Communicate," 248.

	대표적	반영적	재건적
파라다임	고전적, 전통적	인도주의적	구성주의적
입장	권위적	신뢰적	참여적
관계	전문가적	인격적	협력적
전이	이상적	반영적	동료적
초점	메시지	관계	담화
진리	객관적/규범적	주관적/관계적	복합적/관점적

대표적 역할은 정보와 지식의 시대에서 점점 그 기능을 잃어버리고 있다. 지금까지 가끔은 대표자적 역할을 하는 사람의 제한되고 왜곡된 모습으로 인해서 오히려 세상의 세속적 지혜를 확증하는 실수를 범하기도 했다. 그러나 건강하고 깊은 영적 권위와 사랑 안에서 하나님의 지혜를 대변하는 접근 역시 필요한 부분이다. 이러한 돌보는 사람이 대표적 역할을 하기 위해서는 이 시대와 삶을 바르게 이해하고, 하나님의 선하신 뜻을 지켜가야 한다. 상담에서의 반영적 역할은 효과적인 모든 대화의 초석과도 같다. 더 나아가 재건적 역할을 담당하며, 하나님께 대한 믿음의 관점에서 내담자의 삶의 파괴적인 사건을 다시 재편하는 작업에 도움을 주어야 한다.

(4) 돌보의 사람의 개입

예수님께서 하나님의 백성들의 삶에 개입하셔서 가르치시고 돌보시는 모습을 여섯 가지 범주로 구분하고 지혜와의 관련성을 살펴본다. 여섯 가지 범주는 John Heron에 의해서 발전된 것으로 규범적,

정보제공적, 대면적, 감정정화적, 촉매적, 지지적 접근이다.[142] 이것은 각 돌봄의 성격에 따라서 독립적으로 활용될 수도 있지만, 모든 개입이 돌봄 과정에 조금씩은 적용된다. 돌봄의 초기 탐색과정에서 주로 적용되는 촉매적 개입은 내담자의 자기 노출을 가져오게 하고 자신의 현실에 대한 재각성을 불러일으킨다. 다음 단계에서 어떤 종류의 개입을 시도할 것인가는 만남의 목적과 상담자와 내담자 사이의 관계 여부에 따라서 결정된다. 정보제공적 또는 감정정화적 개입과는 달리 내담자의 행동 또는 태도가 도전받을 필요가 있을 때, 대면적 개입이 중요하다. 각각의 과정에서 상담자가 지속적으로 지지적 개입에 힘써야 하는 것은 자명하다.

David Major는 Heron의 여섯 가지 개입을 예수님의 산상보훈에 적용해 보았다.[143] 산상보훈의 말씀을 살펴보면 감정정화적 개입 외에 모든 개입이 이루어지는 것을 보게 된다. 예수님의 규범적 개입의 특징은 행동 자체의 규범적 틀을 제시하는 것이 아니고, 근본적인 마음의 방식을 규범화 하려는 것이었다. 다시 말해 마음의 신념과 가치에 도전을 하신다. 예수님은 "하늘에 계신 너희 아버지의 온전하심과 같이 너희도 온전하라"(마 5:48)는 말씀과 함께 "너희는 먼저 그의 나라와 그의 의를 구하라"(마 6:33)는 말씀하신다. 이러한 규범적 개입은 특정한 행동을 제시하는 것보다, 덜 강제적으로 내담자가 스스로 적용할 수 있도록 하는 것이다. 외적 행동 보다는 내적 마음에 초점을

---

[142] John Heron, *Helping the Client: Creative Practical Guide* (London: Sage, 2003), 4-6.
[143] David Major, "An Analysis of the Teaching Styles of Jesus, the Budda and Socrates in the Light of John Heron's Six Category Analysis of Counseling Interventions," *Modern Believing* 38, no 4 (1997): 32-34.

모으는 것은 예수님의 혁신적 지혜가 강조하는 대표적인 접근이다.

Heron은 정보제공적 개입은 촉매적 역할도 함께 하는데, 인간 본성과 성장의 과정에 대한 아이디어를 제공한다고 지적한다.[144] 예수님은 "소금이 만일 그 맛을 잃으면 무엇으로 짜게 하리요"(마 5:13), 과거에 "너희가 들었으나"(5:43), 그리고 "하나님이 그 해를 악인과 선인에게 비취게 하시며 비를 의로운 자와 불의한 자에게 내리우심이니라"(5:45)라고 하며 사람들이 보편적으로 공유하고 있는 지식과 체험의 내용을 확증한다. 그리고 역설적 대안을 제공하거나 대면한다.

예수님의 촉매적 개입은 듣는 이들의 상상을 자극하고 생각을 도전했다. 인생에서의 자신의 우선순위가 무엇이어야 하는지를 반추하도록 계획되었다. 예수님은 "들의 백합화가 어떻게 자라는가 생각하여 보라"(6:28), "공중의 새를 보라"(6:26)고 하고, 하나님께서는 그들의 필요가 무엇인지(6:32)알고 계신다고 증거한다. 그리고 "내일 일은 내일 염려할 것이요 한 날 괴로움은 그날에 족하니라"(6:34)고 상기시키신다. 예수님은 사람들이 "빛을 사람 앞에 비취게 하여"(5:16)야 한다고 하시고, 소금의 유추를 사용해서 자신들의 소금됨을 드러내야 한다고 하신다(5:13). 예수님의 촉매적 개입의 특징은 삶의 방식에 대한 숙고를 가져오게 하는 것이다. 그동안 세속적 지혜와 왜곡된 전통적 지혜에 익숙한 삶의 방식에 대한 반추를 요구하고 있다는 것을 보게 된다.

대면적 개입은 내담자가 갇혀있는 경직되고 부적응적인 태도, 신념, 행동을 직접적으로 도전하는 것이다. 산상보훈은 대면적 개입과

---

[144] Heron, *Helping the Client*, 87.

촉매적 개입이 함께 작용하는 것을 보게 된다. 촉매적 개입은 내담자의 자기노출, 자발적인 삶, 배움과 문제 해결의 동기를 유도한다. 이것은 내담자 자신의 삶과 하는 일에 대해서 조금 더 책임을 질 수 있도록 돕는 것이다. 그리고 대면적 개입과 함께하면서 삶의 방식을 계획하고 변화와 성장의 방식을 고민하게 한다. 예수님은 "목숨을 위하여 무엇을 먹을까 무엇을 마실까 몸을 위하여 무엇을 입을까 염려하지 말라 목숨이 음식보다 중하지 아니하며 몸이 의복보다 중하지 아니하냐"(6:25)라고 하시며 그분을 따르는 이들을 도전한다.

예수님의 지지적 개입은 "너는 세상의 소금이고 세상의 빛이다"(5:13-14)라는 말씀을 포함해서 그분의 성품과 태도와 말씀을 통해서 지속적으로 포함된 부분이다. Heron이 소개하는 유능한 상담자의 균형 잡힌 개입의 모습이 예수님에게서 발견된다.

> 유능한 상담자는 적어도 이상적으로는 (a) 각각의 개입에 있어서 동일하게 유능하고; (b) 세련되고, 융통성 있고 명확하게 한 개입에서부터 다른 개입으로 한 범주에서 다른 범주로 옮겨 갈 수 있고; (c) 그들이 무슨 개입을 사용하는지와 왜 사용하는지를 어느 시점이든 인식하고; (d) 내담자를 이끌어 갈 때와 내담자를 따라 갈 때를 아는 것; (e) 내담자 위의 힘, 내담자와 나누는 힘 그리고 내담자 내의 힘의 촉진 사이의 창조적 균형을 가지는 사람이다.[145]

---

[145] Heron, *Helping the Client*, 9.

(5) 직접적 돌봄 −훈계−

친구 간의 만남 보다는 부모와 자녀, 선생님과 학생 사이의 만남에서는 직접적인 대면을 통해 가르침을 전달할 수 있다. 상호관계적인 면은 상대적으로 약하지만 이들은 자신의 경험과 반추를 전달해 준다. 이들 관계에서 상대방의 변화를 위해서 자주 등장하는 잠언적 표현은 '책망'과 '경계'이다. 이러한 단어는 또한 훈계(discipline)와 자주 짝을 이루어서 등장한다. 다시 말해 듣는 사람의 유익과 훈련을 위한 도구로 등장하는 것이 책망이다. 책망은 지혜와 경험의 결과물이고 무너뜨리기 위한 것이 아니고 세우기 위한 생명을 위한 가르침이다. 지혜자의 슬기로운 책망이 마치 정교한 솜씨로 아름다움을 창출해 내는 것과 비교되고 있다.[146] 책망은 언어적 학대나 잔소리가 아니다(잠 27:15-16). 말다툼을 좋아하는 남녀 모두 적절한 방법으로 대화하고 있는 것이 아니다(잠 26:17-28). 책망이 통제하지 못하는 분노 가운데 행해지는 것도 아니다. 책망은 "지혜롭게, 공의롭게, 정의롭게, 정직하게 행할 일에 대하여"(잠 1:3) 훈계하는 것이다. 솔직한 그리고 지혜로운 책망은 피상적인 사랑의 표현보다 더 열매를 맺는다.

> 면책은 숨은 사랑보다 나으니라(잠 27:5).
> 사람을 경책하는 자는 혀로 아첨하는 자보다 나중에 더욱 사랑을 받느니라(잠 28:23).

---

[146] Koptak, *The NIV Application Commentary: Proverbs*, 578.

전도서 기자 역시 이렇게 말한다.

> 지혜로운 사람의 책망을 듣는 것이 우매한 자들의 노래를 듣는 것
> 보다 나으니라(전 7:5).

누구도 책망을 좋아하는 사람은 없다. 싫증나고 고통스러운 과정이다. 하나님과 우리 사이의 관계에 있어서도 이것이 동일하게 작용한다. 다양한 삶의 현장 속에서 하나님이 우리에게 말씀하시는 명령을 발견하고 그 말씀 앞에 직면하는 것이 쉽지 않다. 거북함을 느끼고 다양한 제약과 명령과 계명으로 가득 찬 하나님의 음성에 대해 거부하게 된다. 예수 그리스도께서 성전에 들어가 가르치실 때, 누구보다도 귀를 기울여야 할 대제사장과 백성의 장로들이 탐탁치 않은 마음으로 이렇게 말한다.

> 네가 무슨 권세로 이런 일을 하느뇨 또 누가 이런 권세를 주었느
> 뇨(마 21:23).

시간이 지나가면서 하나님이 어떤 분이신지 알면 알수록, 비록 그 속도는 개인마다 차이가 있지만 그분의 음성을 듣고 따라가게 된다. 그분의 충고는 지혜롭다. 그분은 창조주이시고 나의 상황을 나 보다 더 잘 알고 파악하고 계신다. 또 아무렇게나 책망하고 충고하는 분이 아니시다. 우리가 하나님의 관점을 이해하지 못할 때가 많이 있지만, 그 때에도 그분의 음성을 경청하는 것이 낫다는 것을 점차 깨달아 가는 것이다. 또한 하나님께서는 우리가 지켜가야 할 목록을 던져 주시

고 그저 준행해 가도록 내버려 두는 분이 아니시다. 우리를 사랑과 긍휼로 도우신다. 그분이 능하고 지혜로우시기에 이것이 가능하다.

그런데 하나님은 우리 주변의 돌보는 사람을 통해서 이런 도움의 손길과 권고의 음성을 주시기를 원하신다. 비록 부족하지만 돌보는 사람은 하나님의 사랑으로 돌보고 하나님의 의도와 뜻을 전하는 자로 부름을 받았다. 그래서 돌봄의 현장에서 사랑 안에서 하나님의 뜻을 대언하는 훈계의 접근은 본질적인 내용 중의 하나이다.[147]

돌보는 사람이 책망과 훈계로 직접적인 돌봄을 행하기 위해서는 기본적으로 두 가지 준비가 필요하다. 첫째, 공감적 대면이다. 돌보는 사람 역시 연약하고 부족하기에 권위적, 정죄적 태도를 가질 수 있다. 예수님은 원죄도 알고 계셨고 역사를 통해 점철된 죄의 결과들도 알고 계셨다. 이 땅에서 공생애를 보내시면서 수 없는 죄인들의 모습과 그들의 죄로 인한 고통과 세상의 시험으로 인한 아픔도 체험하셨다(히 4:15). 예수님은 심각한 죄의 결과와 피조물의 고통을 깊게 경험하셨다. 그럼에도 불구하고 죄인을 대하실 때 공감적 대면 (empathic confrontation)을 하셨다.

상대방을 책망으로 권면하려고 하는 때에도, 우리 안에 공감과 동정의 성령이 충만해서 그 일을 해야 한다. 이런 진심이 관계를 수립해 가는 과정과 분명한 문제를 직면하고 변화의 필요를 전하는 과정 전체를 통해 순간 순간 진심으로 전해지게 될 때, 회개와 고백이 진

---

[147] 이것을 Gary Collins는 기독교 상담의 분류 가운데, 상담자가 하나님, 예수 그리스도, 성령님이 상담에 있어서 변화를 가져오도록 중재한다는 입장에서 "활동적 대리가설"이라고 했다. Jay E. Adams는 이점을 "상담은 성령님의 사역이다"라는 정의로 요약하고 있다. Gary Collins, *Excellence and Ethics in Counseling*, 오윤선 역, 『기독교와 상담윤리』(서울: 두란노, 1995), 156; Adams, *Competent to Counsel*, 20.

실하게 된다. 이런 의미에서 이것은 대면적 접근 방법과 함께 은혜적 접근이라고 말할 수 있다. 즉 회복을 필요로 하는 사람이 나를 통해 하나님의 은혜를 체험하고 하나님의 임재를 경험하도록 하는 접근방법이다. 현대 기독교 상담에서 이를 'redemptive psychotherapy' 또는 'redemptive intimacy' 라고 표현하고 있다.

하나님의 대행자로 다가가는 돌보는 사람은 한 인격과의 친밀한 관계를 통해서, 그로 하여금 과거와 현재의 모습을 살펴보도록 도와야 한다. 자신이 이기적인 죄의 모습을 갖고 있음을 보도록 하고, 다른 모든 사람들과 같이 타락과 부패의 한 흐름 속에 자신도 속해 있음을 보게 한다. 그리고 이런 자신의 한계와 아픔을 붙잡고 알아 감을 통해, 은혜로우신 구속자에 대한 필요를 도전하고 진정으로 죄를 깨닫고 고백에 이를 수 있도록 돕고자 하는 것이다.

둘째, 돌보는 사람의 성경적 관점과 가치관의 확립이 필요하다. 하나님의 생각은 본래 인간의 생각과 다르다(사 55:8-9; 고전 1:20). 하나님의 길은 인간의 길과, 우선순위와 가치관에 있어서 다르기 때문에 다양한 문제와 관점에 대해 돌보는 사람은 하나님의 뜻을 구해야 한다. 우선은 규범과 가야 할 방향을 직면한다는 것은 그런 내용을 전달하는 것만이 아니고 돌보는 사람이 그런 사람이 되기를 힘쓰는 것이다. 직면하는 사람은 체험과 삶을 통해서 하나님의 뜻을 분별하는 자로 성숙하게 된 사람이다.

> 견고한 개인적인 영성은 좋은 충동과 나쁜 충동, 좋은 경향과 나쁜 경향, 좋은 열망과 나쁜 열망, 좋은 결정과 나쁜 결정을 구별하는 데 있어 유일한 근거가 된다. 그것이 부족하면 마술이 되어 버

릴 것이다.[148]

    책망과 훈계를 통해 변화가 이루어지기 위해서는 그런 직면이 하나님의 뜻 위에서 이뤄지는지를 면밀히 살펴보는 것이 중요하다. 돌보는 사람의 지혜로운 책망과 훈계의 근거는 자신의 윤리적 기준이나 체험에서 나온 것이 아니고 하나님이 말씀하시고 약속하신 것을 말하는 것이기 때문이다. Collins는 상담에 대한 기독교적 접근을 언급하면서 기독교 상담의 정체성은 첫째, 전제가 되는 기초를 선명하게 말하며, 둘째, 그것의 가치를, 즉 믿고 주장하는 바가 의미 있다는 것과 왜 그러한가에 관한 것에 대해 명확히 하는 것이라고 말하고 있다.[149] David Augburger역시 "모든 기독교 상담은 가치를 담고 있는 신학과 성경의 기초 위에서 이루어져야 한다. 기독교 상담자는 성경과 신학에 근거한 핵심 가치가 무엇이고 어떻게 그것을 전달해야 하는 것에 특별히 주의를 기울여야 한다"고 말한다.[150]

    에스겔은 "네가 그들을 심판하려느냐?"(겔 20:4)하고 이스라엘 장로들을 직면하면서 말하기를 "열조의 가증한 일을 알게 하여…나는 여호와 너의 하나님이라 하였었노라"(겔 2:4-5)고 한다. 이스라엘 장로들이 묻는 것에 대해서는 정작 대답해 주지 않고, 하나님이 말씀하셔서 그들이 들어야할 메시지가 있는데 그것은 그들의 죄에 대한 직접적인 책망이셨다. 저들의 죄에 대해서 그들과 직면하면서 장로들

---

148 Gordon T. Smith, *Listening to God in Times of Choice*, 박세혁 역, 『분별의 기술』(서울: 사랑플러스, 2004), 145.
149 Gary R. Collins, *Helping People Grow* (Chicago: Vision House, 1980), 338-339.
150 David W. Augsburger, *Pastoral Counseling Across Cultures* (Philadelphia: Westminster, 1986), 174.

을 판단하시는 하나님의 음성을 에스겔은 대언하고 있다.[151]

여기서 '심판'(judging)이라고 번역되어 있는 단어는 히브리 말로 '판단하다', '판결하다'는 의미를 담고 있다. 그리고 '알게 하여'라는 구절은 NIV 성경 번역에서 대면(confront)으로 번역되어 있고 KJV에서는 알게 한다(cause them to know)로 번역되어 있다. 이 문맥에서 직면은 하나님의 의도를 알게 하기 위한 것이라는 점을 알 수 있다. 어떤 결정을 이루어 가는 데 있어서 판단과 직면은 밀접한 관련을 맺고 있다. 판단에 기초하여 결정이 내려지고 그 결정은 직면해서 알게 해야 한다.

특히 구약은 이 점에 있어서 두드러진 가르침을 주고 있다. 신명기 13장에는 거짓 선지자의 잘못된 가르침에 의해서 사람들이 다양한 우상을 맹종하게 되는 상황을 보여주고 있다(6절). 특히 14절은 공동체 내에서 바른 판단과 선한 분별력을 훈련하기 위한 방법을 제시한다. "너는 자세히 묻고 살펴보아서 이런 가증한 일이 참 사실로 너희 중에 있으면"이라고 하면서 우상을 숭배하는 잘못을 공개적으로 다루어야 할 것을 말하고 있다.

신약에서도 믿음의 공동체 내에서의 선한 분별력에 대한 주제를 언급하고 있다. 판단에 대해서 주님은 "외모로 판단하지 말고 공의의 판단으로 판단하라 하시니라"(요 7:24)고 말씀하였다. 예수 그리스도는 성전에서 장사하는 자들을 내어 쫓으시고 바리새인과 서기관들을 책망하셨다(눅 19:45-46). 그분은 제자들 앞에서 베드로를 꾸짖으셨다

---

[151] Iain M. Duguid, *The NIV Application Commentary: Ezekiel* (Grand Rapidsm MI.: Zondervan, 1999), 260.

(마 16:22-23). 바울 역시 교회 내의 거짓된 진리를 말하는 자들을 책하였고(딤후 2:14-19) 베드로를 공개적으로 책망하였다(갈 2:11, 14). 교회 내에 부도덕한 일들이 벌어졌을 때, 성경은 진실하고 건설적으로 다룰 것을 말하고 있다. 범죄한 자들을 모든 사람 앞에 꾸짖어서 "나머지 사람으로 두려워하게 하라"(딤전 5:20)고 말씀하고 있다. 또한 사적인 영역에서 다른 교인에게 범죄한 구성원이 죄를 지속할 때, 공개화 하고 교회 앞에서 책망 받게 하며, 그래도 듣지 않으면 이방인과 세리와 같이 여기라(마 18:15-17)고 말씀하고 있다.

사도행전 17장에서 베뢰아 사람들은 "간절한 마음으로 말씀을 받고 이것이 그러한가 하여 날마다 성경을 상고"(11절)하며 바울의 가르침을 점검했다. 데살로니가전서 5장에서는 "범사에 헤아려 좋은 것을 취하고 악은 모든 모양이라도 버리라"(18-19절)고 한다. 바울은 이 단계에 따라 성적 부도덕에 빠져있는 성도를 권고했으며, 판단이 교회에 속해 있음을 확증하고 있다(고전 5:3-12).

바울은 올바른 판단의 근거 위에서 이루어지는 지혜로운 돌봄의 좋은 모델을 보여 주고 있다. 에베소 교회의 장로들을 청해 말하기를 유익한 것은 무엇이든지 공중 앞에서 꺼림이 없이 전하여 가르쳤다고 한다(행 20:20). 그는 이런 사역을 위해 심지어 각 집을 다녔다고 증거 한다. 그리고 31절에서는 그의 심령의 열정을 드러내며 말하기를 "내가 삼년이나 밤낮 쉬지 않고 눈물로 각 사람을 훈계하던 것을 기억하라"고 한다. 바울은 이들을 위해 훈계해야만 했고 그들에게 진리를 말해야 했는데, 그가 저들에 대한 공감적 심령이 부족해서도 아니고 냉담한 연유도 아니었다.

한 개그 프로그램 중에 "불편한 진실"이라는 코너가 있었다. 사실 우리가 내어 놓고 말하고 있지는 않지만, 그 내용을 살펴보면 이러이러한 진실이 숨겨져 있다고 하는 것을 펼쳐놓는 것이다. 진실이 드러나면 불편하기 때문에 사람들은 그저 '모르는 척' 아니면 '아닌 척' 하면서 넘어가는 것이 많다는 것을 보여주고 있다. 이 코너가 편집되지 않고 매번 방송을 타고, 더 나아가 인기를 모을 수 있었던 것은 공감을 불러일으키기 때문이라고 보여진다. "맞아, 맞아" 하고 맞장구를 치게 되고, 실제 속 마음이나 사실을 적나라하게 드러내 주는 모습에 카타르시스를 느끼기도 할 것이다.

인기 개그 코너의 제목이기는 하지만, 가만 생각해 보면 불편한 진실이라는 표현은 나름 중요한 의미를 담고 있다. 우리 모습에도 불편한 진실이 있기 때문이다. 불편한 진실이 가지고 있는 몇 가지 특징을 살펴보게 된다.

첫째, 진실은 불편을 가져다 준다는 사실이다. 그래서 사람들은 진실을 인정하지 않고 모르는 척한다. 진실이 드러나면 불편해 지기 때문이다. 성식하게 우리 모습을 살펴보려고 히면, 이러한 모습이 참 많이 있다는 것을 발견한다. 실상 하나님의 자녀인 우리의 모습 중에 안 변하는 그 영역이 바로 그렇다. 그래서 많은 신자들이 그런 것을 이야기하는 것이나, 진실과 진리에 따라서 자신을 살펴보는 것을 피한다.

진리 되는 하나님의 말씀으로 매번 우리는 은혜를 받고 누리며 산다. 위로와 평안과 격려가 된다. 그러나 하나님의 말씀은 그 성격 상 우리에게 불편함을 주는 것도 사실이다. 진리를 받아들이고 진리대로 살자니 너무나 불편하다. 그 진리 앞에 솔직하게 자신을 드러내자니 힘들다. 그래서 하나님의 진리가 내 삶과 내 마음에 찾아올 때 필터에 걸러져서 들어오는 경우가 많다. 나중에 이것이 익숙해지면 불편해 하지도 않고 '그러려니'하며 받아들이게 된다.

하나님의 말씀은 진리이기 때문에 그 진리는 성격상 타협과 양보가 없다. 물론 하나님께서는 진리와 은혜가 되시는 분이기 때문에 무작정, 무조건 우리에게 진리의 잣대를 들이대고 진리로 잘라내고 찌르지 않으신다. 은혜로 나의 마음을 열어주시고 사랑으로 나와 관계를 맺으시며, 수용으로 내 연약한 모습을 품어주신다. 그러나 거기서 멈추게 하지 않으신다. 은혜로 구원을 얻고 은혜로 하나님의 자녀가 되었으면 그 은혜의 능력으로 진리를 실천하게 도와 주신다. 주님의 성품 자체가 은혜만이 아니고 진리로 균형을 이루신 분이기 때문에 그렇다.

데살로니가 2장에서 바울 역시 이런 균형의 모습을 보여준다. 그의 불쌍히 여기는 마음이 본문에 잘 드러나 있다. 자신이 유순한 자와 같다고 표현하고 있고(7절), 복음만이 아니고 목숨까지 주기를 즐겨하는 이유가 너무나 그들을 사랑하기 때문이라고 말하고 있다(8절). 바울은 사랑 안에서 진리를 말하고 직면하는 것이 돌보는 사람과 우리 각자가 해야 될 일이라는 것을 보여준다(엡 4:15, 29).

계속 하나님께서 나를 불편하게 하는 그것에 대해서 피하지 말고 진리로 직면해야 한다. 나와 공동체가 거짓된 평화 속에서 진리를 묻어두어서는 안될 것이다. 하나님의 진리는 단순히 불편함이 아니라 아픔과 고통을 가져다주기도 한다. 그러나 그 진리 속에는 나를 위한 하나님의 뜻이 숨겨져 있다.

둘째, 진리는 불편하지만 진리대로 사는 사람에게는 하나님께서 자유와 기쁨을 허락해 주신다. 은혜만 있으면 사람은 방종하고 나태해지고 무너진다. 진리가 함께 할 때 은혜가 더욱 은혜 되는 경험을 누리게 된다. 흔히들 '좋은 약이 입에는 쓰다'라는 표현을 사용한다.

처음에 불편하게 다가오는 진리가 우리에게 방향을 제시해 주고 관계를 회복해 주며, 말씀의 깊은 맛을 경험하게 해 준다.

진리가 무너지고 '모든 것이 진리인 양 선전되고, 어떤 것도 진리가 없다'고 생각하는 세대가 되었다. 하나님을 인정하지 않고 절대자를 무시하기 시작하면서 생긴 일이다. 그래서 사람들은 진리인 척하는 가짜 구호를 좇아가기도 하고, 어떤 권위도 인정하지 않고 자기 소견대로 살아가기도 한다. 도덕은 무너져서 옳은 것이 기준이 아니고 '좋게 느껴지는 것'이 옳다고 여겨지는 세상을 살고 있다.

하나님께서는 이 세대에 여전히 우리의 진리 되시는 분이다. 진리의 원천이시고 유일한 진리이다. 사람들은 이것을 인정하지 않고 인간의 힘으로 자유롭고 행복해진다고 주장했지만, 시간이 지나갈수록 세상은 혼탁해 지고 도덕은 무너지고 가정은 붕괴되었다. 불편해서 쓸쓸하고 아파서 힘든 진리가 또 다른 은혜의 세계로 들어가는 통로가 된다는 사실이 누려져야 한다.

지혜로운 돌봄의 만남은 누구 힌 사람의 노력이 아닌 상호 간의 협력이 필요하다. 회복과 치유를 가져오는 관계는 말하는 사람과 들을 귀를 가진 사람이 함께할 때 귀한 보석과도 같은 결과를 얻는다. 변화에로 마음을 열고 성품이 조성되는 과정은 예술적 작업이다.

(6) 간접적 돌봄 –격언과 비유–

지혜자는 우선 삶을 관찰한다. 그리고 두 번째 과제는 그러한 관찰을 변화의 과정에 통합한다. 그래서 어떤 때는 훈계하고 어떤 경우는 올바른 과정을 이끌어 가는 판단적 제언을 한다(잠 20:3, 10). 그런데 어떤 경우는 상대에게 현실을 설명하고 그 적용을 맡기는 경우가 있다.¹⁵² 이러한 형태가 잠언, 격언, 은유, 또는 비유와 같은 전달 방식이다.

성경의 격언만이 아니고 세상의 일반적 격언 역시 근본적인 원리를 지켜왔기 때문에 지혜로운 말들로 보전되어 왔다. 그래서 격언과 잠언은 중요한 사회적, 법률적 기능까지 수행하곤 했다.¹⁵³ 현대 치료에서도 지지적 치료에서 격언을 활용해서 단순히 해석 없이 충고를 제공한다. 격언은 상징적 사상을 통해서 의미를 전달하며 가르침을 전달하는 데 효과적으로 사용할 수 있다고 보는 것이다.

> 이것은 특별히 내담자가 문화적으로 전수된 전통적 속담을 이해하거나 공유하고 있으면 더 효과적이다. 그들(격언)은 종종 교화를 증진하는 강력한 소통적 도구이다. 만약 내담자가 격언에 친숙하다면 치료사에 의해서 설명될 수 있다. 그러한 설명과 토의를 통해서 정서적 탐구를 자극하며 치료사와 내담자 사이의 상호작용이 촉진된다. 좀 더 중요한 것은 내담자가 격언에 담긴 메시지에 대한 명백한 아이디어를 얻을 수 있다. 격언이 구체화된 생각을 담은 짧은 속담이기 때문에 아이디어는 매우 효과적으로 전달될 수 있다.¹⁵⁴

---

152 Murpyh, *The Tree of Life*, 8.
153 Arthur J. Schwartz & F. Clark Power, "Maxims to Live By: The Art and Science of Teaching Wise Sayings," in *Understanding Wisdom: Source, and Society*, ed., Warren S. Brown(Philadelphia: Templeton Foundation Press, 2000), 394
154 Wen-Shing Tseng, Jung Hsu, Keisuke Ebata, Peter Kim, & Oksuk Mary Kim, "Application of Proverbs in Psychotherapy: Asian Experience," in *Asian Culture and Psychotherapy: Implications for East and West*, eds., Wen-Sheng, Suk Choo Chang & Masahisa Nishizono (Honolulu: University of Hawaii Press, 2005), 205.

이 밖에도 일반 심리치료에서 격언을 활용하는 것에 대한 몇 가지 강점을 세분화하고 있다.

첫째, 격언은 간접적인 전달이 가능하기 때문에 상대방의 저항 또는 당황함을 줄일 수 있다. 예를 들어 반복적으로 지혜롭지 못하게 행동하는 사람에게 우리는 "누구든 실수를 저지를 수 있고 단지 어리석은 사람은 그것을 반복한다"는 격언을 사용할 수 있다. 당혹함을 주지 않고 문제를 부각시키고, 내담자의 불필요한 저항을 줄일 수 있다.

둘째, 건강한 권위에서 나오는 격언은 효과적이다. 격언은 그 사람이 속한 문화적 그리고 공동체적 지혜이다. 동양 문화에서는 한 사람의 삶을 인도하는 데 있어서 사회적 권위를 가진 돌보는 사람에 의해서 격언이 활용될 때, 그것이 내담자에게 의미를 가진다. 서구화된 가치와 문명으로 많은 것이 변해 가고 있지만, 동양권의 사람들은 여전히 과거를 가치 있게 여기고 전통을 강조하고 권위를 존경한다. 어른들이 자신들에게 삶의 방식에 대한 지혜로운 충고를 제공할 것을 기대한다. 이러한 요소가 함께 작용하여, 돌보는 사람의 조언이 효력을 가지게 된다.

한국적 현실역동상담을 제안하는 장성숙에 의하면, 한국에서는 모든 관계의 근간이 가족과 우리를 강조하고 집단을 중시하고 가치와 서열이나 위계에 따른 역할을 강조하는 성향을 가지고 있다고 한다. 그리고 이것은 상담자를 어른으로 바라보게 한다.[155]

강진령은 한국인과 한국문화의 특성 중에서 수직적 인간관계가

---

[155] 장성숙, "한국문화와 현실역동상담의 상담자-내담자 관계", 한국심리학회, 「한국심리학회지」 제15권 2호(2003): 14.

가장 중요하다고 말한다.

> 인생 경험이 풍부한 연장자, 소위 말해서 어른과 권위를 지닌 인물을 공경하도록 교육을 받으며 자란다. 어른들의 삶을 통해 쌓여 온 연륜과 경험에서 우러나오는 조언과 지도를 받는 것을 자연스럽게 여기는 분위기 속에서 성장하게 된다. 내담자는 상담자를 문제에 대한 해답을 제시할 수 있는 능력과 권위를 가진 어른으로 여기고 상담자를 존중하며 자신의 문제 해결을 위한 답을 제시해 줄 것을 기대하게 된다.[156]

셋째, 격언은 일반적으로 알려진 것이기 때문에 거기에 담긴 사상과 의미를 전달하는 강력한 수단이다. 게다가 단지 인지적 이해를 제공할 뿐이 아니라 공명을 하며 정서적 반응을 자극한다. 제시된 격언이 친숙하기 때문에 비교적 용이하게 격언에 의해 전달되는 느낌과 정서에 참여하게 된다.

물론 치료 과정에서 격언의 적용은 항상 유용한 것은 아니다. 적잖은 격언이 추상적 방식으로 말해지기 때문에 항상 다르게 해석될 가능성이 있다. 이것은 격언이 다양한 해석의 여지를 남기면서 너무 간결하거나 불완전하게 소통되어질 때 더욱 그렇다.

Arthur J. Schwartz 와 F. Clark Power은 격언은 젊은 학습자들의 마음에 효과적으로 개념을 저장하게 돕는다고 분석한다. 이들은 격

---

156 강진령, "한국문화에서 상담활용의 비교문화적 관점", 한국상담 및 심리치료학회 극동심연분회 「제4회 현실역동상담 학술세미나」(2003): 9-10.

언이 마치 옷걸이와 같고 그 위에 개념을 걸게 되는데 특별히 도덕적 행동의 규범에 대한 설명을 거는 것이라고 한다. 또한 9살 이상이면 격언적 언어를 이해할 수 있는데, 이들이 격언을 만나 학습하게 되는 세 가지 과정이 있다고 설명한다.[157] 발견학습(Discovery Learning), 인도학습(Guided Learning), 자기학습(Self-Learning)이다.

발견학습은 가장 보편적인 배움의 장이다. 성장과정이나 삶에서 격언을 전수하는 부모, 친척 또는 선생님 등이 권고하고 설득하고 동기를 부여하고 주의점을 제시하거나 요점을 말해 주는 것이다. 인도학습은 비유적 언어를 사용하는 격언이 담고 있는 표현 너머의 의미와 이면의 개념 등을 이해하도록 안내하는 것이다. 설명, 모델링, 시험, 암송, 기술 등이 모두 활용될 수 있다. 자기학습은 청소년기 이후부터 개인적 체험을 겪으며 격언을 스스로 사용하는 것이다. 처음 어떻게 그런 격언을 들었고 기억하는지 모르지만 자신이 상기해내고 활용하면서 자신의 것으로 확고하게 만들어 간다.

지혜자 예수님이 주로 활용한 소통 스타일은 격언과 함께 비유였다. 백 번 이상 등장하는 예수님의 격언은 짧고 함축적인 의미를 담고 있는 잠언과 유사하다. 이러한 형태의 전달 방식은 특별한 방식으로 기능했다. 그들은 일종의 초대적 형식을 가지고 있다. 예수님은 사람들이 볼 수 없고 깨닫지 못하는 어떤 것을 보도록 초대하기 위해서 이런 표현 방법을 활용했다.[158]

예수님의 비유는 길지는 않지만 분명한 인물 설정과 구상을 가지

---

[157] Schwartz & Power, "Maxims to Live By," 397-402.
[158] Marcus J. Borg, *Meeting the Jesus for the First Time* (New York: HarperSanFrancisco, 1994), 70.

고 듣는 이들을 이야기의 세계로 이끈다. 그리고 듣는 이들이 이야기의 세계에서 펼쳐지는 어떤 것을 보도록 격려한다(마 21:28; 눅 12:57).

Andrew Parker는 이렇게 비유를 정의한다.

> 비유는 그 형식에 있어서는, 비교를 위해 활용된 요소가 자증적(self-authenticating)인 논리를 가진 일종의 직유이고, 그 기능에 있어서는, 초점이 집약된 조명적 역할을 하고 있다. 모든 예증이 그러하듯, 비유는 인식을 북돋우기 위해서 계획된 것이다.[159]

이 정의에서 강조되는 것은 비유는 비교를 통해서 듣는 이들의 주의를 집중하게 하고, 새로운 인식을 불러일으킨다는 점이다.

Donald Capps는 이러한 비유의 성격과 관련해서 비유의 해석 과정과 상담 과정이 유사성이 있다고 지적한다.[160] 목회상담은 상담 과정에서 내담자의 이야기에 대한 재해석을 해야 한다. 그러한 재해석은 앞에서 살펴보았듯이 내담자의 인식의 재편을 형성하게 하는 데 도움을 준다. Capps 이전의 목회상담학자들은 비유를 단지 도덕적 가르침에 제한해서 보았다. 그러나 비유는 도덕적 가르침의 재발견에 적용점이 있지 않다. 통상적인 인식의 틀을 깨려는 것이다. 또한 지금 여기서의 하나님의 활동에 대한 인식을 새롭게 하고 삶에 대한 변혁적 조망을 갖게 하려는 것이다.

이 점은 혁신적 지혜를 전달하는 지혜자 예수님의 의도를 생각해

---

[159] Andrew Parker, *Painfully Clear: The Parables of Jesus* (Sheffield, England: Sheffield Academic Press, 1996), 65.
[160] Capps, *Biblical Approaches to Pastoral Counseling*, 147.

볼 때 타당하다. 다시 말해 전통적 지혜의 관점으로 볼 수 없는 이 세상에서의 하나님의 활동을 혁신적 지혜를 담고 있는 비유의 이야기를 통해 전달하는 것이다. 그리고 듣는 이가 비유를 통해 새로운 인식적 체험을 하고 새로운 관점으로 하나님의 역사하심을 본다. 그리고 이 인식을 통해 하나님의 역사하심에 참여하게 된다. 다른 한편 그 형식과 내용에 있어서 비유는 혁신적 지혜가 구현하고자 하는 하나님의 역설적 질서를 담고 있다. 비유는 평범한 이야기 속에서 비상한 하나님의 활동을 이야기하는 역설이 숨겨져 있다.[161] 예수님께서는 가르침과 소통과 상담의 효과적 수단으로 역설을 활용하셨다.

세 가지 종류의 비유를 상담과 관련해서 적용해 볼 수 있다.[162] 도래(advent) 비유는 내담자가 전적으로 새로운 체험, 새로운 발견, 새로운 놀라움, 새로운 신비에로 나아갈 수 있다고 제시한다. 반전(reversal) 비유는 내담자가 바야흐로 오래된 삶의 구조를 벗겨내고, 새로운 것으로 대치해야 한다는 것을 제시한다. 활동(action) 비유는 내담자가 결정적인 행동으로 자신의 변화를 확증하며 나아가야 한다는 것이다.

예수님의 지혜의 메시지의 핵심적인 측면은 왜곡된 전통적 지혜를 넘어서는 삶의 방식을 제시하는 데 있다. 예수님은 첫째, 지켜가야 할 본래적인 전통적 지혜의 통찰을 요구하신다.

---

161 Luciano L'Abate, Doris Hewitt, & Oliver McMahan, "An Overview of Paradoxical Counseling and its Congruence with Biblical Writings," *The Journal of Pastoral Care & Counseling* 61, no. 3(2007): 236.
162 Capps, *Biblical Approaches to Pastoral Counseling*, 203-205.

한 사람이 두 주인을 섬기지 못할 것이니(마 6:24).

나무는 각각 그 열매로 아나니 가시나무에서 무화과를 또는 찔레에서 포도를 따지 못하느니라(눅 6:44).

소경이 소경을 인도할 수 있느냐 둘이 다 구덩이에 빠지지 아니하겠느냐(눅 6:39).

죽은 자들로 저희 죽은 자를 장사하게 하고(마 8:22).

소경된 인도자여 하루살이는 걸러 내고 약대는 삼키는도다(마 23:24).

이러한 말씀들은 모두 축약적인 격언으로 이루어져 있지만, 말하는 것 이상의 의미를 담고 있다. 듣는 이로 하여금 그동안 생각해 오던 관점에서 벗어나서 새로운 통찰로 나아가게 하는 것이다.

통찰은 하나님이 의도하셨던 질서에 순종하며 살아가는 방법을 이해하는 것을 의미한다. 지혜는 무엇보다도 통찰을 가져오게 하고, 더 나아가 지혜는 깨달은 것을 신중하게 행동으로 옮기는 것까지를 모두 포함한다. 돌보는 사람은 내담자의 삶에 통찰을 주어야 한다. James I. Packer와 Crolyn Nystrom은 우리의 이해를 도와주는 사람들이 있어야 깨달음을 얻을 수 있다고 한다. 그 과정에 대해서 이렇게 말한다.

> 지혜는 생각으로부터 시작한다. 지혜는 생각하고 배우고 잘못된 깨달음을 다시 고쳐 배우는 것을 뜻한다…잠언(전통적 지혜의 말씀)에 따르면 지혜로운 사람은 가르침과 교훈을 받아들이며 계속해서 더 나은 것을 배워 나간다. 지혜의 삶은 항상 배우는 삶을

뜻한다. 지혜는 늘 사리를 분별함으로써 이해력을 키워 나간다. 다윗은 언약의 하나님이 자신을 의의 길로 인도하신다고 말했다(시 23:3 참조). 그의 말은 하나님이 생각나게 하시고 생각을 통해 깨달음을 얻게 하시며 깨달음을 통해 지혜에 도달하게 하심으로써 마침내 그릇된 길과 올바른 길을 분별할 수 있게 하신다는 의미이다.[163]

둘째, 주님은 혁신적인 지혜를 도전하신다. 예수님은 이런 말씀을 자주 하셨다. "'간음하지 말아라' 하고 말한 것을 너희는 들었다"(마 5:27), "'눈은 눈으로, 이는 이로 갚아라' 하고 말한 것을 너희는 들었다"(마 5:38), "'네 이웃을 사랑하고, 네 원수를 미워하여라' 하고 말한 것을 너희는 들었다"(마 5:43). 여기서 표현되는 "너희는 들었다", "너희는 그렇게 알고 있다"는 말씀은 예수님께서 사람들의 기존의 생각과 이해를 새롭게 하기 위해서 도입하는 표현 중의 하나다.

예수님은 전통적 창조질서의 회복과 함께, 시간이 흘러가면서, 변해버린 하나님의 질서를 회복시키려고 하셨다. 그 질서는 인간의 죄성, 문화의 영향력, 사상의 변화, 왜곡된 가르침과 해석으로 인해서 곳곳에서 무너졌다. 가정의 질서가 엉클어졌다. 부부의 만남이 깨지게 되었다. 관계의 원리가 뒤바뀌었다. 상도덕이 무너졌고, 가장 가치 있는 것이 무엇인지 그 우선순위가 헝클어졌다. 참된 사랑이 퇴색하고 무엇이 사랑인지도 모르게 되었다. 당연하지 않은 것이 당연

---

[163] James I. Packer & Crolyn Nystrom, *Guard Us, Guide Us*, 조계광 역, 『하나님의 인도』 (서울: 생명의 말씀사, 2008). 170-171.

하게 되었고, 당연한 것이 당연하지 않은 것이 되었다. 부끄러워 할 것이 부끄럽지 않게 되었고, 부끄럽지 않을 것이 부끄럽게 되었다. 잊어야 할 것을 기억하고 기억해야 할 것을 잊고 있다. 너무 소중한 것이 가치 없게 여겨지고 가치 없는 것이 소중하게 여겨졌다. 붙잡을 것을 놓치고, 놓쳐도 되는 것을 붙잡고 있다.

학부모를 대상으로 두 가지 질문을 했다고 한다.

첫 번째 질문은 "이 시대의 아이들이 착하게 자랐으면 좋겠습니까 아니면 똑똑하게 자랐으면 좋겠습니까?" 하는 것이다. 반수가 넘는 많은 부모들이 "착했으면 좋겠다"고 답했다.

두 번째 질문은 조금 달랐다. "내 자녀가 착하게 자랐으면 좋겠습니까 아니면 똑똑하게 자랐으면 좋겠습니까?"라는 질문이었다. 이 질문에는 "똑똑하게 자랐으면 좋겠다"는 답이 더 많았다. 부모들은 내 자녀가 살아가는 이 세대의 아이들은 착했으면 좋겠는데, 내 아이는 똑똑하면 좋겠다는 이중적인 답을 하고 있다.

우리가 신앙을 가졌다는 것은, 더 나아가 신앙 안에서 예수님을 닮아간다는 것은 이러한 이중적인 답이 점점 줄어가는 것이다. 이것이 그리 쉬운 것은 아니다. 학교 내의 왕따 문제에 개입된 가해자와 피해자의 안타까운 소식들이 매스컴을 통해 며칠이 멀다하고 들려오고 있다. 이런 소식을 접하며 우리 부모들은 내 자녀가 함께 하는 학생들이 착했으면 좋겠다는 바램을 갖는다. 그러나 무서운 사실이 있다. 정작 내 자녀가 피해자만이 아니고 가해자가 될 수도 있다는 사실이다. 똑똑은 한데 착하지 못할 수 있다. 남을 배려하지 못하고 남의 아픔을 냉정하게 여기고 심지어 즐길 수도 있다. 그런데 내 자녀는 여전히 착하기 보다는 똑똑하기를 원한다.

이러한 이중적인 대답은 곳곳에 있다. 하나님을 믿는다고 답은 했는데 실상 다른 것이 더 우선순위를 차지한다. 천국이 있다고 답하는데, 천국의 가치관이 나에게 영향을 주지는 못한다. 답이 실제로는 다르다. 있는데 정작 없고, 믿는데 안 믿는 것이다. 소위 넥스트(Next) 세대라는 18세에서 25세 사이의 젊은이를 대상으로 설문조사를 했다. 이들에게 '그들이 생각하기에 첫 번째와 두 번째로 가장 중요하다'고 생각하는 인생의 목적이 무엇인지를 물은 것이다. 그 결과는 부자가 되는 것이 가장 중요하다고 답한 것이 81%로 제일 많았고, 유명하게 되는 것이 51%로 그 다음을 이었다. 사람을 돕는 것이나, 영적으로 성장하는 것은 10-20%에 불과했다.

삶의 가치와 의미를 찾던 세대는 물러가고, 30-40여 년의 시간이 지나 가면서 경제적으로 부요하게 되는 것을 가장 중요한 인생의 목표로 삼는 세대가 자리잡고 있다. 가장 존경할 만한 사람으로 꼽는 것도 당연히 종교지도자가 아니다. 이러한 엄청난 세상의 풍조에 밀리며 휩싸여서 신앙인들이 생각하는 인생의 중요한 목적도 달라졌다. 예수님이 가장 귀한 분이라고 기도하고 찬양은 하는데, 정말로 중요한 것은 다른 것이다. 예배할 때의 답과 살아가면서의 답이 같지 않다.

도와야 하는 많은 연약한 사람들이 이것을 잘 인식하거나 고치지도 못하고 살아간다. 살아가면서 이런 자신의 모습을 살펴보게 하는 순간들이 때때로 찾아온다. 중요하게 생각하던 것이 없어져 버리는 것이다. 의지하던 것이 무너져 버리는 것이다. 믿던 것이 돌아서 버리는 것이다. 참 하늘이 무너져 내리고 하루 하루의 삶이 고통이고 불안하다. 진짜 내가 대답하고 있는 것이 무언인지를 헤아려 보게 되는 시간들이다.

이런 고난의 현장에서 하나님을 발견하고 생각과 삶이 바뀌는 경험을 한다. 고난의 의미를 발견하는 고민과 고뇌와 사색과 기도가 있게 된다. 고민하고 생각할 때 이중적인 답이 아닌 정직한 답이 나온다. "하나님, 솔직히 돈을 믿었습니다", "하나님, 믿음 없음을 불쌍히 여겨주세요", "하나님, 사실 세상 권력이 일은 빨리 처리해 줍니다. 그래서 자꾸 그 쪽으로 향합니다." 무슨 말이든 솔직하게 하나님 앞에서 탄원하고 정직하게 고백할 때 문제의 실타래는 풀려가기 시작한다.

기성세대이든 신세대이든 그 색깔이 조금 다른 것이지 언제든 우리는 이중적인 답을 하며 살아갈 수 있다. 이러한 내 삶의 이중성이 드러나지 않으면, 하나님 나라의 질서가 세워지기 힘들어 진다. 우리 모두가 정직한 하나의 답을 고백하고 그것을 붙잡고 생각하며 서로를 돕고 돌보는 일이 있어야 겠다.

계시의 정점에서 하나님의 하나님 되심과 하나님의 마음을 가장 잘 드러내 주시는 예수님과 그분의 말씀은 우리가 가장 분명하게 하나님의 질서를 알 수 있는 통로이다. 더 나아가 주님은 장차 회복될 하나님의 나라는 이러한 하나님의 뜻과 원리에 의해서 살아가야 한다는 것을 가르치시고자 했다. 그 가르침이 하나님의 계시였고 본래적 창조질서이자 장차 임할 하나님의 나라의 질서인 지혜의 말씀이었다. 이것을 알고 깨닫는 것이 샬롬이라는 영·육을 포함한 모든 영역의 건강함을 회복하고 보존하게 한다.

Capps는 이러한 예수님의 통찰 중심적 접근을 인식의 재편이라는 용어를 사용해서 목회상담 영역에 적용해 보려고 하였다.[164] 그는 예수님의 말씀이 마치 북극이 남극이 되고 남극이 북극이 되는 것과 같은 일반적 인식의 대전환을 가져오게 하는 것으로 보았다. 게슈탈트 심리학의 세 가지 개념을 인용해서 인식적 체험을 통한 변화의 내용을 설명하였다. 첫째, 인식적 재편 또는 다른 표현으로 재중심화(recentering), 재구성화(restructuring), 재편(reorganization)의 필요성을 강조한다. 보는 사람의 관점에 따라 꽃병으로 보이기도 하고, 두 사람의 얼굴로 보이기도 하는 루빈의 꽃병(Rubin's Vase)의 경우와 같이, 보는 관점에 따라서 전체상이 바뀌어 진다. 예수님의 지혜는 인식의 재편을 통해 자신의 삶 속에 하나님의 일하심에 대한 의미와 해석을 다른 관점으로 통찰할 수 있게 한다.

둘째, 전경(figure)과 배경(ground)을 통한 이해이다. 예수님의 지혜의 말씀의 구조를 전경-배경의 구분으로 적용한다면, 문자적 표현은 전경이고 은유적 의미는 하나님의 활동을 설명하는 배경과도 같다. 이 둘은 서로 상호작용하며 하나는 다른 하나의 의미를 역동적으로 더하게 한다. 우리가 관심을 가지고 있는 부분은 지각의 중심으로 떠오르고, 관심이 없는 부분은 배경으로 처리된다. 그 사람이 어떤 부분에 관심이 있느냐에 따라서 전경과 배경이 결정된다. 자기에게 익숙한 세속적 지혜가 내면의 욕구로 존재하는 한 그것은 전면을 구성하고, 하나님의 배경적 의도와는 상관없이 그 욕구에 따라서 삶을 살아간다. 예수님의 혁신적 지혜는 우리 인식 속에 하나님의 의도가 들어오고 인식의 재편에 작용하게 된다.

---

[164] Capps, *Biblical Approaches to Pastoral Counseling*, 170-173.

셋째, 인간 인식의 패턴은 연속성의 법칙에 따라서 완성을 향한 추동을 가지고 있다. 예수님의 말씀은 사람들의 이러한 인식의 연속성의 법칙을 깨뜨린다. 그분의 말씀은 사람들의 기존의 생각을 반전시키고 예상 못한 결론을 제시한다. 이방인이자 부정한 사람으로 취급되던 사마리아 사람이 선한 사람이 되고 이야기의 주인공으로 등장한다. 의롭고 정결한 것으로 보이는 바리새인이 실상 불의하고, 내쫓겨지는 사람들이 환영 받는 하나님의 나라의 원리를 제시한다. 가난한 사람이 복이 있고, 먼저 된 자가 나중 되고 나중 된 자가 먼저 되며, 겸손한 사람이 높아지고 높아진 사람이 낮아진다고 하신다. 사람들의 인식의 패턴에 반전을 가하신 것이다.

지혜는 우리로 하여금 건강한 생각을 하도록 돕는다. 인식의 재편으로 인해 우리는 아픔과 고통 중에서도 하나님의 위로가 내 영혼을 즐겁게 한다고 고백할 수 있고 하나님의 자녀답게 살 수 있게 된다. 잠언 23:7은 "대저 그 마음의 생각이 어떠하면 그 위인도 그러한즉"이라고 말씀한다. 그 사람이 어떤 생각을 하느냐가 바로 그 사람이 어떤 사람인가를 결정한다는 것이다.

기억할 것은 인식의 재편은 많은 자기 계발서에서 말하는 긍정적 생각을 연습한다고 되는 것이 아니다. 물론 긍정적 생각이 적잖은 도움은 되고 유익이 있다. 그러나 우리 신앙인의 생각은 긍정의 생각이 아니라 믿음의 생각이어야 한다. 긍정적 생각이 믿음의 생각의 일부분일 수는 있지만 다는 아니다. 우리는 믿음으로 생각하고 그에 따라서 믿음으로 사는 것이야 한다.

"모든 생각을 사로잡아 그리스도에게 복종하게 한다"(고후 10:5)는 말씀이 있다. 내 속에 있는 많은 생각들을 잡고 모아서 그리스도께 복종시킨다고 한다. 나쁜 생각이든 부정적인 생각이든 회피적인 생각이든 심지어 우리가 생각하기에 좋은 생각이라고 하는 것까지 모두 모아서, 예수님 앞에 내려 놓고 주님께서 그 생각을 다스리도록 맡겨드리는 것이다.

이러한 믿음의 생각은 나에게 닥친 사건과 사람을 보는 시각에서부터 시작된다는 것은 기억해야 한다. 보는 관점과 시각이 달라져야 생각이 달라지고 생각이 달라지면 반응도 달라지고 반응이 달라지면 행동도 달라진다. 신앙인은 새롭게 된 하나님의 자녀이다. 세상이 달라져서 다르게 보는 것이 아니다. 예수님 믿은 후에 환경도 여건도 크게 바뀌지 않는다.

달라진 것은 바로 우리 자신이다. 건강한 생각의 시작은 내가 예수 믿고 새 피조물이 된 것에서 시작된다. 보혈의 피로 내 마음이 깨끗해지고, 녹아지고 새롭게 되었다. 피조물이기 때문에 나 혼자 생각하지 않고, 주님과 함께 생각한다. 나를 만드신 분과 함께 보기 때문에 새롭게 보는 시각이 생긴 것이다.

예전에 어떤 사건을 경험하면 늘 보던 것만 보아 왔다. 그렇게 보면서 살아왔고 그에 따라서 처신해 왔기 때문에, 그리고 그렇게 해서 그럭저럭 버텨왔기 때문에 다른 시각으로 보기가 무척 어렵다. 누군가와 다투어 보면, 내가 피해자라고 생각하는 사람은 가해자 입장에서 가해자의 시각으로 사건을 보기가 어렵다. 어떤 사람은 그 사람이 실제로 가해를 가한 사람인데 자신이 피해자라고 생각한다. 그러한 사람은 상대의 아픔을 보지 못한다. 부부가 싸움을 하고 각자가 이야기하면 동일한 사건에 대해서도 하는 말이 적잖게 다르다. 거짓말하는 것이 아니고, 그 사건에 대한 시각이 다르기 때문이다.

새롭게 본다는 것은 상대방 시각으로 보는 것만이 아니고 하나님께서 그 사건을 보는 시각으로 함께 내가 본다는 것이다. 하나님을 믿으니 이것이 가능해 진다. 하나님께서는 우리를 부족하지만 하나님의 사랑하는 자녀이기 때문에 사랑스럽게 봐 주신다. 하나님은 우리를 편견이나 선입관으로 보지 않고, 항상 새롭게 만나 주신다. 그래서 우리는 매번 은혜의 보좌 앞에 담대하게 나갈 수 있다.

내가 보는 시각이 바뀌면 상대방에 대한 생각이 바뀌고 그에 따라 내 반응과 태도가 바뀐다. 그리고 그것이 관계를 새롭게 하고 변화의 바이러스를 심게 되는 것이다. 내 생각대로 보고 반응하면 좋은 것 같지만 그렇지 않다. 하나님을 알고 하나님이 보시는 관점으로 내가 보고 그분의 생각대로 생각하는 것이 좋다. 우리 생각을 하나님의 통치 아래 내어 드리고 그 생각의 능력이 우리의 삶을 온전하게 회복시키는 은혜가 있게 된다.

건강한 생각을 연습하기 위한 또 다른 방법 중의 하나는 기억의 능력을 회복하는 것이다. 어떤 때는 왜곡되고 잘못된 생각이라는 것을 알지만 그것을 멈추는 것이 쉽지 않다는 것을 경험한다. 건강한 생각만 붙잡고 살아가면 좋겠다. 그런데 어느 순간 부정적이고 뒤틀어지고 불만족스러운 생각들이 내 마음을 차지하고 있는 것을 경험한다. 기억을 다스리는 것이 쉽지 않기 때문이다. 누구나 과정 중에 이러한 부정적 생각을 가지는 것은 당연할 것이다. 그러나 거기에 머물러 있지 않아야 한다.

우리가 지난 시간 동안 우리 삶에 밀려왔던 이런 저런 아픔과 실수와 실패를 탓하지 않고 그러한 삶의 기억을 다스릴 수 있었으면 좋겠다. "떨쳐 내자, 흠 잡지 말자, 그만 탓하자"하며 다짐한 후 생각의 주제를 바꾸어야 한다. 하나님께서 우리가 새로워지기를 바라는 영역 중에 하나가 기억이다. 기억할 것을 기억하고 잊어도 되는 것은 잊는 능력을 회복하며 살기를 원하신다. 이것을 도와주기 원하신다. 하나님께서 우리를 변화시켜 주시는 많은 것들이 있다. 놓치지 말아야 하는 것이 기억의 능력을 회복하는 것이다.

옛 일과 사람에게 휘둘리며 사는 사람이 되지 말아야 한다. 내 지난 일들의 기억 중에 담고 싶은 것을 선택하고 담고 싶지 않은 것은 편집해서 좋은 기억을 안고 살아가야 할 것이다. 과거를 되돌릴 수 없지만 그 과거를 해석하는 우리의 생각과 그 과거로 말미암은 결과는 우리가 바꾸어갈 수 있다. 하나님께서 말씀을 통해 지속적으로 '기억하라', '기념하라' 하시는 것이 바로 생각할 것을 생각하고 그것을 다져가지고 채워가라고 하시는 명령이다.

그리고 이것이 단지 과거를 잘 해결하는 능력이 될 뿐만 아니라, 미래를 살아가는 힘이 된다. 내가 과거를 어떻게 받아들이며 생각하는가 하는 것이, 앞으로 살아가는 삶을 어떻게 대처하며 이겨 가는가 하는 것에 지혜와 힘을 주기 때문이다. 우리가 좋은 추억, 좋은 만남, 무엇보다 구석구석 함께 하시고 간섭하시고 도와주셨던 하나님의 손길을 기억하고 생각으로 간직할 수 있어야 한다.

물론 무조건 과거를 덮어놓지 말고 자신을 돌아보는 기회도 가져야 한다. 사람을 관찰한 연구가들이 발견한 것 중에 '인간이 각본에 따라서 살아간다'는 것이 있다. 사람의 인생은 각본처럼 이미 짜져 있는 것이 아니다. 그런데 사람이 살아가는 것은 마치 각본이 써 있는 듯 살아가는 것이다. 이 각본은 자신이 알지 못한 생각의 습관이고 패턴이다. 그리고 옛날에 살아오던 방식, 옛 생각 그대로 살아가면서, 장소와 사람과 시기만 달라지고 똑같은 일들이 반복되는 것을 발견한 것이다.

실수한 사람이 또 실수하지는 않을 것 같은데 같은 실수를 반복한다. '그렇게 살지 않을 꺼야!' 하면서도, 어느 날 또 그렇게 살고 있고 말하고 있는 자신을 본다. 누구하고는 안 그래야지 하고 시작하지만 말하다 보면 꼭 싸우게 된다. 틀에 갇힌 것이다. 우리가 갇힌 곳에서 벗어나야 한다. 이런 변화를 위한 반추는 헛된 시간이 아니고 미래를 여는 힘이 된다.

하나님께 대한 신앙은 우리에게 이런 기회를 준다. 자신 안의 또 다른 자신을 표현해 보고 어떤 때는 적극적으로 어떤 때는 용기 있게 나아갈 수 있어야 하겠다. 혹 가면을 쓰고 살았다면 그 가면을 벗어 버리고 정직하게 자신을 보여줄 수 있도록 연습하는 것이다. 복음은 생명을 살리고 내 생각을 살리고 내 각본을 하나님의 각본으로 바꾸어 주시는 능력이 있다.

에베소서 3:20에 이렇게 말한다. "우리 가운데서 역사하시는 능력대로 우리가 구하거나 생각하는 모든 것에 더 넘치도록 능히 하실 이에게." 주님께서 우리 생각을 아시고 내가 생각하고 구하는 것 이상으로 넘치도록 주신다고 말씀하신다. 우리 아픔과 슬픔을 그분께 고백하면 내 마음을 위로하시고 단잠을 주시고 즐거움을 주신다. 우리가 이 은혜로 충만해 져야 할 것이다.

결 론

취업포털 잡코리아는 남녀 직장인 574명에 "오늘의 삶이 마지막이라면 죽기 전 무엇을 가장 후회할까?"라는 질문을 했다. 그 결과 죽기 전에 후회할 것 1위는 응답자의 53%가 꼽은 '진정 내가 원하는 것을 하며 살지 못한 것'으로 나타났다. 이어서 '사랑하는 사람들과 더 많은 시간을 보내지 못한 것'(38.8%), '좀 더 도전하며 살지 못한 것'(31.6%), '내 감정에 충실하며 살지 못한 것'(26.9%), '일 좀 덜하면서 살지 못한 것'(11.0%) 순서였다.

공감이 가는 이야기이다. 내가 원하는 것을 하지 못했다는 아쉬움은 누구에게나 남는 것이라고 생각된다. 하지만 오늘이, 이 해가 우리 삶의 마지막은 아니다. 후회하지 않으려면 지금이라도 내가 원하는 것을 하면 된다. 사랑하는 사람과 함께 시간을 보내고, 용기가 없어서 미적거리던 것도 도전하면 된다. 그런데 이것 역시 마음은 "그래" 하지만, 현실이 녹록하지 않다.

더구나 '내가 원한다'는 그것이 좋은 것이 아닐 때도 많다. 내가 원하지 않아도 지켜야 할 자리가 있다. 내가 원하는데 하지 말아야 하고, 가지 말아야 하는 곳도 있다. 감정 역시 소중한 것이지만, 잘

속이기도 하는 애물단지이다. 내 마음이 부담이 되어도 책임져야 할 만남이 있다. 감정이 불같이 일어나도 맺지 말아야 하는 관계가 있다. 솔직히 말하면 정말 후회할 것은 후회하지 않고, 후회하지 않아도 되는 것은 후회하는 것이 우리 모습일 때가 많다.

화살과도 같이 세월을 흘러 보내며 우리가 후회하지 않았으면 하는 바램이다. 그러기 위해서는 정말 후회하지 않을 것을 구하고 찾고 힘써야 한다. 아주 예전에 이 숙제를 너무나 잘한 믿음의 선배가 있었다. 그에게 하나님께서 물었다. "내가 너에게 무엇을 주기를 바라느냐? 나에게 구하여라." 일생일대의 절호의 기회가 왔다. 구하면 주실 수 있는 그분이 질문하신 것이다. 그토록 부러워했던 탁월한 예술가의 능력도, 몇 백억을 벌수 있는 스포츠계의 전설이 될 수도 있었다.

그런데 이 질문에 근는 "지혜를 주세요"라고 답했다. 솔로몬이었다. 그리고 이 소원에 대해서 후회하지 않았다. 성경은 지혜에 대해 이렇게 말한다.

> 참으로 지혜는 진주보다 좋으며, 네가 갖고 싶어하는 그 어떤 것도 이것과 비교할 수 없다(잠 8:11).

어떤 소원, 어떤 목적도 지혜와는 비교할 수가 없다고 한다. 한 목사님이 이렇게 도전하는 것을 읽을 적이 있다.

> 제가 두 손에 뭔가 가지고 있다고 가정해 보십시오. 한 손에는 백만원 짜리 수표 한 장이 있습니다. 또 다른 한 손에는 지혜 한 움

큼이 있습니다. 여러분을 초대합니다. 이 중에 원하는 것을 가지십시오. 이 쪽을 선택하면 백만원을 드립니다. 이 돈으로 사고 싶은 것을 사세요. 다른 손에 움켜쥔 지혜를 선택하면 그것을 드립니다. 살아가면서 결단과 선택이 필요할 때 믿음직한 지혜 한 움큼이 그 선택을 도와줄 것이고 그 결과 역시 보장합니다. 어떤 것을 원하십니까?

성경은 하나님께로부터 온 지혜를 가질 수 있다면, 두 번 생각할 것도 없다고 한다. 백만 원, 아니 수억 원의 유혹에 넘어가기 보다는, 하나님의 마음과 분별을 갖는 것이 낫다는 것이다.

다니엘은 이렇게 말한다.

> 지혜 있는 사람은 하늘의 밝은 빛처럼 빛날 것이요, 많은 사람을 옳은 길로 인도한 사람은 별처럼 영원히 빛날 것이다(단 12:3).

지혜는 무엇보다 바른 선택을 하게 해 준다. 사실 '내가 누구이냐' 라는 것은 내가 한 선택이 모두 하나로 모아진 결과라고 해도 과언이 아니다. 우리는 일이 잘 안 풀릴 때 내가 내린 결정의 결과에 대해서 후회하고, 더 나아가 누군가를 비난한다. 내가 한 결정이라는 것을 받아들이기가 어렵기 때문이다. 남이 문제일 때도 있지만, 결국은 내가 한 선택이다. 삶은 나에게 일어난 일이라는 10%의 요소와 그 와중에 내가 무엇을 어떻게 선택했는가 하는 것이 90%를 차지하고 있다.

우리 모두는 주어진 기회와 상황에서 좋은 선택을 하기 원한다. 후회하거나 비난하거나 자책하지 않기를 원한다. 그래서 우리는 지혜가 필요하다. 그런데 진정으로 귀한 지혜를 아무 곳에서나 찾을 수가 없다. 모든 지혜는 하나님의 것이고 하나님으로부터 오는 것이다. 우리가 지혜의 한 부스러기라고 가지고 있다면, 하나님께서 은혜로 그것을 허락해 주신 것이다. 그래서 지혜를 소유하려면 먼저 구해야 한다. 지혜에 대한 열망이 있어야 하고, 하나님의 질서와 마음에 대한 갈급함이 있어야 한다. 그러면 지혜는 점차 풍성해 진다. 우리가 명석해서가 아니다. 하나님께서 원하시는 것에 따라서 우리가 행하기 때문에 지혜를 주신다.

누군가가 질문한다.

"오늘의 삶이 마지막이라면 죽기 전 무엇을 가장 후회할까?"

우리가 정말 답해야 하는 것은 이것이다.

"지혜를 구하고 갖지 못한 것입니다." 그리고 늦지 않았다. 지혜를 구해서 후히 주시고 꾸짖지 않으시는 하나님께 받으면 된다. 정말 특별한 선물을 원한다면, 지혜를 구해야 한다. 그래서 우리 모두가 이렇게 답할 수 있었으면 한다.

"아쉬움은 좀 있습니다. 하지만 후회도 원망도 자책도 없습니다. 다는 아니어도 한 움큼의 지혜를 가졌기 때문입니다."

이 귀하고 복된 지혜의 자원에 근거한 돌봄을 이야기했다. 지혜의 본질이 그러하듯 그것은 나만 위한 것이 아니다. 지혜롭게 성숙해 간다면 이제 그 지혜를 나누고 이웃을 섬겨야 한다. 지혜로운 돌봄이 이뤄지는 현장은 하나님의 질서가 회복되는 곳이다. 우리 중에 많은 이웃들이 힘겨운 삶을 살며 고통하며 살고 있다. 그들이 도움을 받고 싶어도 자신들의 짐을 덜고 싶어도 그것이 쉽지 않다. 그 이유는 돌보아 줄 수 있는 사람이 많지 않기 때문이다. 또 도움을 주다 도움을 받다 실망과 아픔을 경험했기 때문이다.

연약함을 나누는데, 그것이 나중에 약점으로 사람들에게 손가락질을 받게된다. 그리스도인이라고 하는 사람이 그런 문제와 고통으로 신음한다고 했을 때, 하나님의 왕국의 이등시민으로 취급당한다. 형편없는 그리스도인으로 판단 받을까 봐 두려워하고 살아가며 자신의 진짜 문제는 꼭꼭 숨기고 살아간다. 도움을 구하지 않고, 도움이 주어져도 받지 않으려 한다. 우리가 겸손하면서도 지혜로운 이들이 연약한 이들을 돌보아주고, 서로 신뢰하는 이들이 함께 팔을 끼고 인생여정의 씨름을 함께 하는 참된 공동체를 만들어 가기를 소망한다. 이런 하나님이 의도하신 가정, 교회, 사회를 이루어가기 위해서 우리가 지혜로 세워져 가기를 소망한다. 이 책이 그 소망을 이뤄 가는 데 조금이나마 도움이 되기를 간절히 소원한다.

참고 문헌

강진령. "한국문화에서 상담활용의 비교문화적 관점". 한국상담 및 심리치료학회 극동심연분회「제4회 현실역동상담 학술세미나」. 2003.

김창대·권경인·한영주·손난희. "상담 성과를 가져오는 한국적 상담자 요인". 한국상담학회.『상담학 연구』제9권 3호(2008): 961-986.

박윤선.『성경주석: 바울서신』. 서울: 영음사, 1985.

신국원.『신국원의 문화이야기』. 서울: IVP, 2002.

안경승. "구약의 지혜자를 통해서 본 신학과 심리학의 통합". 한국복음주의 기독교상담학회.「복음과 상담」제1권(2003): 30-50.

안경승. "지혜로운 사람의 특질". 한국기독교 상담심리치료학회.「기독교상담학회지」제6권(2003): 207-238.

안경승. "직면에 대한 이해와 기독교상담자의 준비". 한국복음주의 기독교상담학회.「복음과 상담」제4권(205): 155-177.

안경승. "목회상담자의 영성". 한국복음주의 실천신학회.「복음과 실천신학」제18권(2008): 309-336.

안경승. "한계에 대한 인식과 지혜". 한국복음주의 기독교상담학회.「복음과 상담」제12권(2009): 122-146.

안경승. "예수님의 지혜와 목회상담학". 한국복음주의신학회.「성경과 신학」제54권(2010): 183-208.

안경승. "폭력의 시작, 전개 그리고 대안". 한국복음주의 기독교상담학회.「복음과 상담」제16권(2011): 9-36.

안경승. "복음주의 기독교상담의 과거, 현재, 그리고 미래". 한국복음주의 기독교상담학회. 「복음과 상담」 제19권(2012): 188-216.
이관직. "잠언과 목회상담과의 관계: 잠언 1:1-7을 중심으로". 「신학지남」 제257권(1998): 218-239.
이수림. "상담자의 지혜와 상담과정 및 성과에 관한 연구". 박사학위논문, 가톨릭대학교 대학원, 2008.
이수림·조성호. "상담자발달과 지혜에 관한 연구: 상담자발달수준에 따른 상담자의 지혜 비교". 한국심리학회. 「한국심리학회지: 상담 및 심리치료」 21권 1호(2009): 69-91.
장대숙. 「노인학의 이론과 적용」. 서울: 한국장로교 출판사, 1998.
장성숙. "한국문화와 현실역동상담의 상담자-내담자 관계". 한국심리학회. 「한국심리학회지」 제15권 2호(2003): 147-160.
정옥분. 「성인, 노인 심리학」. 서울: 학지사, 2008.

New Bible Dictionary. 2nd ed.
Oxford English Dictionary. 2nd ed.
Shorter Oxford English Dictionary.
Webster's New International Dictionary of the English Language. 2nd ed.
Webster's New World College Dictionary.
Adams, Jay E. *Competent to Counseling.* Nutley, NJ.: Presbyterian & Reformed, 1970.
Adams, Jay E. *Ready to Restore: The Layman's Guide to Christian Counseling.* Phillipsburg, NJ.: Presbyterian & Reformed, 1981.
Adams, Jay E. *The Use of the Scriptures in Counseling.* Grand Rapids, MI.: Baker, 1984.
Adams, Jay E. *The Christian Counselor's Commentary: Proverbs.* Woodruff, SC.: Timeless Texts, 1997.
Adams, Jay E. *The Practical Encyclopedia of Christian Counseling.* Stanley, NC.: Timeless Texts, 2003.
Aitken, Kenneth T. *Proverbs.* Philadelphia: Westminster John Knox Press, 1986.
Aiken, Lewis R. *Personality: Theories, Research, and Application.* Englewood Cliffs,

NJ.: Presence Hall, 1993.

Achenbaum, W. A. & L. Orwoll. "Becoming Wise: A Psychogerontological Interpretation of the Book of Job." *International Journal of Aging and Human Development* 32, no. 1 (1991): 21-39.

Allender, Dan B. *Leading with a Limp*. 김성녀 역.『약함의 리더십』. 서울: 복있는 사람, 2007.

Anderson, Neil. *Walking in the Light*. 최기운 역.『하나님의 뜻대로 인도 받는 삶』. 서울: 베다니, 1996.

Archer, Gleason L. *A Survey of Old Testament*. 김정우 역.『구약총론』. 서울: 기독교문서선교회, 1985.

Ardelt, M. "Empirical Assessment of a Three-Dimensional Wisdom Scale." *Research on Aging* 25, no. 3(2003): 275-324.

Arlin, Patricia K. "Cognitive Development in Adulthood: A Fifth Stage?" *Developmental Psychology* 11, no. 5(1975): 602-606.

Arlin, Patricia K. "Wisdom: the Art of Problem Solving." In *Wisdom: Its Nature, Origins, and Development*. ed. R. J. Sternberg. New York: Cambridge University Press, 1990, 230-243

Atkinson, David. *The Message of Proverbs*. Downers Grove, IL.: InterVarsity Press, 1996.

Augsburger, David W. *Pastoral Counseling Across Cultures*. Philadelphia: Westminster, 1986), 174.

Averbeck, Richard. "Creation and Corruption, Redemption and Wisdom and Corruption, Redemption and Wisdom: A Biblical Theology Foundation for Counseling Psychology." *Journal of Psychology and Christianity* 25, no.2(2006): 111-126.

Baltes, Paul B. & Jacqui Smith. "Toward a Psychology by Wisdom and its Ontogenesis." In *Wisdom: Its Nature, Origins, and Development*. ed. R. J. Sternberg. New York: Cambridge University Press, 1990, 87-120.

Baltes, Paul B., U. M. Staudinger, A. Maeker & J. Smith. "People Nominated as Wise: A Comparative Study of Wisdom-Related Knowledge." *Psychology and Aging* 10, no. 2 (1995): 155-166.

Barry, William A. & William J. Connolly. *The Practice of Spiritual Direction*. San

Francisco, CA.: Harper & Row, 1982.
Bassett, Susan D. "Death: Tragedy and Triumph." *Journal of Religion and Health* 14 (summer 1975): 100-105.
Basst, Lytta. *Holy Anger: Jacob, Job, Jesus*. Grand Rapids, MI.: Eerdmans, 2007.
Bavink, Herman, *Calvin and Common Grace*. 차영배 역. 『일반은총론』. 서울: 총신대교출판부, 2002.
Beck, James R. *Jesus & Personality Theory*. 서진희 역. 『예수님과 성격이론』. 서울: 국제제자훈련원, 2006.
Becker, Ernest. *The Denial of Death*. New York: Simon & Schuster, 1973.
Berger, Peter L. *The Sacred Canopy*. Garden City, NY.: Doubleday, 1969.
Birren, J. E. & L. M. Fisher. "The Element of Wisdom: Overview and Integration." In *Wisdom: Its Nature, Origins, and Development*. ed. R. J. Sternberg. New York: Cambridge University Press, 1990, 317-332.
Boa, Kenneth & Gail Burnett. *Pursuing Wisdom: A Biblical Approach From Proverbs*. Colorado Springs, CO.: Navpress, 1999.
Bland, Dave. *Proverbs, Ecclesiastes Song of Solomon*. Joplin, MO.: College Press, 2002.
Bland, Dave. "Conversation as a Resource for Character Formation in Proverbs." In *And the Word Became Flesh: Studies in History, Communication and Scripture in Memory of Michael W. Casey*. eds. Thomas H. Olbright & David Fleer. Eugene, OR.: Wipt and Stock Publishers, 2009, 143-152.
Bock, Darrell L. *Luke*. Vol. 3 of IVP New Testament Commentary. Downers Grove, IL.: InterVarsity, 1994.
Boghosian, Jack. "The Biblical Basis of Strategic Approaches in Pastoral Counseling," *Journal of Psychology and Theology* 11, no. 2(1983): 99-107.
Borg, Marcus J. *A New Vision: Spirit, Culture, and the Life of Discipleship*. London: Society for Promoting Christian Knowledge, 1993.
Borg, Marcus J. *Meeting the Jesus for the First Time*. New York: Harper San Francisco, 1994.
Borg, Marcus J. "Death as the Teacher of Wisdom." *Christian Century*. February 1986, 203-206.
Bouma-Prediger, Steven. "The Task of Integration: A Modest Proposal." *Journal of*

Psychology and Theology 18(1990): 21-31.

Bowlby, John. "Process of Mourning." *International Journal of Psychoanalysis* no. 42 (1961): 317-340.

Boyer, Ernest. *Finding God at Home: Family Life As a Spiritual Discipline*. New York: Harpercollins, 1988.

Brent, S. B. & D. Watson. *Aging and Wisdom: Individual and Collective Aspects*. San Francisco, CA: Gerontological Society of America, 1980.

Brown, William P. *Character in Crisis: A Fresh Approach to the Wisdom Literature of the Old Testament*. Grand Rapids, MI.: Eerdmans, 1996.

Browning, Don S. "Preface to a Practical Theology of Aging." In *Toward a Theology of Aging*. ed. Seward Hiltner. New York: Human Science Press, 1975, 151-167.

Brueggemann, Walter. *The Message of the Psalms*. Minneapolis, MN.: Augsburg, 1984.

Butler, Robert N. "The Life Review: An Interpretation of Reminiscence in the Age." *Psychiatry* 26 (1963): 65-76.

Calvin, John. *Commentary on Genesis*. 존칼빈성경주석출판위원회편 역. 『구약성경주석: 창세기』. (서울: 성서교재간행사, 1985.

Calvin, John. *Institutes of the Christian Religion*. 김종흡 외 역. 『기독교 강요 상권』. 서울: 생명의 말씀사, 1989.

Capps, Donald. *Agent of Hope*. Minneapolis, MN.: Fortress, 1995.

Capps, Donald. *Biblical Approaches to Counseling*. Eugene, OR.: Wipf & Stock, 2003.

Carlson, David. "Jesus' Style of Relating: The Search for a Biblical View of Counseling." *Journal of Psychology and Theology* 4(1976): 181-192.

Carter, J. D. & B. Narramore. *The Integration of Psychology and Theology*. Grand Rapids, MI.: Zondervan, 1973.

Chan, Simon. *Spiritual Theology*. 김병오역. 『영성신학』. 서울: IVP, 2002.

Chandler, Michael J. & Stephen Holliday. "Wisdom in a Postapocalyptic Age." In *Wisdom: Its Nature, Origins, and Development*. ed. R. J. Sternberg. New York: Cambridge University Press, 1990, 121-141.

Clayton, V. P. & James E. Birren. "The Development of Wisdom Across the Life

Span: A Reexamination of an Ancient Topic." In *Lifespan Development and Behavior*. Vol. 3. eds. P. B. Baltes & O. G. Brim. New York: Academic Press, 1980, 103-135.

Clayton, V. P. "Wisdom and Intelligence: The Nature and Function of Knowledge in the Later Years." *The International Journal of Aging and Human Development* 15, no. 4 (1982): 315-321.

Clements, Ronald E. *Wisdom in Theology*. Grand Rapids, MI.: Eerdmans, 1992.

Collins, Gary R. *Helping People Grow*. Chicago: Vision House, 1980.

Collins, Gary R. *Excellence and Ethics in Counseling*. 오윤선 역. 『기독교와 상담윤리』.서울: 두란노, 1995.

Collins, Gary R. *Biblical basis of Christian Counseling for People Helper*. 안보헌 역. 『기독교 상담의 성격적 기초』. 서울: 생명의 말씀사, 1996.

Collins, John J. "The Root of Immortality: Death in the Context of Jewish Wisdom." *Harvard Theological Review* 71 (July-October 1978): 179-180.

Collins, John J. "Proverbial Wisdom and the Yahwist Vision." *Semeia*, no.17 (1980): 1-18.

Collins, John J. *Jewish Wisdom in the Hellenistic Age*. Edinburgh, Scotland: T & T Clark, 1997.

Commons, M. L., F. A. Richards, & C. Armon. *Beyond Formal Operations: Late Adolescent and Adult Cognitive Development*. New York: Praeger, 1984.

Costa, John D. *Working Wisdom: The Ultimate Value in New Economy*. Toronto, Canada: Stoddart, 1995.

Coughenour, Robert A. "The Sage and the Pastoral Counselor." *Reformed Review* 55 no 2 (winter 2001-2002): 147-158.

Crabb, Lawrence J. *Institute of Biblical Counseling Training Manual*. Morrison, CO.: IBC, 1978.

Crabb, Larry. *Connection*. 이주엽 역. 『끊어진 관계 다시 잇기』. 서울: 요단, 2002.

Crenshaw, James L. "The Problem of Theodicy in Sirach: On Human Bondage." *Journal of Biblical Literature* 94 (1975): 47-64.

Crenshaw, James L. *Old Testament Wisdom: An Introduction*. Atlanta, GA.: John Knox Press, 1981.

Crenshaw, James L. "Prolegomenon." In *Studies in Ancient Israelite Wisdom*. ed. J. L. Crenshaw. New York: KTAV Publishing House, 1976, 1-60.

Csikszentmihalyi, M. & K. Rathunde, "The Psychology of Wisdom: An Evolutionary Perspective," in *Wisdom: Its Nature, Origin and Development*. ed. R. J. Sternberg. New York: Cambridge University Press, 1990, 25-51.

Csikszentmihalyi, M. *The Evolving Self: A Psychological for the Third Millennium*. New York: HarperPerennial, 1994.

Curtis, Edward M. "Old Testament Wisdom: A Model for Faith-Learning Integration." *Christian Scholars Review* 15 (1986): 213-227.

Curtis, Edward M. & John J. Brugaletta. *Discovering the Way of Wisdom: Spirituality in the Wisdom Literature*. Grand Rapids, MI.: Kregel, 2004.

Damarest, Bruce. *Satisfy Your Soul: Restoring the Heart of Christian Spirituality*. 김석원역. 『영혼을 생기 나게 하는 영성』. 서울: 쉴만한 물가, 2004.

Dawn, Marva J. *Joy in Divine Wisdom*. 홍종락역. 『우물 밖에서 찾은 분별의 지혜』. 서울: IVP, 2006.

De Pree, Max. *Leadership is an Art*. New York: Doubleday, 1989.

Dittman-Kohli, F. "Wisdom as a Possible Result of Intellectual Development in Adulthood." *Sprache und Kognition* 3, no. 2 (1984): 112-132.

Duguid, Iain M. *The NIV Application Commentary: Ezekiel*. Grand Rapidsm MI.: Zondervan, 1999.

Duling, Dennis C. "The Therapeutic Son of David: An Element in Matthew's Christological Apologetic." *New Testament Studies* 24(1978): 392-409.

Duling, Dennis C. "Matthew's Plurisignificant 'Son of David' in Social Science Perspective: Kinship, Kingship, Magic, and Miracle." *Biblical Theology Bulletin* 22 (1992): 99-116..

Dunn, James D. G. "Jesus for Today." *Theology Today* 52, no 1 (fall 1995): 66-69.

Dunn, James D. G. "Jesus: Teacher of Wisdom or Wisdom Incarnate?" In *Where Shall Wisdom Be Found?: Wisdom in the Bible, the Church and the Contemporary World*. ed. Stephen C. Barton. Edinburgh, Scotland: T & T Clark, 1999, 75-92.

Ellis, A. "The Use of Rational Humorous Songs in Psychotherapy." In *Handbook of Humor and Psychotherapy: Advances in the Clinical Use of Humor. eds. William Fry Jr. & Waleed A. Salameh. Sarasota: Professional Resource Exchange, 1987), 265-285.

Emerson, James G. *Suffering: Its Meaning and Ministry*. Nashville, TN.: Abingdon Press, 1986.

Erikson, Erik H. *Childhood and Society*. 2nd ed. New York: W.W. Norton & Co., 1963.

Feaster, Dan. "The Importance of Humor and Clowning in Spirituality and Pastoral Counseling." *Currents in Theology and Mission* 25, no. 5(1998): 380-387.

Fleming, James *Personalities of the Old Testament*. New York: Scribners, 1939.

Forti, Tova. "Animal Images in the Didactic Rhetoric of the Book of Proverbs." *Biblica* 77(1996): 48-63.

Foster, Richard J. *Prayer: Finding the Heart's True Home*. San Francisco, CA.: Harper, 1992.

Fox, Michael V. *Anchor Bible: Proverbs 1-9*. New York: Doubleday, 2000.

Gaiser, Frederick J. *Healing in the Bible: Theological Insight for Christian Ministry*. Grand Rapids, MI.: Baker Academic, 2010.

Gangel, Kenneth O. *Unwrap Your Spiritual Gifts*. Wheaton, IL.: Victor Books, 1988.

Garfield, L. "The Therapist as a Neglected Variable in Psychotherapy Research." *Clinical Psychology: Science and Practice* 4 (1997): 40-43.

Garland, David E. *The NIV Application Commentary: Mark*. Grand Rapids, MI.: Zondervan, 1996.

Gladson, Jerry & Ron Lucas. "Hebrew Wisdom and Psycho-Theological Dialogue." *Zygon* 24 (1989): 357-376.

Goldingay, John. "The 'Salvation History' Perspective and the 'Wisdom' Perspective Within the Context of Biblical Theology," *Evangelical Quarterly* 51 (1979): 194-207.

Goldsworthy, Graeme. *Bible Probe: Job, Proverbs, Ecclesiastes and Song of Songs*. 편집부역. 『지혜서 강해집: 욥기, 잠언, 전도서, 아가』. 서울: 성서유니온, 1994.

Goldsworthy, Graeme. *Gospel and Wisdom*. 김영철 역. 『복음과 지혜』. 서울: 한국성서유니온, 1996.

Gubbins, James P. "Positive Psychology: Friend or Foe of Religious Virtue Ethics?" *Journal of the Society of Christian Ethics* 28, 2 (2008): 181-203.

Habermas, Jurgen. *Knowledge and Human Interests*. Boston: Beacon Press, 1971.

Henning, Lawrence H. "The Cross and Pastoral Care." *Currents in Theology and Mission* 13, no 1 (1986): 22-29.

Heron, John. *Helping the Client: Creative Practical Guide*. London: Sage, 2003.

Hodgson, Peter C. *God's Wisdom: Toward a Theology of Education*. Louisville, KT.: Westminster John Knox Press, 1999.

Hoekeman, Anthony. *Created in God's Image*. Grand Rapids, MI.: Eerdmans, 1986.

Holiday, Stephen G. & Michael J. Chandler. *Wisdom: Explorations in Adult Competence*. New York: Karger, 1986.

Hopson, Ronald E. & Gene Rice. "The Book of Job as a Resource for Counseling." *The Journal of Pastoral Care & Counseling* 62, no. 1-2 (2008): 87-98.

Horton, Michael S. *Beyond The Culture War*. 김재영 역. 『세상의 포로된 교회』. 서울: 부흥과 개혁사, 2001).

Hubbard, David. *Communicator's Commentary 15: Proverbs*. Dallas, TX.: Word, 1989.

Jackson, Gordon. *Quotes for the Journey: Wisdom for the Way*. Colorado Springs, CO.: NavPress, 2000.

Johnson, Elizabeth A. *She Who Is: The Mystery of God in Feminist Theological Discourse*. New York: Crossroad, 1999.

Johnson, Elizabeth A. "Image of God's Saving Presence." *Living Pulpit* 9, no. 3 (2000): 6-7.

Johnson, Eric L. "The Call of Wisdom: Adult Development within Christian Community, Part I and II." *Journal of Psychology and Theology*, 24 (1992): 85-103.

Johnson, Eric L. ed. *Psychology & Christianity: Five Views*. 김찬영 역, 『심리학과 기독교 어떤 관계인가』. 서울: 부흥과 개혁사, 2012.

Johnston, Robert K. "It Takes Wisdom to Use Wisdom Wisely." In *Understanding Wisdom: Sources, Science, & Society*. ed. Warren S. Brown. Philadelphia, PA.: Templeton Foundation Press, 2000, 135-150.

Kaiser, Walter. *Old testament Biblical Theology*. 최종진 역. 『구약성경신학』. 서울: 생명의 말씀사, 1982.

Keck, Leander E. *A Future for the Historical Jesus*. Minneapolis: Fortress Press, 1981.

Kekes, John. "Wisdom." *American Philosophical Quarterly* 20, no. 3 (1983): 277-286.

Kempis, Thomas a. *The Imitation of Christ*. ed. Donald E. Demaray. Gand Rapids, MI.: Baker, 1982.

Kidner, Derek. *The Wisdom of Proverbs, Job and Ecclesiastes*. Downers Grove, IL.: InterVarsity, 1985).

Kidner, Derek. *Tyndale Old Testament Commentary Series: Proverbs*. Downers Grove, IL.: InterVarsity Press, 1987.

Kitchener, Karen S. "Cognition, Metacognition and Epistemic Cognition." *Human Development* 26, no. 4(1983): 222-232.

Kitchener, Karen S. & Helene G. Brenner. "Wisdom and Reflective Judgement: Knowing in the Face of Uncertainty." In *Wisdom: Its Nature, Origins, and Development*. ed. R. J. Sternberg. New York: Cambridge University Press, 1990, 212-229.

Knierim, Rolf R. "Science in the Bible." *Word & World* 13, no. 3(1993): 242-255.

Konkel, A. H. "Wisdom as a Way of Knowing God." *Didaskalia* 4, no. 4 (1992): 15-25.

Koptak, Paul E. *The NIV Application Commentary: Proverbs*. Grand Rapids, MI.: Zondervan, 2003.

Kostenberger, Andreas J. "What does it Mean to be Filled with the Spirit?: A Biblical Investigation." *Journal of the Evangelical Theological Society* 40, no. 2(1997): 229-240.

Kramer, Deirdre A. "Conceptualizing Wisdom: The Primacy of Affect-Cognition Relations." In *Wisdom: Its Nature, Origins, and Development*. ed. R. J.

Sternberg. New York: Cambridge University Press, 1990, 279-313.
Kübler-Ross, Elizabeth. *Death: The Final Stage of Growth*. Englewood Cliffs, NJ.: Prentice-Hall, 1975.
Kuhn, D., N. Pennington, & B. Leadbeater. "Adult-Thinking in Developmental Perspective." In *Life-Span Development and Behavior*. Vol. 5. eds. P. B. Baltes & O. G. Brim. New York: Academic Press, 1983, 157-195.
Kyraybill, Donald B. *The Upside-Down Kingdom*. Scottdale, PA.: Herald Press, 1978.
L'Abate, Luciano., Doris Hewitt, & Oliver McMahan. "An Overview of Paradoxical Counseling and its Congruence with Biblical Writings." *The Journal of Pastoral Care & Counseling* 61, no. 3(2007): 231-242.
Labouvie-Vief, Gisela. "Dynamic Development and Mature Autonomy: A Theoretical Prologue." *Human Development*, no. 25 (1982): 161-191.
Lawrence, Brother. *The Practice of the Presence of God with Spiritual Maxims*. Grand Rapids, MI.: Spire Books, 1967.
Lee, Young Jae. "A Research on the Transcendence of Consciousness in Transpersonal Psychology." *The Study of Student Guidance* 17, no. 12(1988).
Lewis, C. S. *The Weight of the Glory and Other Addresses*. New York: Macmillan, 1962.
Liefeld, Walter L. *The NIV Application Commentary: 1 and 2 Timothy, Titus*. Grand Rapids, MI.: Zondervan, 1999.
Longman, III, Tremper. *How to Read Proverbs*. 전의우 역. 『어떻게 잠언을 읽을 것인가?』. 서울: IVP, 2005.
Longman, III, Tremper. *Proverbs, Baker Commentary on the Old Testament Wisdom and Psalms*. Grand Rapids, MI.: Baker Academic, 2006.
MacGrath, Alister. *Spirituality in the Age of Change*. Grand Rapids, MI.: Zondervan, 1994.
Major, David. "An Analysis of the Teaching Styles of Jesus, the Budda and Socrates in the Light of John Heron's Six Category Analysis of Counseling Interventions." *Modern Believing* 38, no 4 (1997): 29-37.
Martin, Roger. *The Opposable Mind*. 김정혜 역. 『생각이 차이를 만든다』. 서울: 지식노마드, 2008.

Maxwell, Nicholas. *From Knowledge to Wisdom*. London: Pentire Press, 1984.

McMinn, Mark R. *Psychology, Theology, and Spirituality in Christian Counseling*. Wheaton, IL.: Temple, 1996.

McMinn, Mark R. & Clark D. Campbell. *Integrative Psychotherapy: Toward a Comprehensive Christian Approach*. Downers Grove, IL.: IVP Academic, 2007.

Meacham, John A. "Wisdom and the Context of Knowledge: Knowing that One Doesn't Know." In *On the Development of Developmental Psychology*. eds. D. Kuhn & J. A. Meacham. Basel, Switzerland: Karger, 1982, 122–134.

Meier, John P. *A Marginal Jew: Rethinking the Historical Jesus*. New York: Doubleday, 1994.

Melchert, Charles F. *Wise Teaching: Biblical Wisdom and Educational Ministry*. 송남순 & 김두일 역. 『지혜를 위한 교육』. 서울: 한국장로교출판사, 2002.

Miller, W. R. ed. *Integrating Spirituality into Treatment: Resources for Practitioners*. Washington, DC.: American Psychological Association, 1999.

Montgomery, John W. "Wisdom as Gift: The Wisdom Concept in Relation to Biblical Messianism." *Interpretation* 16, no. 1(1962): 43–57.

Moo, Douglas J. "야고보서의 신학적 주제들". 『두란노 HOW주석: 야고보서, 벧전후, 유다 어떻게 설교할 것인가』. 서울: 두란노 아카데미, 2007.

Moon, Gray W. & David G. Benner. "Spiritual Direction and Christian Soul Care." In *Spiritual Direction and the Care of Souls*. eds. Gray W. Moon & David G. Benner. Downers Grove, IL.: InterVarsity Press, 2004, 11–30.

Murphy, Roland E. "The Kerygma of the Book of Proverbs." *Interpretation* 20(1966): 3–14.

Murphy, Roland E. "Wisdom and Yahwism." In *No Famine in the Land: Studies in Honor of John L. McKenzie*. eds. J. Flanagan & A. Robinson. Clarement, CA.: Institute of Antiquity and Christianity, 1975, 117–126.

Murphy, Roland E. *The Tree of Life: An Exploration of Biblical Wisdom Literature*. New York: Doubleday, 1990.

Murphy, Roland E. "Wisdom in the Old Testament" In *The Anchor Bible Dictionary* 6. ed. David Noel Freedman. New York: Doubleday, 1992.

Murphy, Roland E. *World Biblical Commentary: Proverbs*. 박문제 역. 『잠언』. 서울: 솔로몬, 2001.

Murray, Andrew. *Humility*. 김희보 역.『겸손』. 서울: 총신대출판부, 1988.

No, Ann Young. "The Role of Wisdom in Counseling Psychology," *Psychological Science* 10, no. 1(2001): 133−152.

Nouwen, Henri J. M. "An Invitation to the Spiritual Life." *Leadership* 2, no.3(1981): 53−64

O'Connor, Kathleen M. *The Wisdom Literature*. Wilmington, DE.: Michael Glazier, 1988.

Ogilvie, Lloyd John. *The Greatest Counselor in the World*. 한재희 역.『세상에서 가장 위대한 상담자』. 서울: 이레서원, 2001.

Orwoll, Lucinda & Marion Perlmutter. "The Study of Wise Persons: Integrating a Personality Perspective." In *Wisdom: Its Nature, Origins, and Development*. ed. R. J. Sternberg. New York: Cambridge University Press, 1990, 160−177.

Packer, James I. & Crolyn Nystrom. *Guard Us, Guide Us*. 조계광 역.『하나님의 인도』. 서울: 생명의 말씀사, 2008.

Packer, James I. "Theology and Wisdom." In *The Way of Wisdom: Essays in Honor of Bruce W. Waltke*. eds. J. I. Pa.ker & Sven K. Soderlund. Grand Rapids, MI.: Zondervan, 2000, 1−14.

Palmer, Parker J. *The Active Life: A Spirituality of Work, Creativity, and Caring*. San Francisco, CA.: Jossey−Bass, 1999.

Parker, Andrew. *Painfully Clear: The Parables of Jesus*. Sheffield, England: Sheffield Academic Press, 1996.

Paulson, Daryl S. "The Nearing Death Process and Pastoral Counseling." *Pastoral Psychology* 52 (March 2004): 339−352.

Peck, M. Scott. *The Unending Journey*. 김영범 역.『끝나지 않은 여행』. 서울: 열음사, 2003.

Peck, M. Scott. *People of the Lie*. 윤종석 역.『거짓의 사람들』. 서울: 비전과 리더십, 2007.

Perdue, Leo G. "Cosmology and the Social Order in the Wisdom Tradition." In *The Sage in Israel and the Ancient Near East*. eds. J. G. Grammie & L. G. Perdue. Winona Lake: Eisenbrauns, 1990, 457−478.

Perdue, Leo G. *Wisdom and Creation*. Nashville: Abingdon Press, 1994.

Peterson, Christopher & Martin Seligman. *Character Strengths and Virtues: A Handbook and Classification*. 문용린·김인자·원현주·백수현·안선영 역. 『긍정심리학의 입장에서 본 성경 강점과 덕목의 분류』. 서울: 한국심리상담연구소, 2009.

Pheme Perkins, "Jesus: God's Wisdom." *Word & World* 7, no. 3 (summer. 1987): 273-280.

Phillips, John B. ed. *The New Testament in Modern English*. New York: Galahad Books, 1996.

Powers, Joseph F. ed. *Francis deSales: Finding God Wherever You are: Selected Spiritual Writings*. Hyde Park, NY.: New City, 1993.

Richard, P. S. & A. E. Bergin. *A Spiritual Strategy for Counseling and Psychotherapy*. Washington, DC.: American Psychological Association, 1997.

Robinson, D. N. "Wisdom through the Ages." In *Wisdom: It's Nature, Origins, and Development*. ed. R. J. Sternberg. New York: Cambridge University Press, 1990, 13-24.

Schaeffer, Francis. *True Spirituality*. Wheaton, IL.: Tyndale, 1972.

Schipani, Daniel S. *The Way of Wisdom in Pastoral Counseling*. Elkhart, IN.: Institute of Mennonit Studies, 2003.

Schmitt, R. "Suffering and Faith." *Journal of Religion and Health* no. 18 (1979): 263-275.

Schreiner, Susan E. *The Theater of His Glory: Nature and the Natural Order in the Thought of John Calvin*. Grand Rapids, MI.: Baker Book House, 1991.

Schultz, Richard. "Responsible Hermeneutics for Wisdom Literature." In *Care for the Soul*. ed. Mark R. McMinn & Timothy R. Phillips. Downers Grove, IL.: 2001.

Schwab, George M. "The Proverbs and the Art of Persuasion." *The Journal of Biblical Counseling* 14, no.1(1995): 6-17.

Schwartz, Arthur J. & F. Clark Power. "Maxims to Live By: The Art and Science of Teaching Wise Sayings." In *Understanding Wisdom: Source, and Society*. ed. Warren S. Brown. Philadelphia: Templeton Foundation Press, 2000, 393-412.

Scott, Bernard B. *Hear then the Parable: A Commentary on the Parable of Jesus*. Minneapolis: Fortress Press, 1989.

Scott, Bernard B. "Jesus as Sage: An Innovative Voice in Common Wisdom." In *The Sage in Israel and the Ancient Near East*. eds. J. G. Grammie & L. G. Perdue. Winona Lake, IN: Eisenbrauns, 1990), 399-415.

Shafranske, E. P. *Religion and the Clinical Practice of Psychology*. Washington, DC.: American Psychological Association, 1996.

Sittser, Gerald L. *The Will of God as a Way of Life*. 윤종석 역. 『하나님의 계획』. 서울: 성서유니온, 2002.

Smith, Gordon T. *Listening to God in Times of Choice*. 박세혁 역. 『분별의 기술』. 서울: 사랑플러스, 2004.

Snow, Carlton J. "Rebuilding Trust in the Fractured Workplace." In *Faith in Leadership*. eds. R. Banks & K. Powell. San Francisco, CA.: Jossey-Bass Publishers, 2000.

Spero, Moshe Halevi. "Death and the Life Review in Halakhah." *Journal of Religion and Health* 19 (winter 1980): 313-319.

Stanley, Charles. *Walking Wisely*. 오진락 역. 『너의 가치를 높여주는 지혜』. 서울: 그루터기 하우스, 2003.

Sternberg, Robert J. *Wisdom, Intelligence, and Creativity Synthesized*. 김정희 역. 『지혜, 지능 그리고 창의성의 종합』. 서울: 시그마프레스, 2004.

Stob, Henry. *Theological Reflections: Essays on Related Themes*. Grand Rapids, MI.: Eerdmans, 1981.

Stott, John. *2 Timothy*. 김영배 역. 『디모데후서 강해: 복음을 지키라』. 서울: 엠마오, 1985.

Takahashi, M. & W. F. Overton. Wisdom: A Culturally Inclusive Developmental Perspective." *International Journal of Behavioral Development* 26, no.3(2002): 269-277.

Tan, Siang-Yang. "Intrapersonal Integration: The Servant's Spirituality." *Journal of Psychology and Christianity* 6(1987): 34-39.

Tan, Siang-Yang. "Integration and Beyond: Principled, Professional, and Personal." *Journal of Psychology and Christianity* 20, no.1(2001): 18-28.

Taranto, M. A. "Facets of Wisdom: A Theoretical Synthesis." *International Journal of Aging and Human Development* 29, no. 1 (1989): 1-21.

Thomson, Don. "The Getting and Losing Wisdom." In *Aging, Spirituality and Pastoral Care: A Multi-National Perspective*. Binghamton, NY.: The Haworth Pastoral Press, 2007.

Thongate, W. *The Experience of Wisdom*. Ottawa, Canada: Social Sciences and Humanities Research Council, 1981.

Tripp, Paul D. *Instruments in the Redeemer's Hands*. 황규명 역. 『치유와 회복의 동반자』. 서울: 디모데, 2007.

Tseng, Wen-Shing., Jung Hsu, Keisuke Ebata, Peter Kim, & Oksuk Mary Kim. "Application of Proverbs in Psychotherapy: Asian Experience." In *Asian Culture and Psychotherapy: Implications for East and West*. eds. Wen-Sheng, Suk Choo Chang & Masahisa Nishizono. Honolulu: University of Hawaii Press, 2005, 199-211.

VanderEnde, Ted. "Developing A Course in Pastoral Care and Counseling at Winebrenner Theological Seminary: Pastoral Care from a Wisdom Perspective." D. Min., Trinity Evangelical Divinity School, 1991.

VanKatwyk, Peter L. "What to Communicate: A New Chapter in Pastoral Care and Counseling?" *Journal of Pastoral Care* 54, no 3 (fall 2000): 243-252.

Von Rad, Gerhard. *Wisdom In Israel*. trans. J. D. Martin. Nashville: Abingdon, 1972.

Wachtel, Paul. *Therapeutic Communication: Principles and Effective Practice*. New York: Guilford Press, 1993.

Wakefield, Norm. *Who Gives A R.I.P. about Sin?* 임혜진 역. 『누가 죄를 상관 없다 하는가?』. 서울: 한국기독학생회출판부, 2004.

Wells, C. Richard. "Hebrew Wisdom as a Quest for Wholeness and Holiness." *Journal of Psychology and Christianity* 15 (1996): 58-69.

Webster, J. D. "An Exploratory Analysis of a Self-Assessed Wisdom Scale." *Journal of Adult Development* 10(2003): 13-22.

Webster, J. D. "Measuring the Character Strength of Wisdom." *The International Journal of Aging and Human Development* 65, no. 2(2007): 163-183.

Weinfeld, Moshe. *Deuteronomy and the Deuteronomic School*. Oxford: Clarendon Press, 1972.

Well, C. Richard. "Hebrew Wisdom as a Quest for Wholeness and Holiness."

Journal of Psychology and Christianity 5, no. 1 (1996): 58-69.

Wenham, Gordon J. *The New International Commentary on the Old Testament: The Book of Leviticus*. Grand Rapids, MI.: Eerdmans, 1985.

Wilkin, Robert L. *Aspects of Wisdom in Judaism and Early Christianity*. Notre Dame, IN.: University of Notre Dame Press, 1975.

Willard, Dallas. "Spiritual Formation in Christ: A Perspective on What It is and How It might be Done." *Journal of Psychology and Theology* 28, no. 4(2000): 254-258.

Witherington, III, Ben. *Jesus the Sage: The Philgrimage of Wisdom*. Minneapolis: Fortress Press, 2000.

Wolters, Albert M. *Creation Regained*. 양성만 역. 『창조, 타락, 구속』. 서울: IVP, 2003.

Wright, Walter C. *Relational Leadership*. 양혜정 역. 『관계를 통한 리더십』. 서울: 예수전도단, 2002.

Wuthnow, Robert. "Spirituality in America Since the 1950s." *Theology, News, and Notes* 46(1999): 4-6.

Young, Edward J. *The NICE on the Old Testament*. Grand Rapid, MI.: Yardman.

Zimmerli, Walther. "The Place and Limit of Wisdom in the Framework of the Old Testament Theology." *Scottish Journal of Theology* 17(1964): 146-158.

지혜로운 돌봄

2013년 12월 30일 초판 발행

발행인 | 김 영 욱
지은이 | 안 경 승

발행처 | 아세아연합신학대학교 출판부
등록: 1990.11.22 제 1990-000001호
경기도 양평군 옥천면 아신리 산 151-1
031) 770-7700(대표)
www.acts.ac.kr
press@acts.ac.kr

편집·인쇄 | 사)기독교문서선교회
서울시 서초구 방배동 방배로 68
02) 586-8761~3(본사)
www.clcbook.com
clckor@gmail.com

총판처 | CLC 영업부 031)942-8761

가격: 12,000원

ISBN 978-89-92193-20-7 (93230)

* 낙장·파본은 교환해 드립니다.